小立课程 大作功夫

北京联合大学课程思政教学设计大赛实录

（上册）

本书编写组 ◎主 编

知识产权出版社
全国百佳图书出版单位
—北 京—

图书在版编目（CIP）数据

小立课程　大作功夫：北京联合大学课程思政教学设计大赛实录 . 上 / 本书编写组主编 . —北京：知识产权出版社，2021.10

ISBN 978-7-5130-7752-1

Ⅰ. ①小…　Ⅱ. ①本…　Ⅲ. ①高等学校—思想政治教育—教学设计—中国　Ⅳ. ①G641

中国版本图书馆 CIP 数据核字（2021）第 200823 号

内容提要

本书汇集了北京联合大学 2020 年课程思政教学设计大赛 16 位教师的获奖作品及相关研究论文。每位教师从各自所属的学科特点出发，围绕 16 门课程的目标，精心设计思想政治教育的融入点，分别从说课、教学展示、成长体会三个方面进行了陈述，将价值塑造、知识传授和能力培养三者有机融为一体，呈现了各具特色、精彩纷呈的教学设计。本书以 PPT 配合讲述文字及比赛现场的录像视频，立体化还原大赛实况。此外，每位教师结合课程特点和自身学习成长的心得，从理论研究、规律总结的角度撰写了相关研究论文，尤其在如何使思政教育达到润物无声、潜移默化、如盐入水的效果方面对于广大一线教师具有良好的示范作用和参考价值。

责任编辑：张水华　　**责任校对**：王　岩
封面设计：臧　磊　　**责任印制**：刘译文

小立课程　大作功夫（上册）

北京联合大学课程思政教学设计大赛实录

本书编写组　主编

出版发行：知识产权出版社有限责任公司　　**网　　址**：http：//www.ipph.cn
社　　址：北京市海淀区气象路 50 号院　　**邮　　编**：100081
责编电话：010-82000860 转 8389　　**责编邮箱**：miss.shuihua99@163.com
发行电话：010-82000860 转 8101/8102　　**发行传真**：010-82000893/82005070/82000270
印　　刷：天津嘉恒印务有限公司　　**经　　销**：各大网上书店、新华书店及相关专业书店
开　　本：720mm × 1000mm　1/16　　**印　　张**：10.5
版　　次：2021 年 10 月第 1 版　　**印　　次**：2021 年 10 月第 1 次印刷
字　　数：164 千字　　**总 定 价**：129.00 元（上、下册）

ISBN 978-7-5130-7752-1

前言 FOREWORD

习近平总书记在全国高校思想政治工作会议指出："各门课要守好一段渠、种好责任田，使各类课程与思想政治理论课同向同行，形成协同效应。"北京联合大学把立德树人作为对党的初心使命的最高践行，持续深化课程思政建设，在扎根京华大地办好一流中国特色社会主义大学的道路上取得了一系列理念创新、实践创新、制度创新和文化创新，落实立德树人根本任务的意识更加自觉，氛围更加浓郁，机制更加健全，学校所有专业各门课程都在推进课程思政建设，形成了"课程门门有思政、教师人人讲育人"的事业发展新局面。人民日报、光明日报、中国青年报、北京日报等媒体对学校课程思政建设情况进行了报道，中宣部、教育部对学校进行了表彰和立项支持。全国各地到北京联合大学研讨交流课程思政建设经验的高校近百所。

学校自2018年开始组织课程思政教学设计大赛，经过三年的打磨成为课程思政建设的品牌活动，已形成全员备赛、百里挑一的赛制，涌现出一批又一批课程思政示范课堂、优秀教师和精品课程。本书汇集了北京联合大学2020年课程思政教学设计大赛上16位教师的获奖作品及相关研究论文。每位教师从各自所属的学科特点出发，围绕16门课程的目标，精心设计思想政治教育的融入点，分别从说课、教学展示、成长体会三个方面进行了陈述，将价值塑造、知识传授和能力培养三者有机融为一体，展现了扎实、过硬的课程思政基本功，呈现了各具特色、精彩纷呈的教学设计。16门课程涉及文、史、经、管、理、工、艺术、教育等多个学科门类，本书以PPT配合讲述文字及比赛现场的录像视频，立体化还原大赛实况。同时，每位教师结合课程特点和自身学习成长的心得，从理论研究、规律总结的角度撰写了相关研究论文，尤其在如何使思政教育达到润物无声、潜移默化、如盐入水的效果方面对于广大一线教师具有良好的示范作用和参考价值。

本书编写组

目录 CONTENT

上　册

下　册

传承与创新——国画技法课程思政教学设计与实践

教师简介：戴文俊，艺术学院美术系绘画专业，副教授。

所授课程：国画技法

研究方向：美术学

曾获奖励：北京高校第九届青年教师教学基本功比赛一等奖、最佳教案奖、最佳演示奖、最受学生欢迎奖；北京联合大学课程思政教学设计大赛特等奖；北京联合大学第三届中青年教师执教能力比赛一等奖；北京联合大学第七届青年教师教学基本功比赛一等奖；北京联合大学第四届教学优秀奖二等奖；校级优秀教师。所授国画技法课程被评为校级精品课程、北京市优质本科课程。

教书育人感言：我已经讲授这门课程 14 年了，在这 14 年中，似乎一直在不停地做着改变，但唯一不变的，依然是教育者的那份初心。我热爱中国传统文化，也希望能够作为传道者让更多的学生感受传统文化的滋养，感受对传统的亲近和热爱。承接历史，讴歌当下，我想这也是一种传承，一种薪火相传的文化传承。

比赛实录

扫描二维码观看
比赛现场实录

手卷——中国传统绘画的时空观

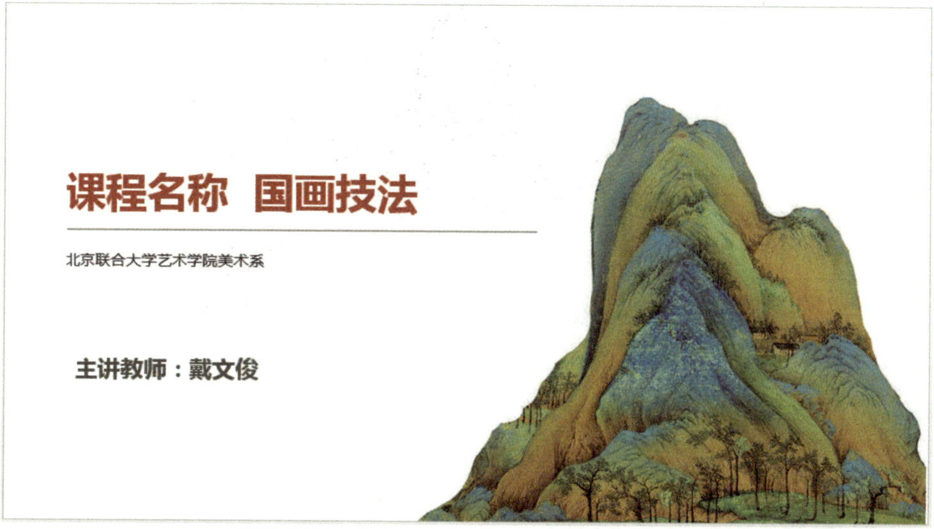

尊敬的各位老师和同学们，大家好，我是艺术学院美术系教师戴文俊，今天我要讲授的课程是国画技法。

一、说课环节

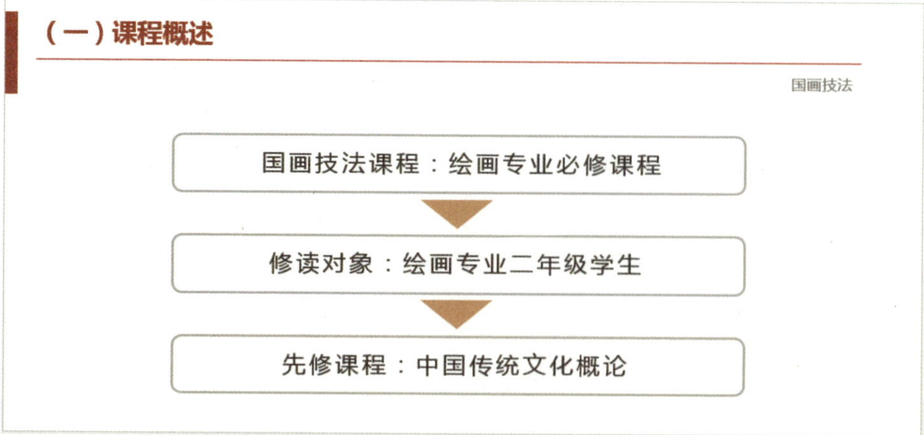

国画技法是绘画专业的必修课程，修读对象是绘画专业二年级学生，它的先修课程是中国传统文化概论。

在课程目标的设计方面，我们通过对专业知识的讲授，使学生能够认知中华优秀传统文化，熟练应用国画的基础理论与技能，并且通过内容的整合，理解民族艺术的生成与发展，在情感上能够树立中国的美学观念与自觉意识，从而成为符合新时代创作需求的应用型人才。

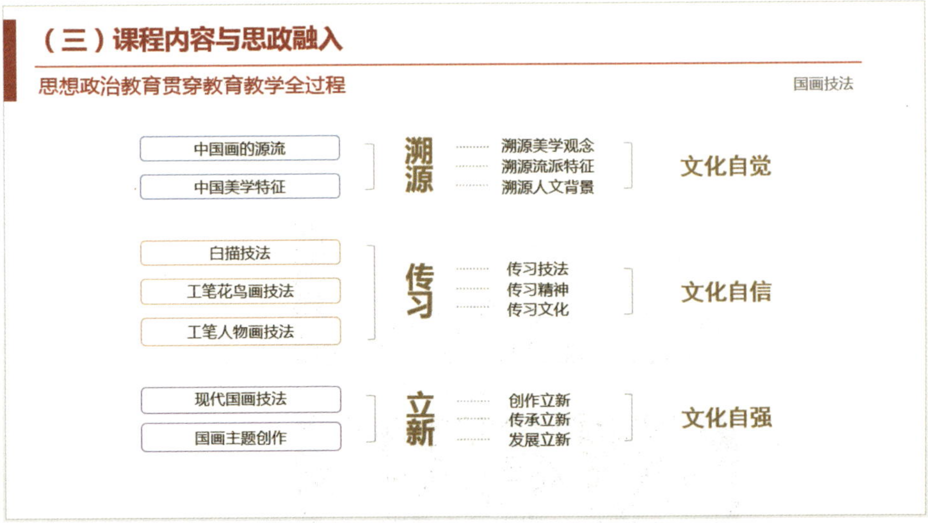

国画技法课程不仅为专业培养服务，也是重要的人文素养课程，将思

想政治教育贯穿教学的全过程是课程的重要特色之一。我们在成果导向教育（Outcome Based Education，OBE）理念下将课程内容整合成三大模块：第一个模块为溯源，国画具有悠久的历史，它凝聚着中华民族的智慧、性格和气质，通过溯源中国的美学观念、流派特征、人文背景，使学生在了解中国画艺术的基础上实现文化自觉；第二个模块为传习，传习技法、传习精神、传习文化，在传习的过程中增强学生的文化自信；第三个模块为立新，承袭传统很重要，发展创新更是新时代赋予我们的使命，在课程中引导学生聚焦当下、扎根人民的创作热情，从而实现文化自强的理想目标。

在教学方法上有三个方面的融合：第一是理论教学与实践教学的融合，通过任务驱动法带领学生参加高级别主题展览，将此塑造成绘画专业的品牌特色。

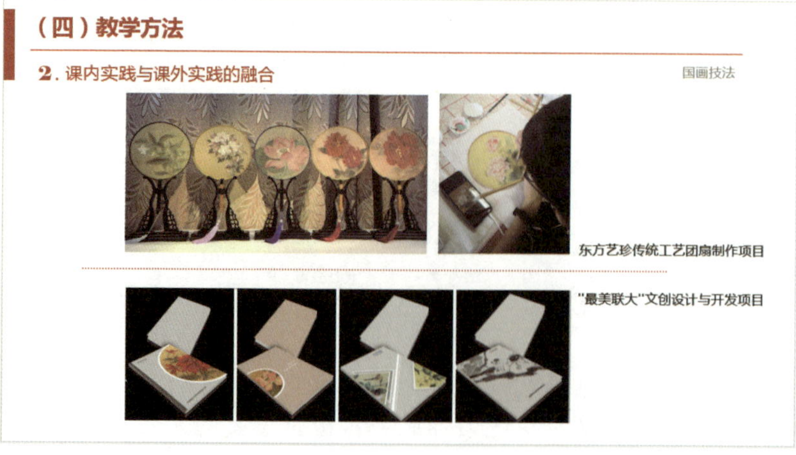

第二是课内实践和课外实践的融合，课程采用项目式的教学方法，实现了课内外的有效衔接。

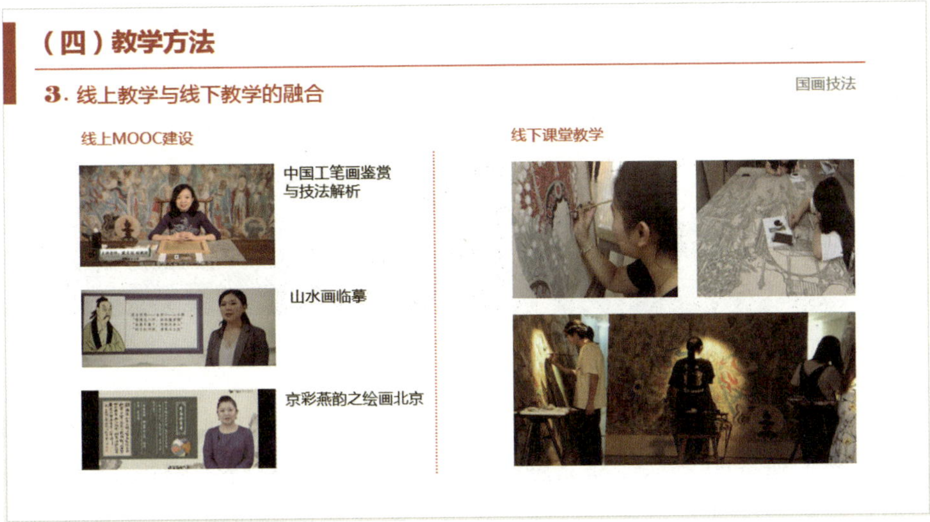

第三是线上教学和线下教学的融合，团队历经三年的努力，完成了系列MOOC（慕课）的线上资源搭建，打造线上线下混合式教学模式。

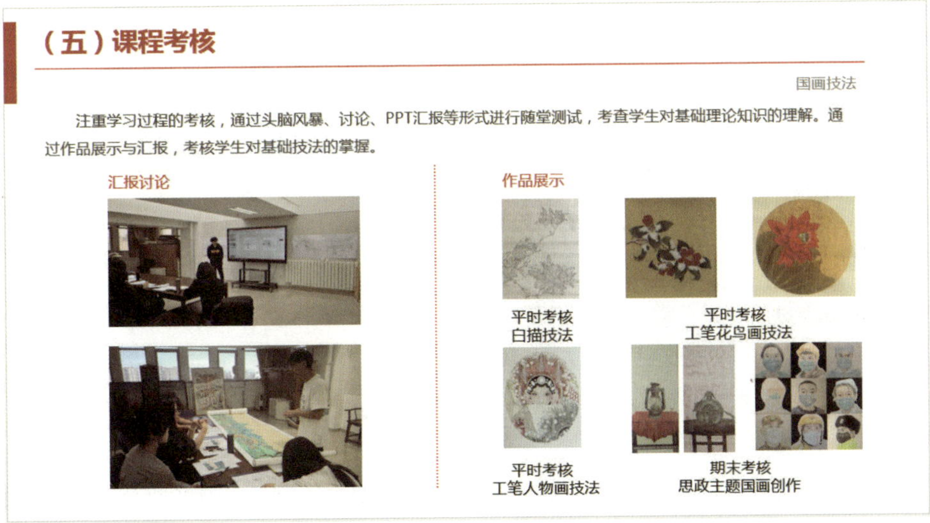

课程目标的实现离不开完善的考核制度，我们把握艺术学科的特点，注重学习过程的考核，通过头脑风暴、讨论、作品展示等形式全面考查学生对知识点的掌握。

（六）课程评价

国画技法

- 连续14年坚持举办课程作品展，其实践成果获得校内外专家的肯定。
- 2019年国画技法被评为北京联合大学精品课程。
- 2020年国画技法被评为北京市优质课程。

作为绘画专业的核心课程，我们已经连续 14 年举办国画技法课程作品展，形成了独特的艺术传播品牌。2019 年国画技法被评为校级精品课程，2020 年被推荐为北京市优质课程，我想这些都是对我们课程思政教学成效的肯定。

（七）展示节段设计

国画技法

教学内容

第一章 中国画源流与特征

第四节 **手卷——中国传统绘画的时空观**

教学目标

通过本章节学习，使学生**认知**书画手卷的艺术形式，**理解**手卷的特征及应用，**树立**中国美学自觉意识。

教学方法

讲授法与案例教学法

思政元素融入

从**中国的传统观念**入手，通过解析经典传世名作，使学生理解**中国传统绘画时空观念**，感受作品中蕴含的**家国情怀**。

今天要展示的教学环节是国画技法第一章第四节的内容：手卷——中国传统绘画的时空观。在课程中，我会从中国的传统观念入手，通过解析经典传世名作中散点透视的运用，来剖析手卷的形式与特征，在引导学生赏析名作的过程中，理解中国绘画独有的时空观，并引导学生感受画作中所蕴含的家国情怀。

二、授课环节

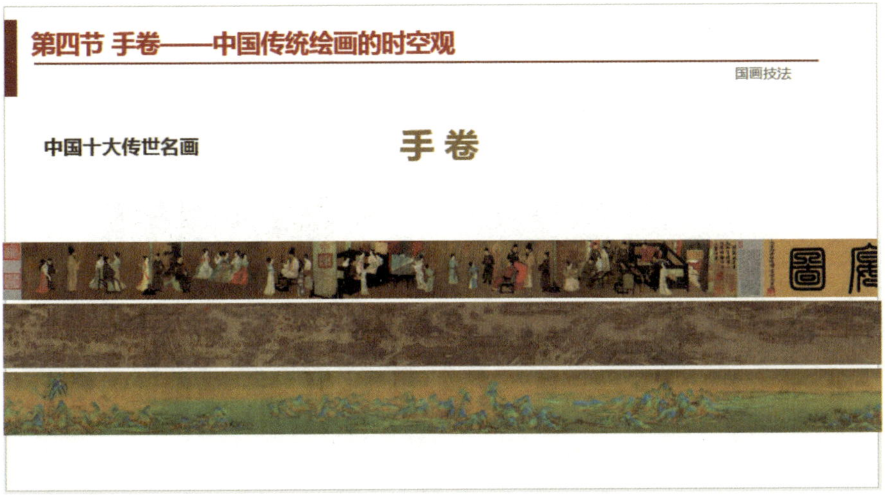

如果把西方艺术比喻成短跑，激烈、分秒必争，那么东方艺术就是一场马拉松，寂寞、不辨输赢。上节课我们介绍了中国的十大传世名画，它们就是东方艺术最典型的代表，不知道同学们有没有发现，这十大名画有着一个共同的形式，这是一种非常特别的、只有中国画才有的奇妙视觉旅程——手卷。

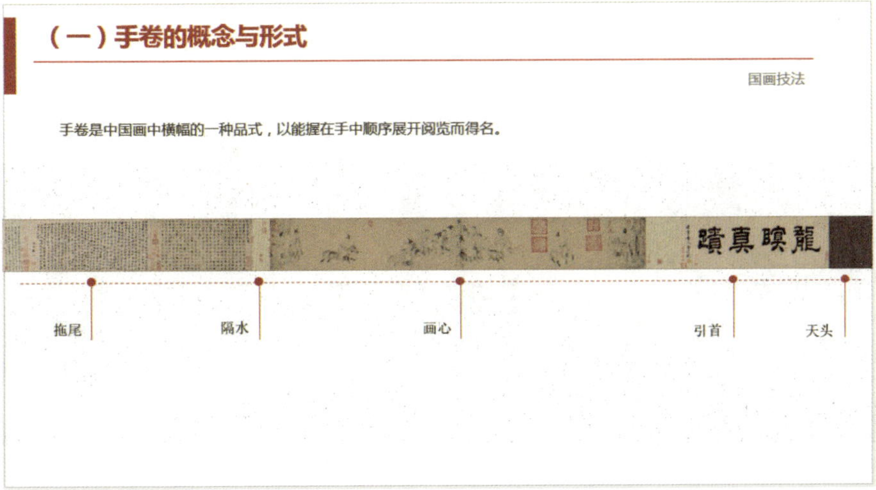

什么是手卷呢？手卷是中国画中横幅的一种品式，以能握在手中顺序展

开阅览而得名。它的整体结构较为复杂，一般分为天头、引首、画心、拖尾及连接各部分的隔水，因为幅度特点为长，所以又称为“长卷”。

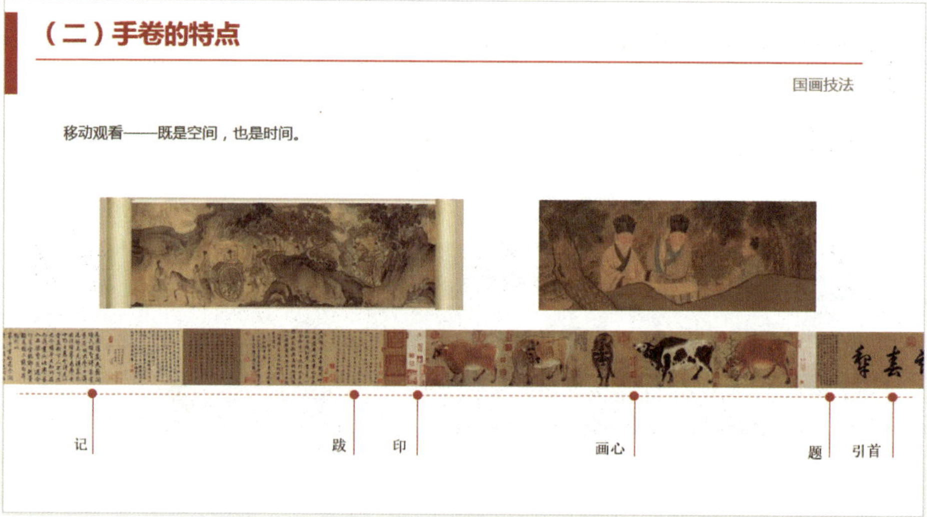

手卷之所以重要，是因为它很早就塑造了中国人移动观看的习惯。手卷的长度，既是空间的，也是时间的，它需要从右至左一边展开，一边观看。在欣赏的过程中，画面情节会逐渐呈现，观赏者便是在移动中自行阅读故事。而手卷中的引首、题跋、历代名家题记、收藏玺印等信息符号，也能让人产生一种跨越时空与古人对话的感受。

在2008年的北京奥运会上，我们的主创团队正是通过手卷这种形式来向世界展现中国的国粹艺术。那一刻，中国手卷是属于世界的语言，也是属于中国人的骄傲。

（三）手卷中的时空表达

国画技法

富春山居图·黄公望　1350年 纸本中国画

下面我们就以传世名画《富春山居图》为例，去感受中国手卷中独特的时空观。

（三）手卷中的时空表达

富春山居图　元·黄公望

《富春山居图》是元朝画家黄公望的作品，描绘的是浙江富春江两岸的景色。黄公望在创作《富春山居图》时已年近八十岁，整幅画卷从构思、动

笔到绘制完成用了近七年的时间。画家就是在长期深入观察的基础上，将富春山不同时间、不同地点的景色巧妙地融汇在一起，“方寸之间见千里之色”，这就是中国画独特的空间处理方式——散点透视。

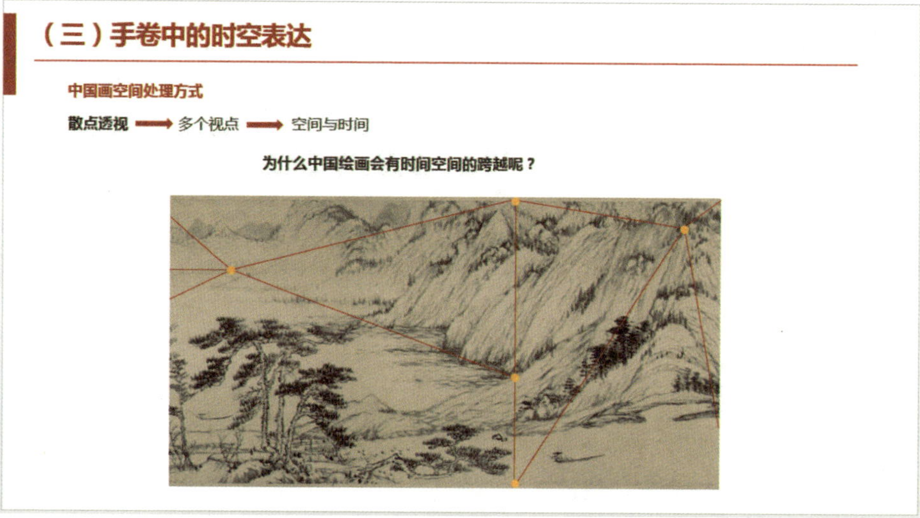

中国的传统绘画观念认为“目有所极，故所见不周”，所以提倡的是景随人移，画面也呈现出多个视点，而每一个视点表现的都是不同时空的景物。我们的问题也来了，为什么中国绘画会有时间空间的跨越呢？

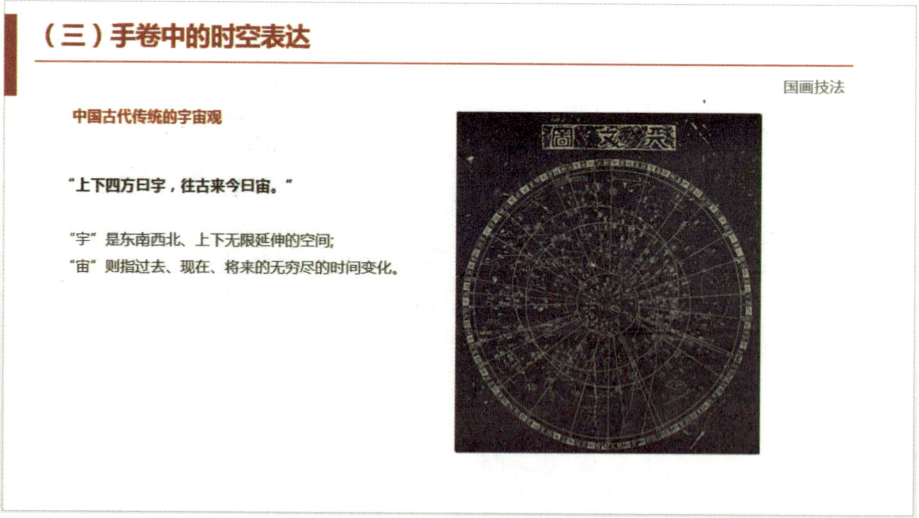

庄子认为，“宇”是东南西北、上下无限延伸的空间；“宙”则是指过

去、现在、将来的无穷尽的时间变化。在庄子的时空观中，“宇”和“宙”是一个整体，并且可以相互融合渗透。

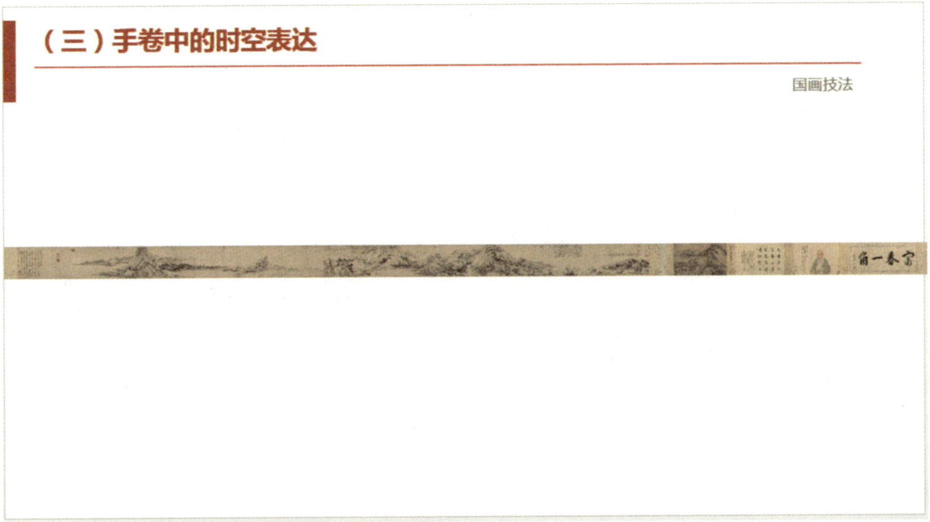

正是这种独特的时空意识，使得黄公望在创作手卷时可以自由地以游观式的造型语言表现山川物象。下面就请同学们和我一起走进富春山，去解析黄公望为我们留下的时空密码。

画卷起首就是一座顶天立地的巍峨大山，它就像是交响乐中开篇的重音，直击人的内心。开门见山，是自北宋范宽开宗以来中国画常用的定式，

起到界定起势的效果。

接下来的画面，画家采用了散点透视中的平远法，将山景引入到了一个相对平缓的过渡阶段。

到了画面的第二华章，大家会发现，我们已经游历到了山峰的跟前，这是中国手卷视觉转折常用的技巧手段，在这一刻观者已经进入了另一个时空维度。

请大家跟随我们的视点，来感受山峰层叠式的推进。黄公望用他最擅长的披麻皴笔法完美地体现了山石的质地。随着画面的推移，散落的村落、清澈的河水也渐渐呈现，画面变得有了生气。这时，画卷中的第一个人物出现了，这是一位隐士，正缓缓地持杖前行。随着树木的渐渐清晰，山林间又出现了一位隐动的樵夫。中国山水画是有灵魂的，它体现的是人与自然的和谐共存，“行到水穷处，坐看云起时”，这种天人合一的理念是对生命态度的自信传递。

画面继续展开，空间再次转换，我们从山前走到了山后。远处的山峦，近处的江水，都是作者对于自然生活最好的感悟。所以，中国山水画并不是单纯的画风景，而是通过描绘祖国的大好河山，来表达画者心中的那份家国情怀，这种独特的山水精神也是我们在创作时最需要具备的文化底蕴。

到了手卷的第三华章，又一座山峰拔地而起，依旧是顶天立地。山路回转使画面的收尾形成完美的轮回，这时，画面中最后一个人物出现了。

同学们仔细观察，会发现这个人有一些眼熟，他同卷首处出现的第一位隐士在形象上是相似的，同样是执杖前行，只不过一个是向前走，一个是往回走。所以说，长卷拉开是一条直线，而卷起来就变成了一个圆，中国人特别讲究圆满，所有的出发都要回来，我们叫作“周而复始”。

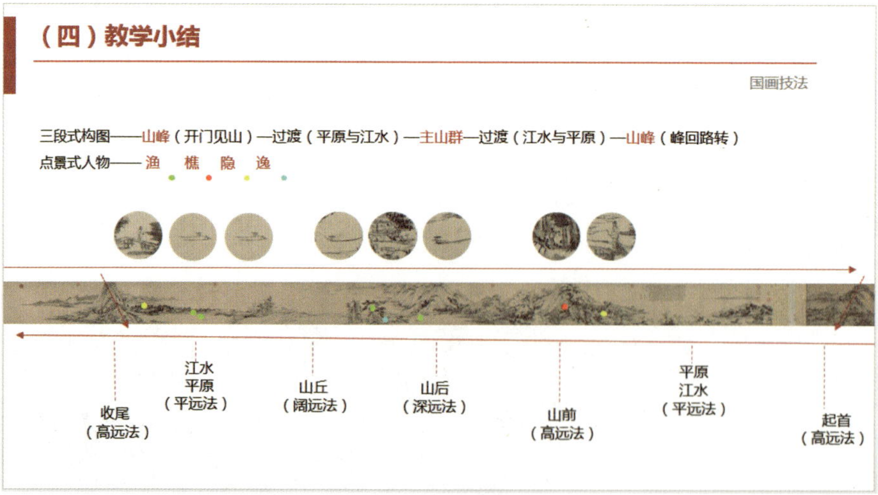

读完了《富春山居图》，不知不觉间我们游历了画家心中的富春山。下面就让我们把视点再重新回到整幅画卷，总结一下，黄公望是如何通过手卷的时空处理来抒发情感的。整幅画卷采用了三段式的构图，卷上的景致，一步一景移，画家巧妙地用散点透视法构建了一个立体空间。带着我们从山下走到山上，从山前走到山后，再慢慢地下山，经过平原回到山脚。观山、画山、品山，这种可游可居的视觉体验已经让我们完全沉浸在了富春山的秀丽山水中。而画卷中的点景式人物渔、樵、隐、逸，共八个人，他们就像是一个个跳动的音符，让整幅长卷流动了起来。同学们可以在课下去找一找这八个人物，分析一下他们在整幅画卷的时空处理中起到什么样的作用，我们会在云班课上开设专题讨论。

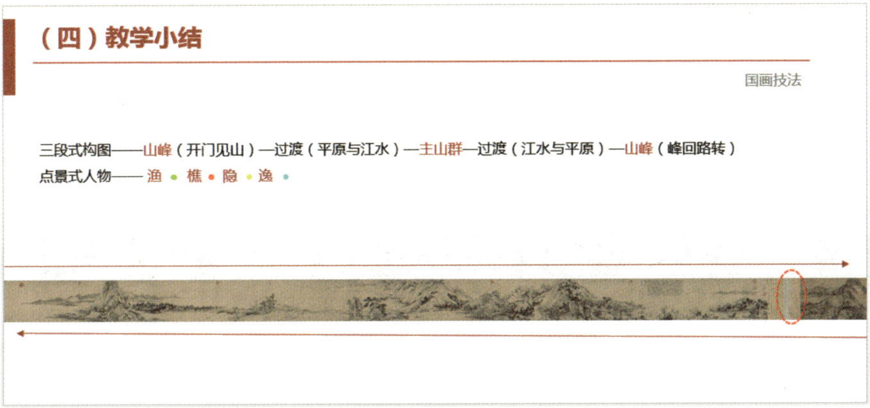

细心的同学可能已经发现，这幅画作是不完整的，传世名作背后总会有一些不同寻常的传奇经历，《富春山居图》也不例外，这幅名画曾经因为收藏者对它的过分痴迷而被烧成两段。

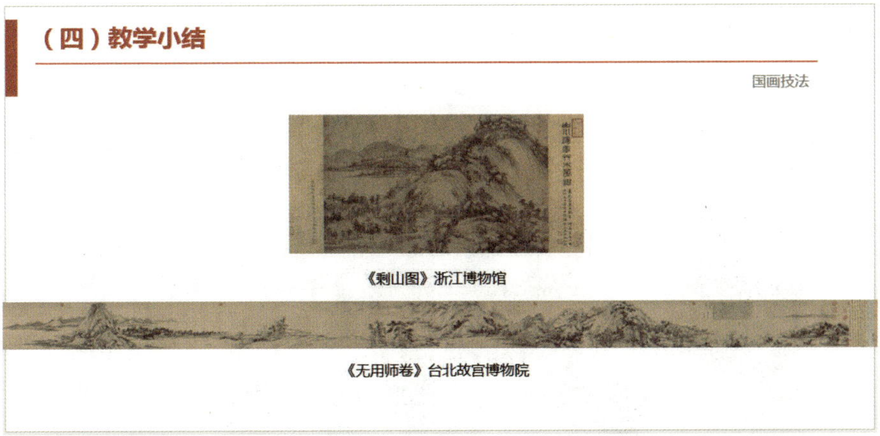

现在，前半卷《剩山图》静静地躺在浙江省博物馆，后半卷《无用师

卷》则收藏于台北故宫博物院。虽然它们也曾经被合璧展出，但展出结束后又再度被分开。画是如此，人何以堪？究竟什么时候这两幅画作能真正地合为一体，像它表达的内容一样，跨越时间、跨越空间，在同一个血脉、同一个文明中构建属于中华民族的美学观呢？我想，中国人看到这一幕的时候不会太遥远了。

三、成长体会

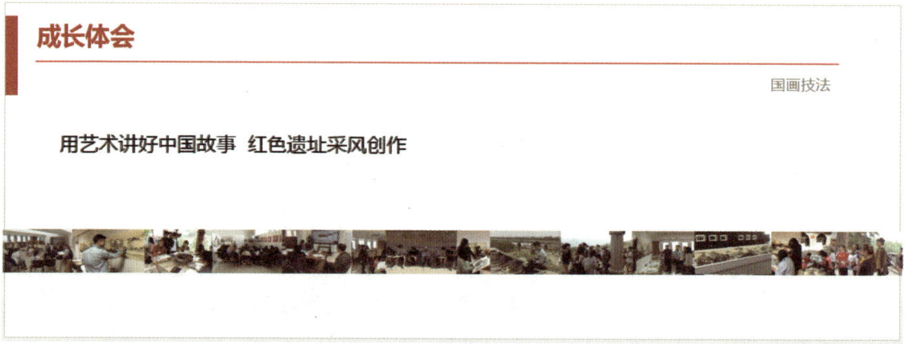

家国情怀是中华民族最深厚的精神底蕴，也是绘画创作的永恒主题。用艺术方法讲好中国故事，更是我们在新时代的责任担当。近些年，我带着学生在北京周边的红色遗址写生创作，不知不觉间文化基因已经深深地渗透进我们的心里。

2018 年，我和学生共同创作校庆长卷《联大兴学图》，用画笔再现了联大四十年的发展历程，而我们师生也在这场跨越时空的历史维度中，深刻地表达着对学校的情感。

成长体会

国画技法

初心　融入　践行　传承

国画技法我已经讲授了 14 年，唯一不变的，依旧是教育者的那份初心。我热爱中国优秀传统文化，也希望能作为传道者让更多的学生感受优秀传统文化的滋养，感受对传统的亲近和热爱。承接历史，讴歌当下，我想这也是一种传承，一种薪火相传的文化传承。

研究论文

“三全育人”理念下国画技法课程思政教学探究

习近平总书记在全国高校思想政治工作会议上强调指出：“要用好课堂教学这个主渠道，思想政治理论课要坚持在改进中加强，提升思想政治教育亲和力和针对性，满足学生成长发展需求和期待，其他各门课都要守好一段渠、种好责任田，使各类课程与思想政治理论课同向同行，形成协同效应。”习近平总书记的重要论述，充分阐述了课堂教学在思想政治教育工作中的重要地位，明确了高校各类课程在思想政治工作中的任务，尤其是强调了课堂教学的主渠道作用。

一、国画技法课程思政的整体设计

国画技法课程是绘画专业的核心课程，已连续开设 16 年。课程经过了初始、融合发展和成熟三个阶段，通过不断的深化改革，探索出以课程思政为引领，集知识、人文、专业与时代性于一体的课程体系。

（一）课程思政教学目标设计

国画技法课程的定位是立足北京、服务北京，传承传统民族技艺，构建应用型课程体系，为绘画专业建设提供重要支撑。在课程达成目标方面，依据相关行业职业标准和毕业要求，从知识、应用、整合、情感、价值、学习六个方面细化课程教学目标。通过对课程专业知识的讲授，使学生能够认知中华优秀传统文化，熟练应用国画的基础理论与基本技能；通过内容的整合，理解民族艺术的生成与发展，在情感上树立中国美学观念与自觉意识；通过多层次的学习形式使学生具备自主学习的能力，使之成为符合新时代需求的艺术创作者。

（二）课程思政教学方案设计

国画技法课程在 OBE 理念下，根据教学递进关系与特点将大纲中的 6 个单元整合为溯源、传习和立新三大核心模块。在三大模块下分解为 15 个教学内容和 42 个知识点，每个模块都有对应的课上课下实践内容，并立足三大慕课线上资源，将思政元素融入教学全过程，通过考核来确保每个模块教学目标的达成，从而形成完整的教学闭环。

（三）课程思政教学方法设计

1. 采用任务驱动法，引导学生参加高级别思政主题展览

课程坚持以赛促练，以高级别思政美术展览为主题设置课程任务，引导学生完成主题创作，以此实现教学目标的有效达成，形成绘画专业的品牌特色。如 2018 年的北京高校大学生思政作品展、2016 年的溯源红色主题展等，从不同的维度对北京地域文化进行深入挖掘，并形成有影响力的教学成果。在展览中，不仅提升了学生的专业素养，也使学生对立足当下、扎根人民的创作有了更深刻的理解。

2. 采用项目式教学方法，提高学生职业素养

课程将项目实践引入教学环节，模块教学内容分别对接相应的社会实践。如以国画技法课程为依托，参与“高参小”项目，结合小学师资需求，为各小学输出国画师资，体现了课程思政美育教学方面的延展性与适用性。课程与北京东方艺珍花丝镶嵌有限公司合作，开发以传统花鸟为基本元素的系列团扇作品，为学生艺术作品转化对接文创产业需求提供优质平台，培养学生的实操能力和工匠精神。

3. 采用线上线下混合式教学方式，提升课程学习的深度与广度

课程以团队历经三年完成的系列 MOOC 中国工笔画鉴赏与技法解析、山水画临摹、京彩燕韵之绘画北京为主要线上学习资源。通过课前线上学习、线下课堂翻转、课后线上线下深度讨论、过程性考核等方式对课程知识点进行混合式教学。对于课程重点与难点的解决，在线下运用 BOPPPS 教学模式（由导言 Bridge-in、学习目标 Objective/Outcome、前测 Preassessment、参与式学习 Participat-orylearning、后测 Post-assessment 和总结 Summary 六个教学

环节构成）进行讲授，线上运用云班课中的头脑风暴、小组讨论、小测试等形式对知识点加以强化，使线上与线下教学内容相互配合，以此构建完整的课程框架与教学体系。

二、国画技法课程中的思政元素融入

国画作为中国国粹艺术，课程不仅为专业培养服务，也是学生重要的人文素养课程。将中国传统文化精髓、国粹技艺传承、国画的创新发展、应用与服务社会等思政元素贯穿教学全过程是本课程的重要特色之一。我们充分发挥课程思政对教学的引领性，坚持以学生为中心，将做人做事的道理、社会主义核心价值观的要求、实现民族复兴理想和责任有机融入课堂，做到潜移默化、润物无声。

（一）溯源中国美学观念，形成文化自觉

中国画有着悠久的历史，它凝聚着中华民族的智慧、性格和气质，通过溯源中国的美学观念、流派特征、人文背景，使学生在认知与感受中国画艺术的基础上形成文化自觉。

在做课程设计之前，我对学生做了关于西方艺术和中国美学的调研，调研结果显示只有 30% 的学生对中国画有兴趣。学生们普遍觉得西画主题鲜明，色彩缤纷，风格多变，更有吸引力。相比之下，传统国画主题并不突出，风格和表现手法看上去很相似，时代特征也不明显。造成这种认识的原因在于，学生们习惯用西方的准则来看传统国画，就像是戴着一副对焦不准的眼镜，而中西绘画的源头和发展都有各自轨迹，就如两大高峰，仰之弥高。课程要解决的问题就是撤换掉那副看西画的眼镜，对准焦距看传统国画。我们结合以往教学经验，将第一个模块的内容整合为四个专题，通过个案来窥探中国美学观念，解决学生对中国传统绘画的疑问，激发学生对传统文化美学观的思考，使学生能从不同的视角与维度理解艺术生成的民族属性。

如专题一创新与传承，解决的是学生们认为西方绘画风格明显、中国传统绘画缺乏新意的问题。课程采取引导式的教学方法，通过课前线上教学资源的学习，让学生对东西方文化的差异有一定的了解，然后在课堂上开展主

题性讨论，让学生们自主挖掘其中的内涵原因，并通过中西作品的对比，使学生了解破旧立新是西方艺术的创作基调，而传承才是中国绘画创作的焦点。在中国传统文化中，师承至为重要，古代中国画家创作的理念不在于推倒前人的成就，而在于怎样传承前人的经验，尊师重道是中国社会的特点，而中国社会的差序格局，也是中国文脉从未间断的原因。通过这样的解析，能让学生用中国传统文化的视点来重新审视中国画，从而来理解民族艺术观念的生成，实现文化自觉。

（二）传习传统民族技艺，增强文化自信

中国画技法是历代画家经过长期艺术实践、创造、积淀的结晶和科学总结，反映了中华民族的审美意识，历经千年而不衰并沿革至今。在中国画技法的学习中，不仅要传习技法，还要传习精神、传习文化。

在讲解中国画技法时，将中国传统色彩观融入课程，让学生掌握中国传统五色体系的设色特点，了解作为古今国人的色彩情感文化所体现的独特民族特性，提高学生自身的文化认同感。同时也让学生认识到，只有在尊重和学习这个沿用千年的色彩系统的前提下，挖掘五色体系在新的历史条件下得以延续和发展的价值，才能为当代创作创新提供丰厚的历史养分。在工笔人物画教学中，通过对中国传统美学的引导而非简单的技法训练来潜移默化地影响学生，让学生在临摹古典名画的过程中，认知中国传统人物画的造型特点和传统绘画“成教化，助人伦”的作用，理解中国传统文化并不推崇个人价值，古代画家所画的人物，并非以现实中个别人物为蓝本，而在于人物代表的理想与价值。掌握了这些知识，学生就能够更深入地去理解中国人物画中所体现的社会属性与文化属性，并能在传习的基础上，感受中国传统文化的博大精深和中国绘画的独特魅力，从而增强文化自信。

（三）聚焦当下发展创新，实现文化自强

用艺术讲好中国故事是我们在新时代的责任担当，近几年，我们的创作以立足北京、聚焦历史与当下为选题要求，将课上学习与课下指导结合，将挖掘红色主题文化的深度与广度提高到一个新的认识高度。在这个过程中我们带领学生完成了大量的调查与创作工作，积累了众多的艺术创作素材。让

学生亲身感受生活的幸福、历史的厚重与社会文化的变迁，从而自然生发了对红色文化与家国的理解和热爱，并用自己的语言发自肺腑地讴歌它、赞美它。

2018年，学生李俊毅创作的七米长卷《永定河印象》，就是立足北京地域文化和红色文化的代表作。作品以北京的母亲河永定河为主线，采用国画长卷的形式，将永定河沿岸的历史文化遗迹、红色文化遗迹和民俗文化遗迹等进行了提炼与概括，体现了永定河作为母亲河的悠久历史与时代风貌。在创作的过程中，我们带着学生们沿永定河进行了长达半个月的写生活动，我们深入到红色遗址去挖掘红色元素，也去村里听老人们讲抗战的故事，并整理了大量的创作素材。在这个过程中，学生的技能、素养、信念等各方面都得到了提升，体现了思政润物细无声的力量。

2020年2月抗击新冠肺炎疫情攻坚战刚刚打响之时，在推出的抗击疫情在线画展系列活动中，同学们积极响应、深度参与，创作了系列抗疫主题国画作品。学生的作品都是他们自发创作的，在那样一个特殊的时刻，学生们能够有自我控制能力，并能够为这个社会、这个国家去做点什么，这本身就是课程思政带给我们的启示。从成效上看，学生们的集体意识、社会责任意识、家国意识明显增强，他们以新的思想观念注入艺术作品当中，让作品带有鲜明的时代印记、形成新的情感价值，体现了课程思政建设的成果。

三、结语

课程思政是立德树人的根本举措，是教书育人的深化拓展。只有具备一定的深度和广度，才能挖掘和提取出最适合的思政元素，然后用为师者的魅力润物细无声地融入教学中，给学生最深厚的文化滋养。优秀的艺术创作从来都不是时代的被动反映，而是时代精神的高度提炼和升华，担负着记录历史、讴歌时代的社会责任。发挥艺术生的专业所长，坚持意识形态教育不放松，进而落实习总书记文艺座谈会和高校思想政治工作会议的重要指示精神，结合社会主义核心价值观的要求，引导学生理解做人做事的基本道理，通过教学组织活动来实现民族复兴的理想和责任，是每位教师应该肩负的责任与历史使命。

入古化新——中国工艺美术史课程思政教学设计与实践

教师简介：林婧，特殊教育学院艺术设计系视觉传达专业，助教。

所授课程：中国工艺美术史

研究方向：视觉传达设计、残疾人艺术与教育

曾获奖励：北京联合大学“吾爱吾师——我最敬爱的老师”称号；北京联合大学课程思政教学设计大赛特等奖；“北京联合大学课程思政优秀教师”称号；所授课程被评为“北京联合大学课程思政特色精品课程”。

教书育人感言：艺术史论教育，不仅是艺术教育，也是人文教育，目的是造就具有通融识见、创新意识、博雅精神和优美情感的心灵。尤其是，我们视觉传达设计专业的听障大学生，毕业后不仅是传播审美潮流的新一代，也是代表残疾人形象的新一代，他们的思维状态和文明素质尤为重要。作为人文教育的设计史论课程，要在美善相乐之中，培养学生的家国信念、社会责任、创新意识和积极正向的人生价值。作为一名听障教师，我以能在特殊教育领域躬身实践而倍感使命重大和光荣。

比赛实录

扫描二维码观看
比赛现场实录

中国榫卯工艺

各位老师和同学们，大家好！我是特殊教育学院艺术设计系的林婧，欢迎大家来到中国工艺美术史课堂。

一、说课环节

中国工艺美术史课程是视觉传达设计专业的选修课程，修读对象为本科一年级的听障学生。听障学生的高等教育是国家文明进步的重要标志，听障学生也渴望了解祖国文明，渴望为国家发展贡献力量。我们的中国工艺美术史，是艺术理论课程，也是一部中国文明史，是中国传统艺术、哲学、科技、经济的集中展现，学生可以从中深入了解我们的伟大祖国。

这门课程的教学目标，分为六个部分，旨在使学生能够认识中国工艺美术的发展脉络，界定重点概念，辨识中国历代工艺美术的造型、技术、装饰，并能够扩展视野，增强审美体验能力，增强创新意识。其中，知识、情感、价值三个部分，与培养学生的文化自信、人生价值和爱国情怀密切相关。

（三）课程内容与思政元素的融入

章节	教学主要内容	融入思政元素
第一章：中国工艺美术概述	了解中国工艺美术史的定义、学科特点、研究范围和学习目的。	激发继承和复兴传统文化的理想和责任。
第二章：原始社会工艺美术	认识原始社会彩陶、黑陶、玉器，分析和讨论手工艺起源的假说。	为源远流长的中华文化而骄傲，激发身为炎黄子孙的自豪。
第三章：商与西周工艺美术	认识奴隶社会青铜器铸造工艺、造型、功能、审美特点，掌握“礼器”的概念。	领会青铜的礼乐之美，玉器的仁和之美等优秀传统价值，塑造积极人生价值。
第四章：春秋战国工艺美术	认识春秋战国青铜、漆艺、玉器、织绣，了解失蜡法、鎏金、错金银等新技艺。	从诸子百家借工艺而阐发的义与利、文与质等民生思想，学习传统价值观，唤起职业责任。
第五章：秦汉工艺美术	认识秦汉陶、漆器、青铜、织绣，分析汉代哲学思想对造型和纹样的影响。	以秦汉工艺的雄强风貌、精湛技艺和世界影响力，激发学生的民族文化自信。
第六章：魏晋南北朝工艺美术	认识青瓷、石窟造像、代表性装饰纹样。分析宗教思想对工艺美术的影响。	动荡年代仍然遍开美善之花，启发学生对人生持有积极正向的信念。
第七章：唐代工艺美术	掌握唐代陶瓷、染织、漆艺、金银等多种工艺及常见装饰纹样。认识唐三彩、金银平脱、螺钿等特色工艺。	领悟中国文化高峰时期的魅力，增强文化自信和民族复兴的理想。
第八章：宋代工艺美术	认识宋代瓷器、染织、漆器，辨析宋代各大瓷窑的工艺特点与审美特色。	从宋瓷朴素的本色之美中，领悟做人做事求真求实的道理。
第九章：元代工艺美术	认识元青花、釉里红、纳石失、雕漆，辨析釉下彩和釉上彩。	民族融合促进工艺进步，激发开放多元的价值观念。
第十章：明代工艺美术	认识明代各时期瓷器，认识景泰蓝、紫砂壶、云锦、雕漆、累丝、顾绣、明式家具及榫卯、玉雕及小品雕刻等代表性工艺。	在中国传统工艺集大成的造诣中，领悟中国工匠精神、树立积极正向价值观、树立民族复兴的理想的责任。
第十一章：清代工艺美术	辨析康雍乾三朝的瓷器代表品类；认识清代织绣、雕刻、漆器、珐琅等工艺，了解明清吉祥图案的寓意和形式法则。	从吉祥图案中，领悟人民群众对美好生活的永恒追求，激发身为设计师的责任感。

本课程的教学内容按照历史年代，划分为11章，学生可以全面认识历代工艺美术的发展历程和杰出成就。每一章根据时代特点和教学重点，融入

特定的思政元素。我们在课堂上接触到的许多古代手工艺品，如今已经成为我们国家的宝藏，然而，它们都曾经是古人的日常用品，从中可以看到我们祖祖辈辈对美好生活的不懈追求，深厚的爱国之情正源于这种血脉相连。

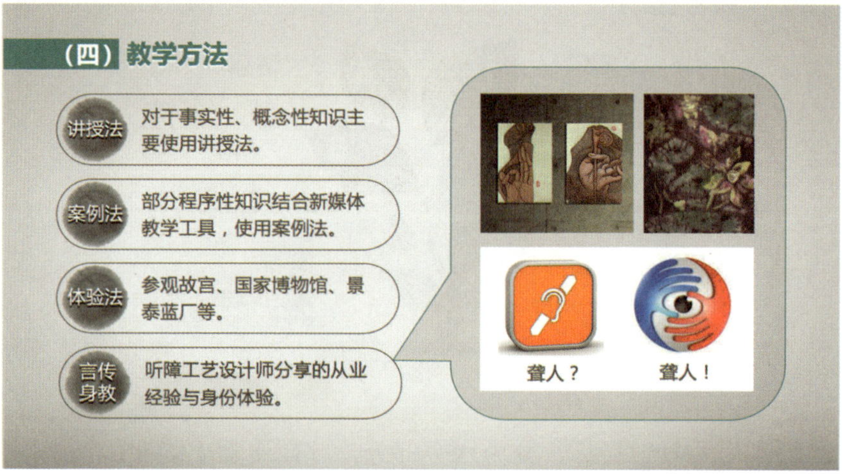

面对特殊的学生，我们还应该结合 OBE 理念，从学生的特点出发，帮助听障学生提高自我价值、提升自尊自信。所以在教学方法上，除了常规讲授法、案例法、体验法外，我还注重言传身教。比如，我会和学生交流我自己手工艺设计的经验，上图是我自己创作的扎染作品（局部）和木雕组件（局部），我会告诉学生，同样作为听力障碍者，我可以做到的，学生一样可以！什么是聋人？重点不在于我们没有的听力，重点在于我们拥有的专注眼神和灵巧双手。

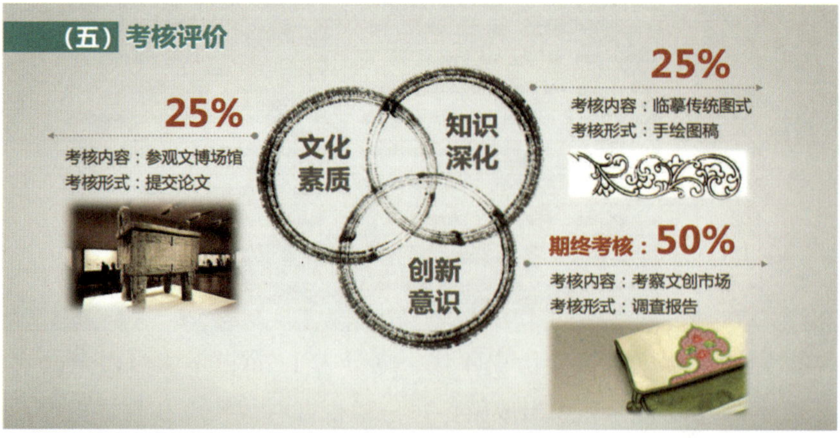

这门课程通过三方面任务，对学生进行考核：一是参观博物馆提高文化素质；二是临摹传统图式深化知识；三是在期末考核中，要求学生考察文创市场，形成调查报告，从而增强创新意识。在每个考核过程中，学生都能够领会中华艺术文化的强大生命力。

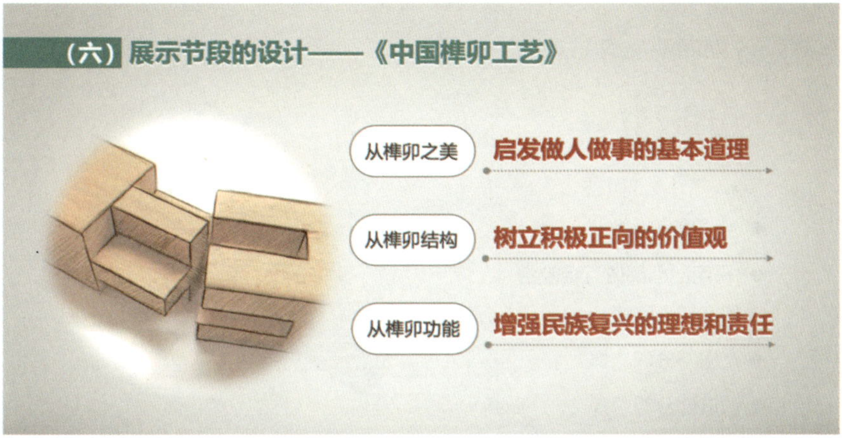

今天，我将给大家展示的教学节段是中国工艺美术史课程第 10 章第 3 节《中国榫卯工艺》。

本节段的设计，是把榫卯工艺的知识和三方面思政元素相结合：第一，从榫卯之美，认识到中国传统工匠精神的六种品格，启发学生做人做事的道理；第二，从榫卯的结构，认识到人与人相互支撑、发挥潜能的道理，体现社会主义核心价值观和国际《残疾人权利公约》精神；第三，从榫卯功能，认识到榫卯是构筑千秋家国的伟大文化，增强民族复兴的理想和责任感。

二、授课环节

这是2010年上海世博会中国馆的设计，大家想必还有深刻的印象吧？它被称为东方之冠，我们一看就知道它有中国气质，除了中国红、中国冠冕造型，更主要是它使用了一种古代中国最为知名的木构技术，同学们知道是什么吗？对，是榫卯。

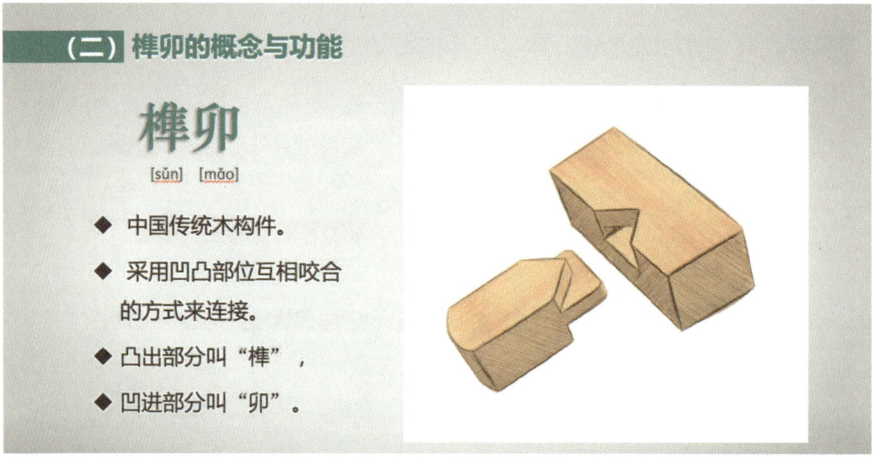

榫卯是中国传统木构件，它采用凹凸两个部位互相咬合的方式来连接，凸出的部分叫作“榫”，也叫榫头；凹进的部分叫作卯，也叫作榫眼。

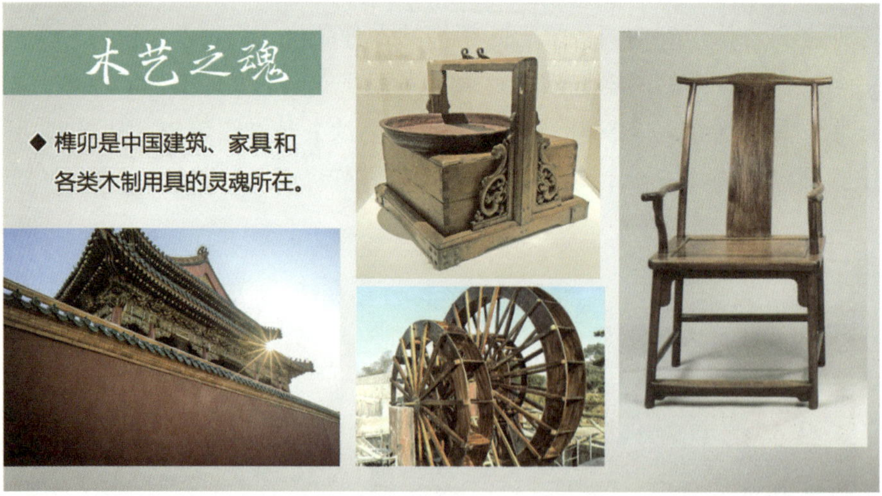

榫卯的功能是什么呢？它用在中国建筑、家具、日常用具和各类木制物品的关节部位，起到支撑和连接的作用。它既是功能部件，也具有独特的结构美，被誉为中国木工艺的灵魂。

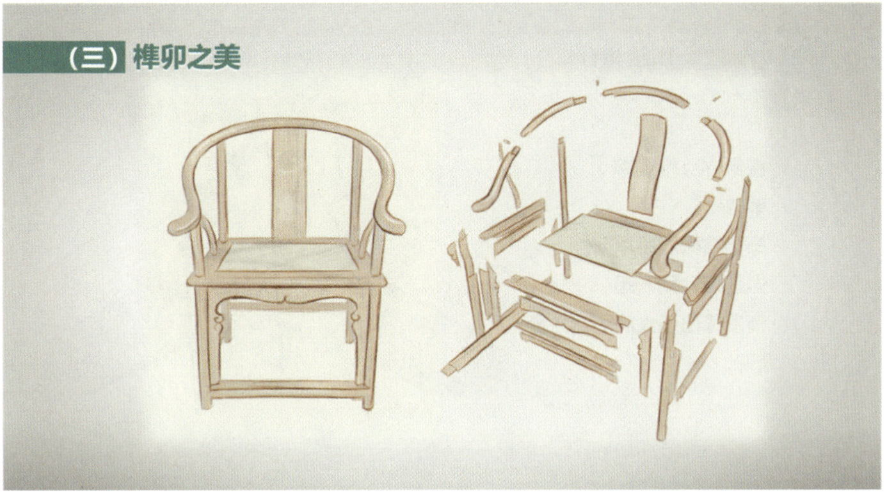

如果我们把一件中国木家具分解开来，我们会发现每个部件的连接，不用钉子，而是用榫和卯咬合在一起，科学严谨、牢固耐用。榫卯的美，体现在结构的坚实、力量的和合、技艺的精巧、制式的博大精深、文饰的谦和内敛、气质的朴厚自然上。下面，请大家随我一起来一一进行分析。

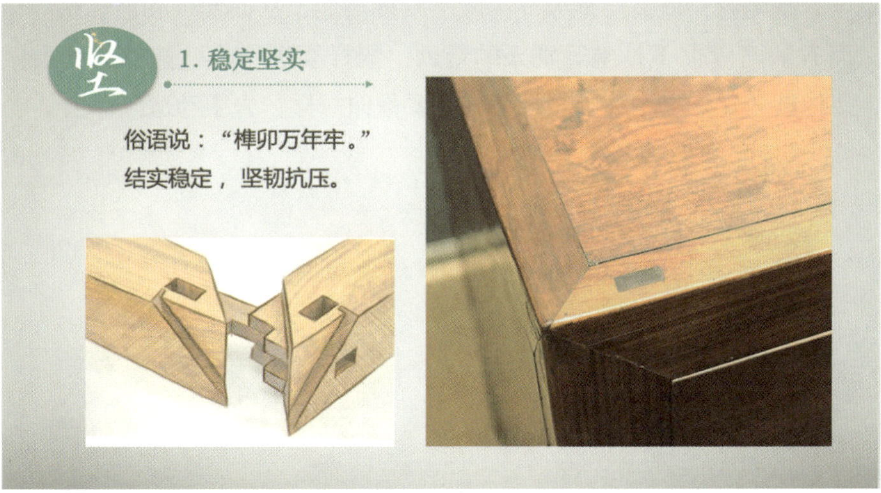

俗语说："榫卯万年牢。"榫卯的第一个特点是坚固。榫和卯通过咬合力和摩擦力精确结合到一起，结实稳定，坚韧抗压。请看，仅仅是右边这样一个普通的桌角，里面就有如此复杂的咬合力。

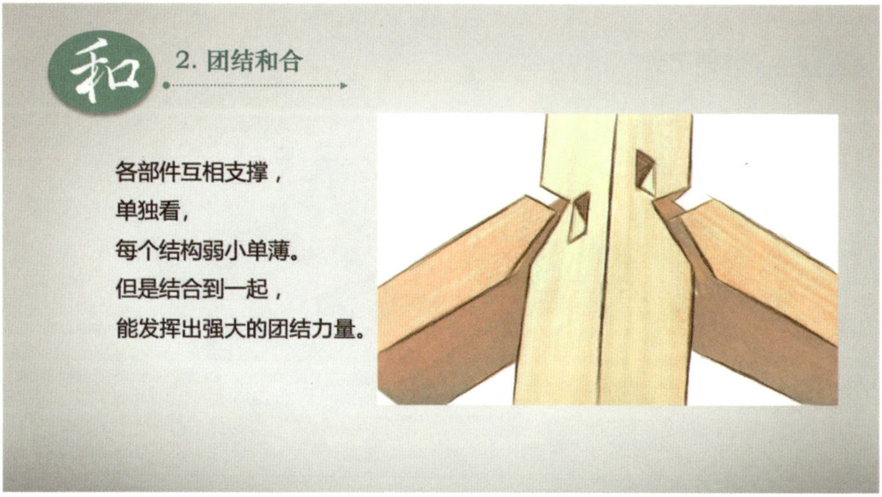

榫卯的第二个特点是“和”。

榫和卯互相支撑，单独看的话，每个构件弱小单薄，但是结合到一起，就能够发挥出强大的团结力量，也能抵抗强大的压力。这让我们联想到，生而为人，没有人是完美的，就像这榫卯，有的人某方面突出，而有的人有缺陷。有缺陷者，就需要他人支撑才能发挥潜能，从而实现和谐、平等、共享。而有缺陷者也不是坐等别人的帮助，同样要思考自己能够为社会做什么，要像榫一样，去主动参与社会，也要像卯一样，去主动适应社会。

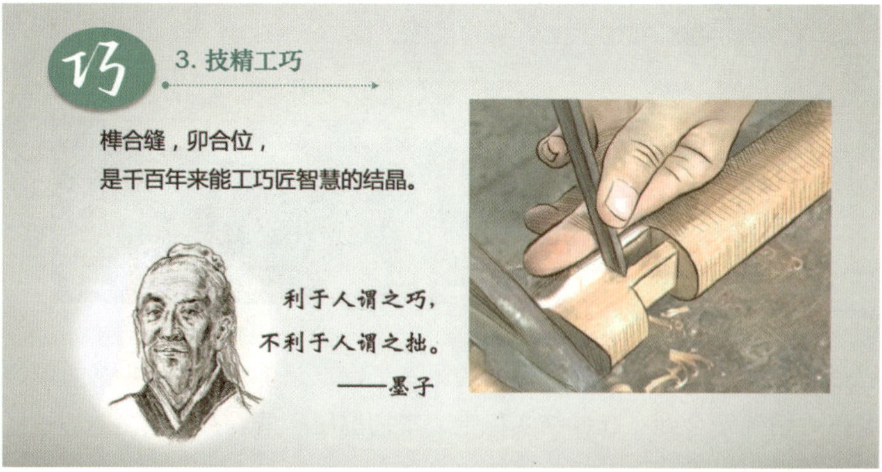

榫卯的第三个特点是巧，“榫合缝，卯合位”，是千百年来无数能工巧匠智慧的结晶。

什么叫作“巧”呢？仅仅是结构巧妙，还不能叫作“巧”。身为伟大哲学家，也是伟大工匠的墨子，说过一句话：“利于人谓之巧，不利于人谓之拙。”也就是说，真正的“巧”，要对人有用，要巧妙地解决生活中的种种问题，这正是工匠精神的力量所在。

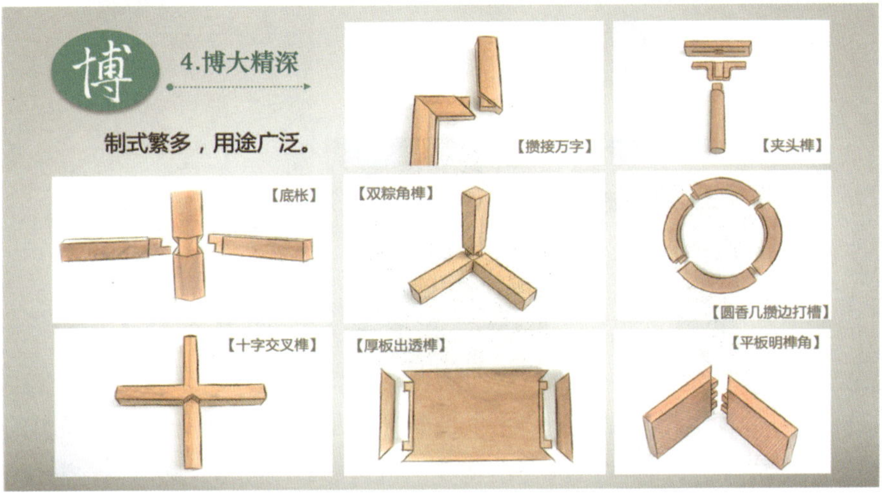

榫卯的第四个特点是“博”，它制式繁多，用途广泛。中国传统木构件，无论是最高等级的宫殿，还是普通家庭的一桌一椅，都以榫卯为结构基本单位。榫卯，可谓构筑我们千秋家国的伟大结构，看到这些博大精深的技术，我们为祖先的智慧而自豪。

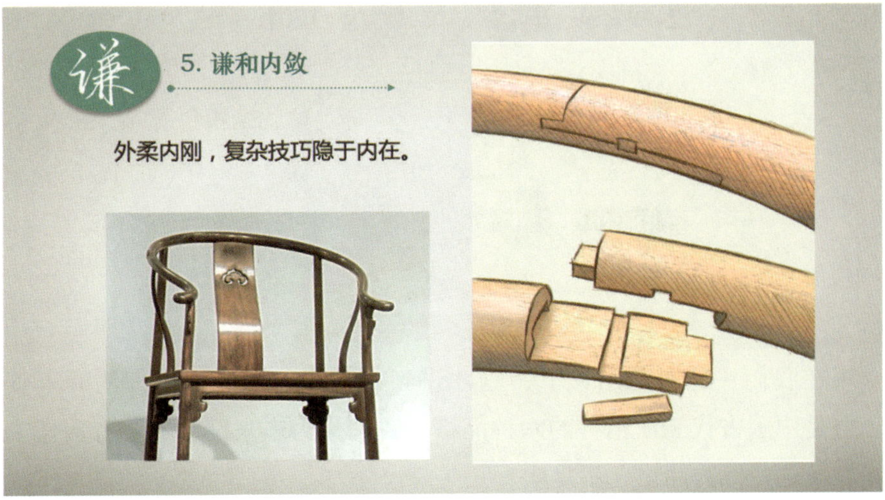

榫卯的第五个特点是“谦”，榫卯虽然很复杂，但并不是刻意炫耀技巧，相反，把复杂的结构藏在内部，表面看温和谦逊。

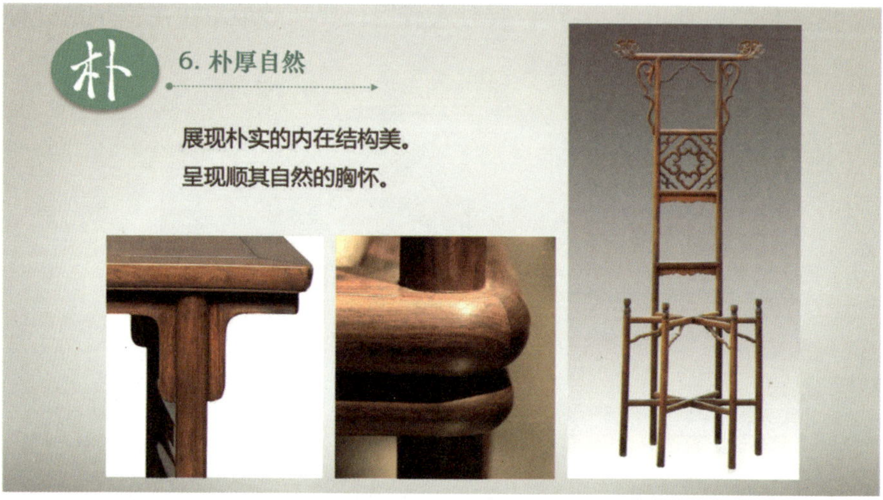

榫卯的第六个特点是“朴”。榫卯本身不是装饰，但是通过点线面的相互穿插，形成了一种朴实的内在结构美。此外，榫和卯的咬合具有弹性，能够随着气候的冷热干湿而胀缩，呈现出一种顺其自然的胸怀。

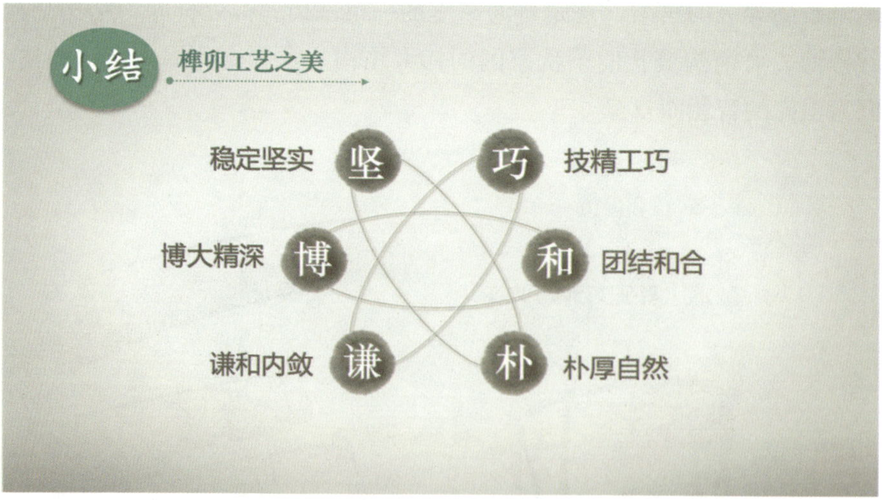

现在我们一起来总结一下，刚才讲到的六点，既是榫卯工艺的审美特点，也是中国古代工匠精神的六种品格。我们作为未来设计师，有责任去继承和发扬这些优秀品格，不是吗？

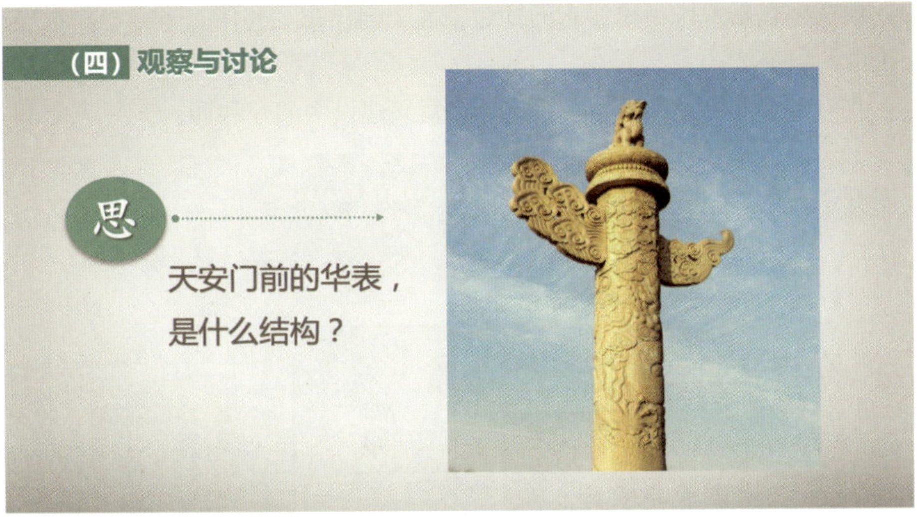

现在，请大家一起来讨论一个问题，天安门前的华表，是什么结构呢？

——很明显，它是一个榫卯结构。这个造型是怎么来的呢？下面请听我介绍。

中国古代的君主，常常在国家最高权力机构门口竖立一根华表，最早是用木头做的，上有一块横插的木牌，允许官员在上面写下自己的意见，代表君主愿意听取官员和百姓的意见。随着时间推移，它慢慢演变为石头材料打造，象征着国家上下一心、团结稳定。

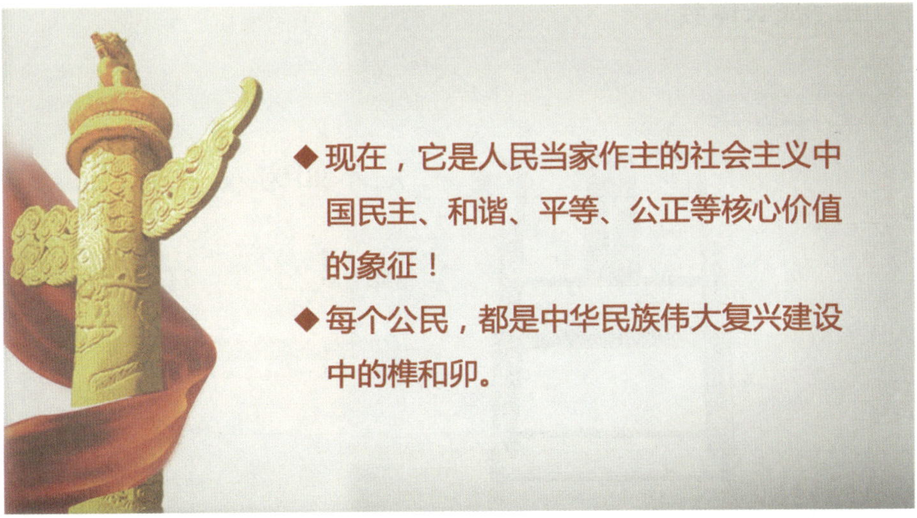

现在，它是人民当家作主的社会主义中国民主、和谐、平等、公正等核心价值的象征。

我们每个公民，都是中华民族伟大复兴建设中的榫和卯。

榫卯节段的讲解就到此结束，最后给大家提供 4 个学习资源，包括一个关于榫卯的手机动画 APP、一个关于中国家具的国家精品慕课、两本关于中国建筑的优秀书籍。希望大家课后坚持学习。知识，也像榫卯，在各种学习材料的互相支撑中，同学们能学得更灵活、更牢固。

三、成长体会

早在1200多年前，白居易就形容中国木质家具："拂拭生辉光""宜升君子堂"。君子这样的人才是天生的吗？不是，须经过后天的不断打磨，才能生出光辉。所以"治木如树人"，培养人才和打造木材，是类似的。我们听障学生文化水平不高，对知识的理解可能慢一点，但是没关系，我们教育者只要有不断拂拭的耐心和正确的教学方法，学生终将绽放出光芒。为了做到这一点，教育者要先受教育：首先，"学高为师"的角色要求教育者不断积累专业知识和特殊教育理论；其次，"身正为范"的职责要求教师端正价值观念，不断加强师德修养；最后，日新月异的时代发展，要求教师坚持以社会主义核心价值观为指引，以中华民族的伟大复兴理想为目标，做学生的引路人。

研究论文

新文科视野中的听障大学生设计史论课程思政探索——以中国工艺美术史课程为例

设计史论课程，是帮助学生积累设计艺术知识、陶冶美学情操的专业理论课程，也是能够让人终身受益的人文教育。人文的“人”拥有多个维度：人，是国家公民；人，是社会大众；人，是生产生活的创造者；人，有思想感情的独特个体。作为人文教育的设计史论课程，也要在美善相乐之中，培养学生的家国信念、社会责任、创造意识和积极的人生价值，这与课程思政“立德树人”的根本任务是一致的，也响应着教育部 2020 年 11 月出台的《新文科建设宣言》的精神。尤其是，我们视觉传达设计专业的听障大学生，毕业后不仅是传播审美潮流的新一代，也是代表残疾人形象的新一代，因此我们还应该结合 OBE 理念，以培养对社会发展有担当、对时代之美有前瞻、对自我精神世界有强烈自主和创新意识的新时代残障者为使命。

笔者主讲的中国工艺美术史课程，是一门设计史论课程，它穿越数千年辉煌岁月，全面展现中国传统手工艺的发展历程和杰出技艺成就，广泛涉及中华民族的种种创造行为，包括艺术行为、科技行为、经济行为、伦理行为，它不仅是艺术史论课，也是一部中国文明史。从这个意义上说，它与课程思政有着天然的联系，是培养良性世界观、人生观、价值观的最佳平台。同时，课程思政的教学理念也有利于课程内容和教学方法设计得更加合理，使原本“遥远”的历史档案更具有现实性和切身性。

一、课程思政教学理念的探索

以民族文化自信为基石，在求真、求善、求美中，塑造学生的思维能力、精神品格和文明素质，这不仅是课程思政的施教途径，也是新文科建设的目标。本课程的思政理念，从中国工艺美术的三方面人文内涵中来建构。

（一）中国工艺美术内在包含着真，是知识教育，更是实践教育

中国工艺美术见证着中华民族改造自然的实践活动，见证着世世代代人们自由意志的实现，这是由真至美的途径，必然要求我们在教学中融入做人做事的道理，如中国“工匠精神”，在敬业、精益、专注、创新等方面，历史上有无数能工巧匠可为今人榜样，今日也有许许多多聋人匠师在各个工艺领域守正创新。

（二）中国工艺美术内在包含着善，是鉴赏教育，更是人格教育

手工艺是服务于现实生活的实用品，它总是围绕着社会目的而存在，正如孟子所说“一人之身，而百工之所为备”——个人生活汇聚着无数他人的劳动成果，这必然要求我们在授课中融入优良价值观，树立经世致用、造福社会的思想，这与社会主义核心价值观是一脉相承的。

（三）中国工艺美术教育内在包含着美，是技能教育，更是创造力教育

中国工艺美术史浓缩了中华民族精神气质的生成、发展和嬗变过程，其中凝聚着我们祖祖辈辈的智慧和理想，它一方面可以培养学生的创造意识，另一方面可以培养学生对这种意识的创造性运用，而创造的动因来自人文之美，是人类美好愿望的物化。我们有信心也有责任为中华民族伟大复兴而继承和发扬这份国之大美。

二、课程思政教学内容的探索

以中国工艺美术史课程为代表的设计史论课程，作为专业教育，学生可以了解古人创作实践活动的丰富性，形成学习设计学科的知识框架；作为人文教育，它致力于提高学生的敏锐感知能力、理性思维能力、社会交流能力、文化共融能力和家国归属感，这些有助于整合为和谐人格，提升个体幸福。为达到这样的目标，本课程对教学内容进行了优化和整合。

（一）价值引领，深入挖掘思政元素

本课程以三方面思政价值为引领进行教学内容的优化：①使学生从造物

哲学中认识到中华民族的种种优秀精神品质，促进人生价值的塑造；②使学生从杰出工艺成就中认识到中华民族的伟大创造力，增强文化自信；③使学生从工艺的社会意义中，认识到工艺从古到今一直是国家软实力的表现，从而培养学生的爱国情操。例如，在明式家具的榫卯工艺一节中，笔者将榫卯工艺的知识作了如下整合，既营造润物细无声的气氛，也追求惊涛拍岸的声势。第一，启发做人做事的道理。从榫卯技艺之美认识中国传统工匠精神，培养身为设计师的职业品格。第二，塑造积极价值观。从榫卯互相咬合的结构中认识到人与人之间互相支撑、发挥潜能的道理，每个人都要像榫一样积极投身社会，也要像卯一样去主动适应社会，激发残疾学生的主人公意识和自强精神。第三，增强民族复兴的理想和责任。从榫卯的功能中认识到榫卯是构筑千秋家国的伟大文化，和学生探讨天安门前华表的榫卯结构，认识到我们每个公民都是中华民族伟大复兴建设中的榫和卯，激发学生建设祖国的责任感。

（二）突出主题，紧密结合应用目标

工艺是社会生活的集合点，它凝聚人类价值观念于一身，反映着人文的完整性。本课程把社会生活中最基本的实践维度作为每一章的重点主题，以更好地服务应用型大学培养应用型人才这个核心目标。例如：讲“工艺与伦理”，可以在诸子百家就美与义、巧与利的思辨中展开，激发学生的职业责任感；讲“工艺与经济”，可以从唐宋博大多元的社会经济中，分析文化产业繁荣的途径；讲“工艺与教育”，可分析中国近代从工艺到工业的变革，将有助于理解蔡元培先生说的“美育救国”。

（三）加强时效，广泛联系当代社会

工艺美术是现代设计的古老形态，它具有服务社会的本质，其价值不能留待后世而沽，而要在当时即进入市场被评估。因此，更恰当的教学方式，当是站在时代的镜子面前，鉴古知今、鉴往知来。比如，引导学生分析当代设计中的传统文化元素；考察当代文创市场；探讨非物质文化遗产保护及新时代优秀继承成果；关注当前新手工艺的复兴，包括新技术、新形式、新应用，以及旅游手工艺、家庭手工艺、新中式设计的繁荣现象等。这既是理

论结合实践的教学过程，也是普及生活美学的过程，更是引导学生革故鼎新，积极面对新时代、新问题、新市场的过程。

三、课程思政教学方法的探索

设计史论课是以语言文字为载体、以人文知识储备为依托，并以一定的价值观念为导向的综合性课程，它对于听障大学生来说有一定难度，因为听障学生语言文字应用能力不强、知识面较窄、知识储备量少。教学对象的特殊性，决定了教学方法必然是特殊教育方法与设计史论教学方法的融合，力求制订更加贴近学生认知模式、更能提高教学效率的教学方案。

（1）在教学手段上，信息无障碍支持是核心问题。它包括信息无障碍传达和信息无障碍技术支持这两个方面：①构建信息无障碍传达模式，在授课过程中，综合使用文字、手语、图像，让任何情况的听障学生都能够及时获取知识信息。这要求教师对“聋人文化”，包括其认知特点、手语语言与群体习惯等要有足够的了解。对聋人文化的尊重，亦是塑造听障学生自信心和自主性的途径。②积极使用信息无障碍技术支持，为听障学生实现更高效的功能代偿。信息无障碍技术包括数字化语音转文字产品、语音转字幕悬浮翻译等，这些智能设施均是出自中国领先国际的新兴高科技企业，学生能感受到新一轮科技革命的人文化应用，在对社会关怀的领悟中，也有助于提升学习的自我效能感。

（2）在讲授方式上，结合鉴赏法与语境法，创设更加立体的学习情境。鉴赏法侧重讲解工艺美术的内在构成因素，包括技术、艺术、功能、流派等，培养学生的感受力、观察力和理性判断力；语境法侧重讲解工艺美术的上下文关系，如文化传统、生活方式、经济政治，并对工艺作品中蕴含的价值、关系、成因和影响进行探讨，在丰富的评价标准和见仁见智的观点中，加强思想素质和交流沟通能力。由此，从内建构知识系统，从外撑起能力、情感和价值，不断优化课程学习与时代发展需求之间的联系。

（3）在开放课堂的设计上，围绕北京丰富的传统文化资源和世界文化中心的地位，利用博物馆、艺术馆、在线学习平台、文化企业、数字信息库等资源，在互动体验中达到参与社会、寓教于乐的学习效果。这不仅是课堂开放，也是课程优化，以这些平台的资源为支撑，将知识以 SPOC 形式作灵活化整合穿插在常规教学中，将有望促进听障大学生知识的内化吸收，从而解决教学效率的问题。

（4）在课程体系建设上，收集当代新手工艺和具有传统气质的现代设计案例，将它们引入课堂、写进讲义，转化为优质教学资源。在教学案例的选择上，选择贴近听障学生文化语境的实例，为此笔者采访了多名听障手工艺匠师，他们在琉璃工艺、景泰蓝工艺、陶瓷工艺方面拥有杰出建树，以榜样的力量激发学生的自信自强。此外，笔者本人是听障教师，当过工艺品设计师，所以一直以身教言传给学生积极正向的示范。同为听障者，我能做到的，相信学生也一样能做到！什么是听障者？我们不应该聚焦于我们没有的听力，而应该聚焦于我们所拥有的专注眼睛和灵巧双手。

四、总结与反思

“师也者，教之以事而喻诸德者也。”做学生的引路人，不只是“闻道有先后”，更是洞察世界的方向有正偏、坚持信念的态度有强弱。历史一再告诉我们，社会大变革的时代也一定是人文科学大发展的时代，这意味着教师要在世界观和信念的各个层面进行反思、加固和提高，然后才能教引学生在时代的路口更好地把握自我、实现自我。在课程思政改革的探索中，我深深感受到，只有以国家发展为方向，以服务社会为职责，结合听障群体的需要去“明道、守道”，方能以更广阔更明亮的视野去“传道”。

自强不息、勇敢拼搏——盲生太极功夫扇课程思政教学设计与实践

教师简介：陈晓莹，体育部，讲师。

所授课程：盲生太极功夫扇

研究方向：体育训练、残疾人体育

曾获奖励：曾获得中国残疾人联合会和国家体育总局颁发的全国特奥先进个人称号；北京市残疾人体育运动协会颁发的北京市优秀教练员称号。首都高校体育教师演讲大赛一等奖；北京联合大学课程思政教学设计大赛特等奖。

教书育人感言：高尚的师德，是学生心灵的明镜。面对这些特殊的学生，我希望能用自己的爱心、耐心和专业知识培养他们自强不息、勇敢拼搏的体育精神。

比赛实录

扫描二维码观看
比赛现场实录

盲生太极功夫扇

尊敬的各位领导、老师、同学们，大家好，我是体育教学部教师陈晓莹，今天我要讲授的课程是盲生太极功夫扇。

一、说课环节

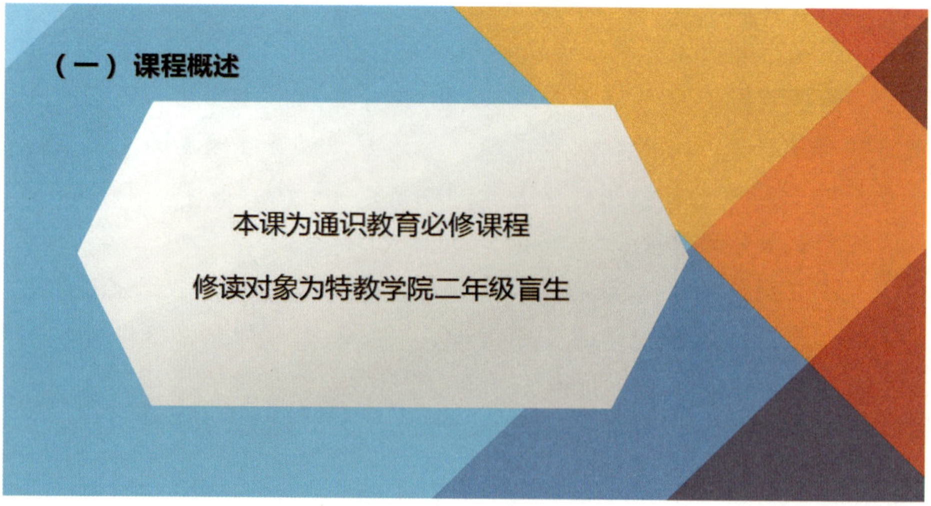

本课程为通识教育的必修课程，修读的对象为我校特教学院二年级盲生。

（二）课程目标

1. 通过学习，盲生能够掌握太极功夫扇的基本动作和成套动作。

2. 让盲生学会一项运动项目和健身方法。修正身体形态，消除盲态。

3. 培养盲生敢于面对身体的缺陷和弱点意识，勇敢大胆练习，建立自强、自立、自信的拼搏精神。

本课程的课程目标是，通过学习能够让盲生掌握太极功夫扇的基本动作和成套动作；使盲生学会一项运动项目和相关的健身方法，可以修正他们的身体形态，消除盲态；培养盲生敢于面对身体的缺陷和弱点意识，勇敢大胆地练习，使他们建立自强、自立、自信的拼搏精神。

（三）教学内容

1. 学习李德印太极功夫扇第一套前四段的成套动作。

2. 理解太极功夫扇的健身意义，使盲生在学习中享受快乐、增强体质、健全人格、锤炼意志。

3. 培养他们自强不息，勇敢面对困难，克服恐惧心理，战胜自我的坚强品质。

本课程的教学内容：学习李德印太极功夫扇第一套前四段的成套动作；

理解太极功夫扇的健身意义，使盲生在学习中享受快乐、增强体质、健全人格、锤炼意志；培养他们自强不息，勇敢面对困难，克服恐惧心理，战胜自我的坚强品质。

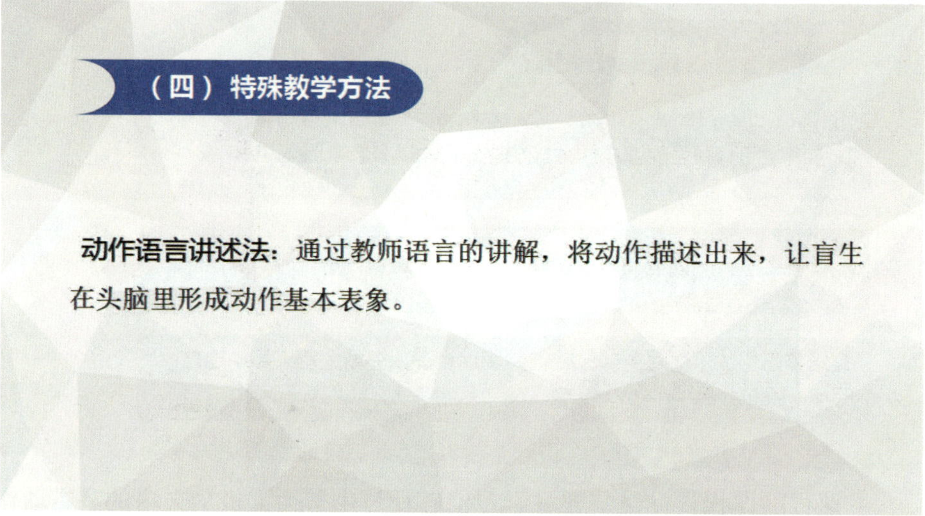

那么如何让盲生学会动作？特殊教法尤为重要。在这里我向大家介绍几种我们在日常教学中针对盲生经常用到的特殊教学方法。第一种：动作语言讲述法。教师通过语言的描述讲解，将动作描述出来，让盲生在头脑里形成一个动作的基本表象。

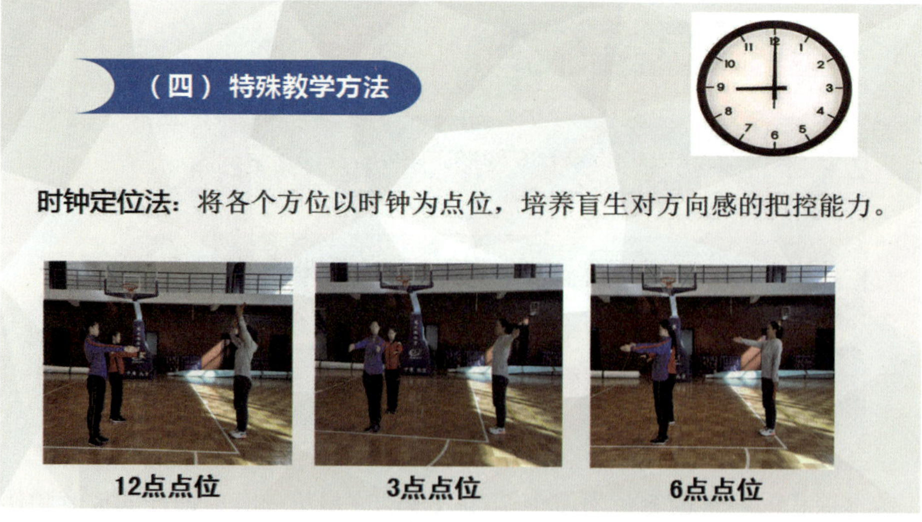

第二种：时钟定位法。就是将各个方位以时钟为点位，培养盲生对方向感的把控能力。下面我想请大家体会一下这个定位法。大家面向前方闭上眼睛，然后把双手前平举，这个前平举的方向对您来说就是 12 点方向，大家可以试试双手指向 2 点方向，然后睁开眼睛看看您是否指对方向。时钟定位法就是由正前方依次向右移动出现 1、2、3 等时钟的点位。这个方法可以有效地帮助盲生确认方位。

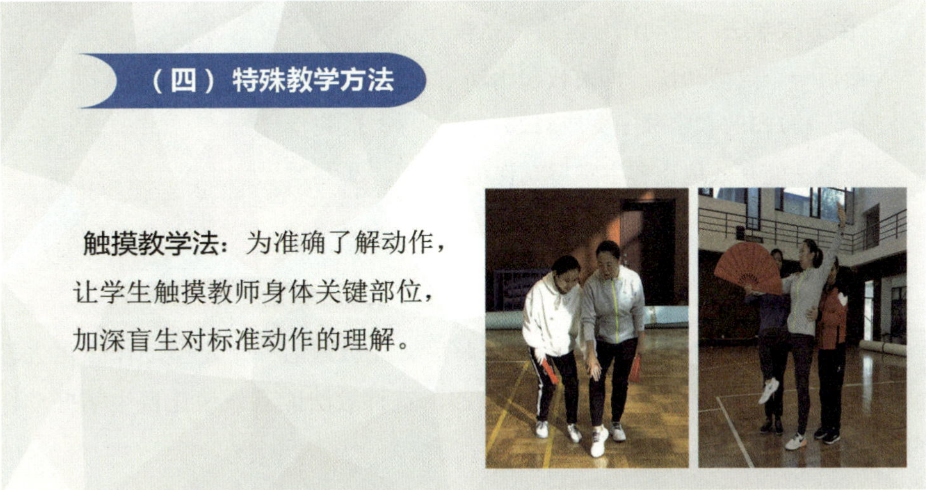

第三种：触摸教学法。为准确了解动作，让学生触摸教师身体关键部位，加深盲生对标准动作的理解。

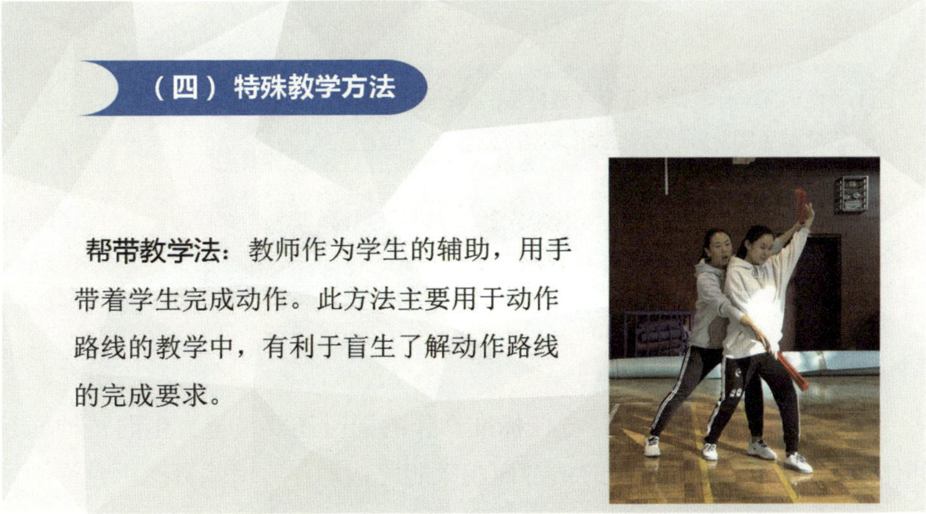

第四种：帮带教学法。教师作为学生的辅助，用手带着学生完成动作。此方法主要用于动作路线的教学中，有利于盲生了解动作路线的完成要求。

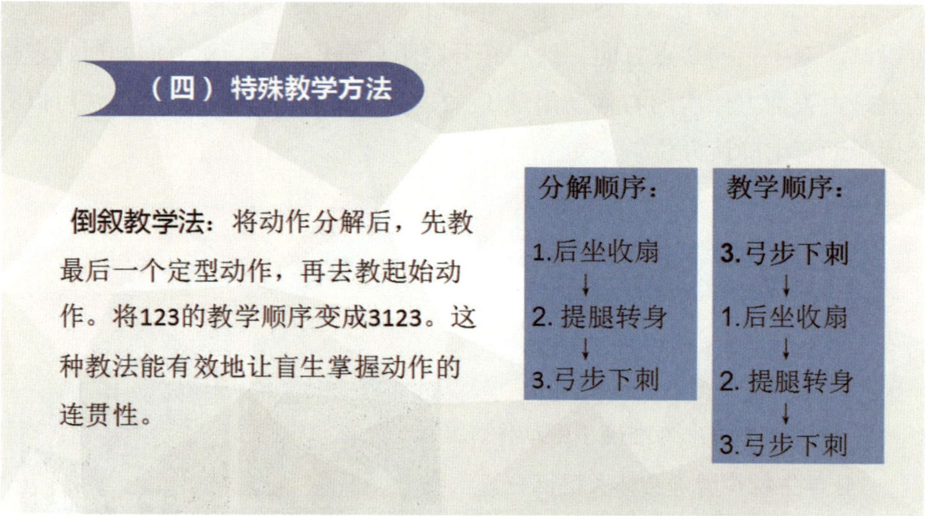

第五种：倒叙教学法。将动作分解后，先教最后一个定型动作，再去教起始动作。将 123 的教学顺序变成 3123。这种教法能有效地让盲生掌握动作的连贯性。

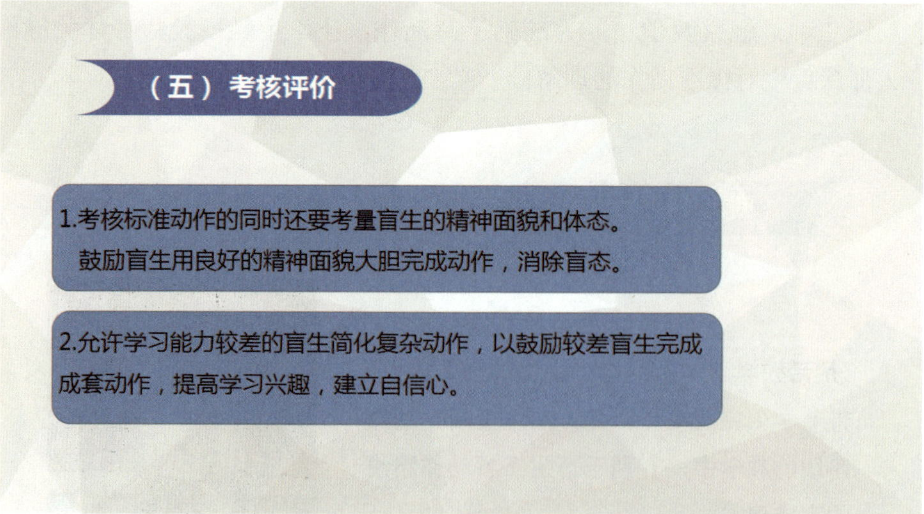

针对盲生的考核评价，考核标准动作的同时还要考量盲生的精神面貌和体态。 鼓励盲生用良好的精神面貌大胆完成动作，消除盲态。允许学习能力较差的盲生简化复杂动作，以鼓励较差盲生完成成套动作，提高学习兴趣，建立自信心。

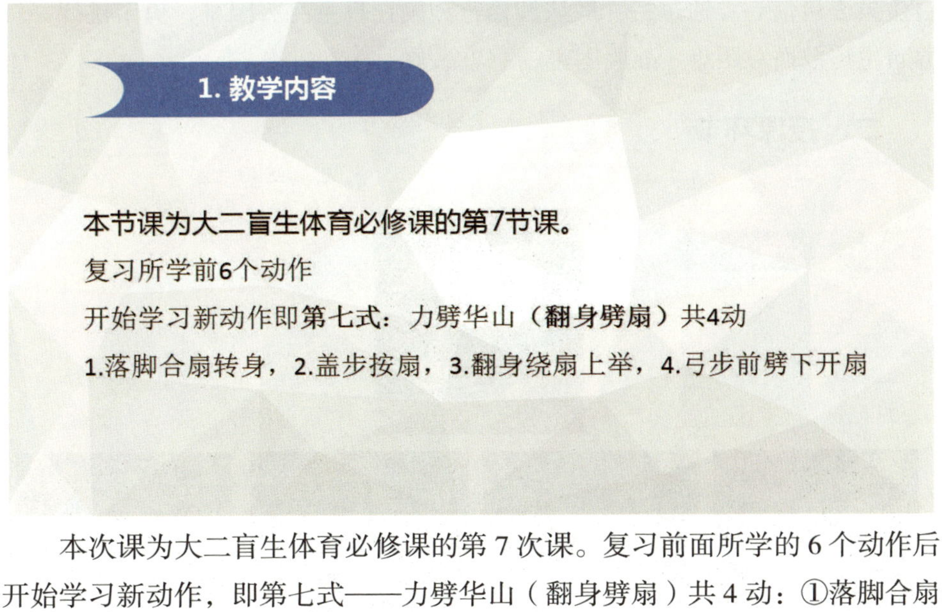

本次课为大二盲生体育必修课的第 7 次课。复习前面所学的 6 个动作后开始学习新动作，即第七式——力劈华山（翻身劈扇）共 4 动：①落脚合扇转身；②盖步按扇；③翻身绕扇上举；④弓步前劈下开扇。

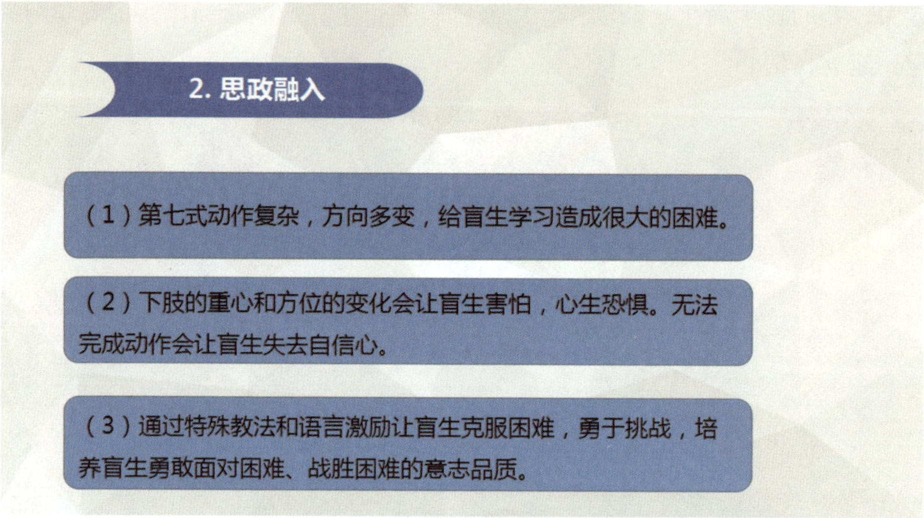

思政的融入：第七式动作复杂，方向多变，给盲生学习造成很大的困难。下肢的重心和方位的变化会让盲生害怕，心生恐惧。无法完成动作会让盲生失去自信心。通过特殊教法和语言激励让盲生克服困难，勇于挑战，培养盲生勇敢面对困难、战胜困难的意志品质。

二、授课环节

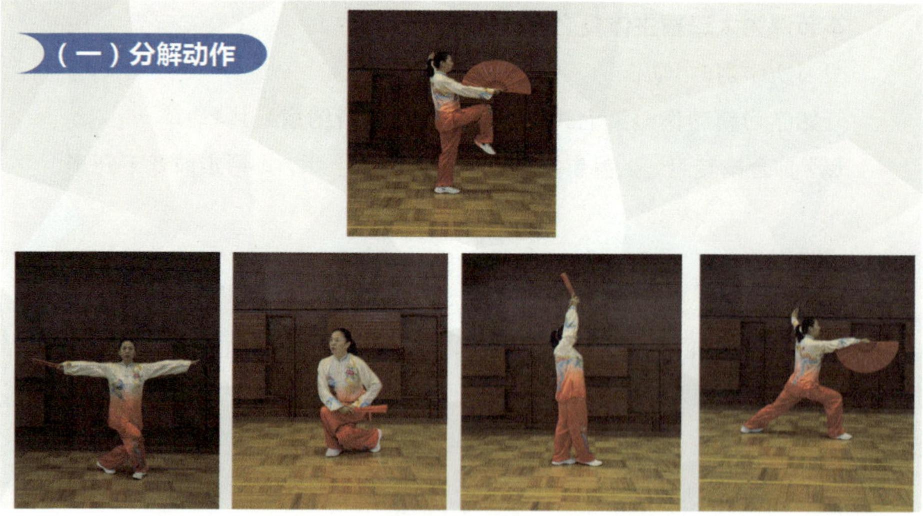

我尽量通过这 9 分钟让大家看到我们的日常教学情景。

（两个全盲同学：男生孙秉贺、女生王宣人配合完成。）我先占用一点点时间，让学生触摸一下上课的环境。

现在学生先调整一下点位，面向 12 点。（击掌给声音提示）

刚才我们已经复习了前面所学动作，下面我们开始学习第七式翻身劈扇。第七式是第一段里比较难的一个动作。但大家不用害怕，跟着老师一起学习。首先老师先说这个动作，大家边听边在脑海里想象一下这个动作是什么样子的。我把它分成 4 动。第 1 动：右脚落地，重心下降同时转腰向右；左手推掌合扇后马上双手侧平举打开，点位方向 12 点。第 2 动：提重心双手上举左脚向右前方迈一步，做盖步，左手按掌于体侧，点位为 1—2 点方向。第 3 动：双手上举起立向右转身经过 3 点、6 点，到达 9 点方向。第 4 动：上右脚向前做右弓步，右手前平举倒立开扇，左手亮掌在体侧。大家听着是不是特别复杂？不要害怕，我们还是先从第 4 动的定式动作开始。

（二）第4动

第 4 动的点位方向在 9 点方向，大家转到 9 点方向。（击掌给予声音提示）右脚向前做右弓步，右手前平举，左手亮掌在体侧。（老师先纠正一下学生的错误动作。）大家要记住了，这个是我们最后的定式动作，收回站立。之前的课上我们已经学过了所有的手法、步法和开扇的方法，第 4 动做的是下劈倒立开扇。下面我们配合下肢一起做一下这个动作。双手上举，左手搭腕。老师的口令是“4”，然后大家下肢做右弓步，上肢做下劈倒立开扇。

预备，4。（纠正动作）好，我们收回，回到 12 点方向。（声音提示）

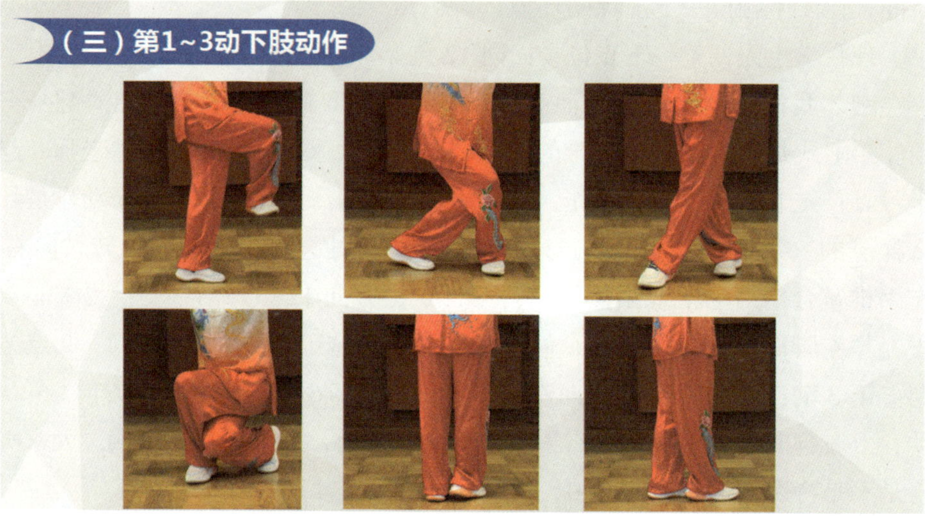

我们已经学会了第 4 动，现在我们开始学习第 1 动、第 2 动、第 3 动的下肢动作。

以下是我们今天学习的重点。下肢的动作有重心的变化，有方位的变化，大家一定要注意这些关键点。现在大家向老师靠拢，老师边做大家边摸。我现在已经 9 点方向提膝准备了，先做右脚外翻落地，下蹲。重点要触摸清楚老师下蹲的幅度、膝盖的位置和脚的位置在哪儿。（学生触摸老师下肢。）第 2 动老师要先站起来，左脚向右前方迈一步，下蹲做盖步，盖步两个膝盖的重叠位置大家一定要摸清楚。这个重心比刚才要低很多。第 3 动还是要先站起来，老师要做转身，同学们把着老师的腰部，老师转向 3 点、6 点、9 点，然后就是第 4 动了。第 4 动是什么？（学生回答）我们要上右脚弓步。我们回到 12 点方向。经过触摸大家应该已经知道了这个下肢动作是什么样子的，我们先练习一遍。

孙秉贺同学先来做一遍，提膝，脚外翻落地，下蹲找到点位方向 12 点；第 2 动左脚右前方迈一步。孙秉贺提问："老师，这个右前方是 9 点方向的还是 12 点方位？"老师给摆一下位置。（用手帮他把他的右腿摆到标准位置。）继续做盖步，要注意重心下降，点位在 1—2 点。第 3 动起身转，接 4 动上步。孙秉贺最后的点位不对，要练习。下面王宣人同学来做，1 右脚外翻下落，12 点方位。2 左脚向右前方迈，（学生重心不稳摔倒）没关系，你的脚和重心没做对所以容易摔倒。我们再来一次。（学生再做一遍。）“王宣人，你的动作盖步没做出来，转的也不到位。”王宣人说：“老师，我不太能找准方向，转的时候也有点害怕。”刚才你触摸了老师的下肢，你要按照要求把脚和身体重心配合好，你就不会摔倒。还有最重要的是，你要克服自己的这种害怕的心理，不要害怕，大胆地去做动作。老师会保护你，再做一遍，好吗？第 3 动的时候我们降低难度，我们把转变成碎步找方向。来，大家一起为她加油。（大家一起鼓掌。）1 落脚下蹲，方向 12 点。2 上脚注意方向和重心。3 碎步找方向。4（老师给声音提示）上步。好的，没有问题，完成得很好，要相信自己，一定可以做好的。下面我们把下肢动作连起来做一次。

（四）第1~3动上肢动作

现在我们开始学习上肢动作。我们也分成 4 动和下肢动作配合起来做。我们从第 6 式结束动作提膝开扇准备。（老师用帮带法边讲边带领王宣人做动作。）左手把扇子推到 9 点方向合扇，然后双手侧平举打开，注意 12 点方向。第 2 动提重心时候双手就上举，搭腕，上脚的时候把扇子搭到左腰间。第 3 动提重心时双手上举，转的时候手一直在上面。然后接着我们学会的第 4 动下劈倒立开扇。

（五）完整动作

下面我们把第七式上肢下肢的完整动作做一遍。

我们回到 12 点方向，（击掌给声音提示）刚才我们学会了第七式，现在我们把我们所学的所有动作完整地配合音乐做一遍。做的时候大家一定要注意体态，我们要自信，不要怕出错。老师会给予提示和保护。音乐起（合音乐完整做一次）。大家做得很好，在练习的时候，我们一定要学会克服困难，战胜自己的恐惧心理，不要害怕。我们在生活中遇到困难的时候，是不是也需要大家去面对它、克服它、战胜它，对吗？道理是一样的。多练习我们一定会做好的。

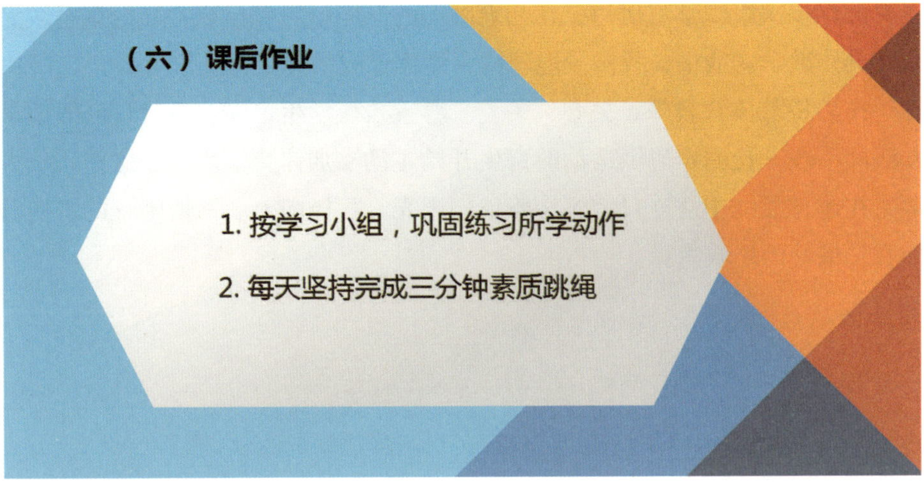

课后作业：按学习小组，巩固练习所学动作；每天坚持完成三分钟素质跳绳。

三、成长体会

2007 年我就在特教学院教体育，在专业领域我可以用熟练的手语进行聋生教学，可以用特殊教法带领盲生进行体育活动。但对于学校提倡的课程思政最初的时候我很是困惑，片面地理解课程思政就是红色革命教育。

学校多次强调，教师要深刻理解“三句话”，练好“三项基本功”，学院体育部也多次组织学习研讨，在与老师们的共同学习探讨、共同挖掘思政元素和具体教学实践中，我慢慢地理解了课程思政的真正含义。

作为特教体育教师，关心、关爱、尊重残疾学生，能够通过自己的教学方法和手段，让原本恐惧运动的盲生开始主动参加体育锻炼，让这些残疾大学生在体育活动中建立自信，培养他们阳光、积极向上、不怕困难的拼搏精神就是最好的思政教育。

研究论文

特殊教育体育教学中思政教育融入探索

习近平总书记在全国高校思想政治工作会议上强调，“要坚持把立德树人作为中心环节，把思想政治工作贯穿教育教学全过程，实现全程育人、全方位育人”。体育课程在高校普遍作为大学生公共必修课程，覆盖面广，学生主动参与性强，是培养学生的良好载体。就读于特殊教育学校的学生主要包括聋、盲等残疾类别，残疾造成的障碍使他们在认识发展、情感发展和身体发展方面都呈现出多样性和个性化特征。如何更好地将思想政治教育融入特教体育教学中，找到适合残疾大学生的思政教育方法，推进残疾大学生的全面发展值得探究。

一、课程思政的理解和认识

课程思政是高校落实立德树人根本任务的实践创新，需要挖掘各类课程中所蕴含的潜在思想政治教育资源，使课程本身具有一定的思想政治教育功能，是对各类课程立德树人效能的更大发挥。习近平总书记曾在全国高校思想政治工作会议上指出，“各类课程与思想政治理论课同向同行，形成协同效应”。

高校体育课程是高校课程中的一部分，也是构建“三全育人”格局中重要的板块，是实现立德树人根本任务中不可或缺的重要部分。因此，在高校体育课程中有效融入思政教育是势在必行的。高校体育课程除了肩负使学生掌握运动知识和技能、提高身体素质的任务外，育人工作同样是最本质的工作。如何在体育课程教学中提高学生的思想道德品质，提升学生的思想政治素养，是体育课程教学中应该注意的问题。将课程思政理念融入高校体育教学中是高校体育教学进行改革的一大重要举措。立德树人是高校体育课程思想政治工作的基础和依据。

教师是教书育人实施的主体，也是课堂教学的第一责任人。课程思政建设中，所有课堂都是育人的主渠道。课程思政建设要靠教师去落实，首先考验的是教师专业素养，建设一支具有自觉“育德意识”和较强“育德能力”的教师队伍，是确保所有课程“同向同行、协同育人”的人才资源保障。

二、特殊体育教学的特点和思政元素的挖掘

习近平总书记在全国教育大会上强调，“要努力构建德智体美劳全面培养的教育体系，树立健康第一的教育理念，开齐开足体育课，帮助学生在体育锻炼中享受乐趣、增强体质、健全人格、锤炼意志”。这不仅针对普通学生，也包括在特殊学校的残疾学生。美国学者张加贝在《试论特殊体育学的内涵与外延》一文中提出，特殊体育教学是体育教育的一个分支，特殊体育与常规体育内涵不同。特殊体育是体育重要的分支，也是其重要的组成部分之一。特殊体育教育所服务的群体是那些身体存在一定缺陷的特殊群体。身体的残疾使残疾学生在认知、情感、身体等多方面表现出与健全学生不同的特点。特殊教育体育教学的设计要根据所教授对象的身体残疾特殊性来设计，在教学方法上也存在与一般体育教法不同的特殊教法。这些特点的存在使特殊教育体育课的思政教育融入也存在其特殊的特点。

就课程而言，不管哪一门课程或多或少、或强或弱都包含“思政元素”。而体育课有其自身特点更是包含着不同的思政元素。比如体育运动项目具备家国情怀、社会责任、遵规守矩、艰苦奋斗、自强不息、坚持不懈等精神，这些都可以在体育课堂教学中提炼和教授。体育课首先就要求学生遵守纪律，在一切体育教学活动中听从体育教师的指令和安排，这对培养学生的遵纪守法意识有一定的作用。其次，在体育课程中，要靠自己不断的努力训练、勤于思考和向教师及同学请教学习，不断克服困难和挑战自我，通过自己的辛勤付出才能获得自己较为满意的成绩，这对于培养学生树立自信心、勇于面对困难具有重要作用，让学生通过体育课程明白付出才会有回报，成功是靠自己的双手辛勤劳动得到的。而体育比赛更能在一定程度上激发学生勇于挑战和顽强拼搏的精神，引导学生互帮互助、互相关心，共同战胜困难，通过努力拼搏和与他人团结合作获得最后的胜利。

而特教体育教学中除了体育课中共性的思政元素外，还有其特殊的思政元素存在。教师应该重点挖掘针对残疾学生自身心理和身体特点的思政元素。例如，盲人大学生由于视力障碍而导致学习困难，从而导致对体育课的排斥和消极心理。如何通过思政教育让他们树立健康的、自信的心态等，这就是最好的思政教育元素。

三、课程思政与特殊体育教学的有机融合

高校体育课程思政是将思想政治教育融入体育课程教学的过程中，培养全面型人才，做到与思想政治理论课同向同行，形成协同效应。科学的体育课程思政能够将思想政治教育与各项体育课程自身的教育内涵相融合，丰富高校体育课程的教学功能，彰显高校体育课程思政的重要性。

作为特教体育教师要做到以德立身，以身示范，提高自身的思想政治素养。在教学中教师的行为规范和思想意识对学生有很大的影响，教师只有对自己严格要求，以身作则，在行为规范及思想政治意识等方面才能起到示范和带头作用。更重要的是要有仁爱之心，对残疾学生要关爱、呵护、尊重，让学生能够真切地感受到教师的这份爱心。笔者理解的课程思政应该是“润物细无声”，在教学的每一个环节都会有思政元素的出现，教师应该挖掘和把握这些元素，在教学过程中无声无息地渗透给学生。作为教授残疾大学生这个特殊群体的体育教师，能够通过自己的教法和努力让原本恐惧运动的盲人学生开始喜欢上体育课，开始主动地参与体育活动；能够让残疾学生建立阳光、积极向上、不怕困难的拼搏精神就是最好的思政教育。

四、特殊体育教学的教学反思

教授残疾大学生学习运动技能的过程不但需要专业知识，更需要关心、关爱、尊重残疾学生。教师首先应该理解残疾大学生的学习困惑以及身体残疾带给他们学习的困难。作为教师应该总结出适合残疾大学生的行之有效的特殊教法，有效地帮助他们学会动作，提高他们学习的兴趣，建立自信。通过练习培养他们面对困难、战胜困难的勇气和不服输的精神，从而让他们在今后生活中树立遇到困难时敢于面对的生活态度。

坚持教育者先受教育，教师在学中做，在做中学，应坚持“立德树人”的根本任务，深入挖掘体育中的“思政元素”，担当起传播社会主义核心价值观的时代重任，帮助学生既“健骨”又“强心”。作为体育专业教师，只会上课显然不够，怎么让体育课发挥出立德树人的作用非常重要。要在引导学生学习体育知识技能的过程中潜移默化地塑造学生的正确人生观、社会主义核心价值观，教师要做到用思政理论武装自己，将思政教育贯穿到整个教学过程中去。

走进案例，讲好故事——管理学课程思政教学设计与实践

教师简介：刘铮，旅游管理专业，讲师。

所授课程：管理学

研究方向：旅游企业管理

曾获奖励：北京联合大学课程思政教学设计大赛一等奖；北京市优秀教学团队成员。

教书育人感言：滴水渐积成沧海，拳石频移作泰山。愿以吾辈之青春，落实立德树人之使命。

比赛实录

扫描二维码观看
比赛现场实录

实现有效管理的方法

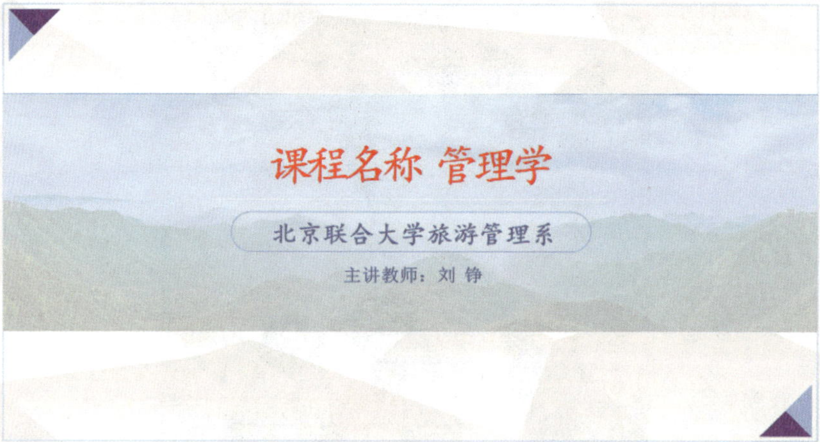

尊敬的各位领导、老师，亲爱的同学们，大家好！我是旅游学院旅游管理专业教师刘铮，我汇报的课程是管理学。

一、说课环节

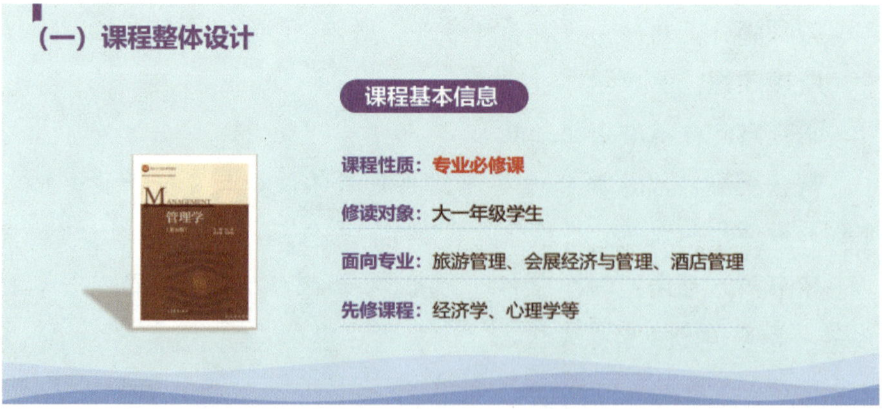

管理学是一门面向旅游管理、会展经济与管理、酒店管理专业大一学生的专业必修课。它的先修课程有经济学和心理学等。

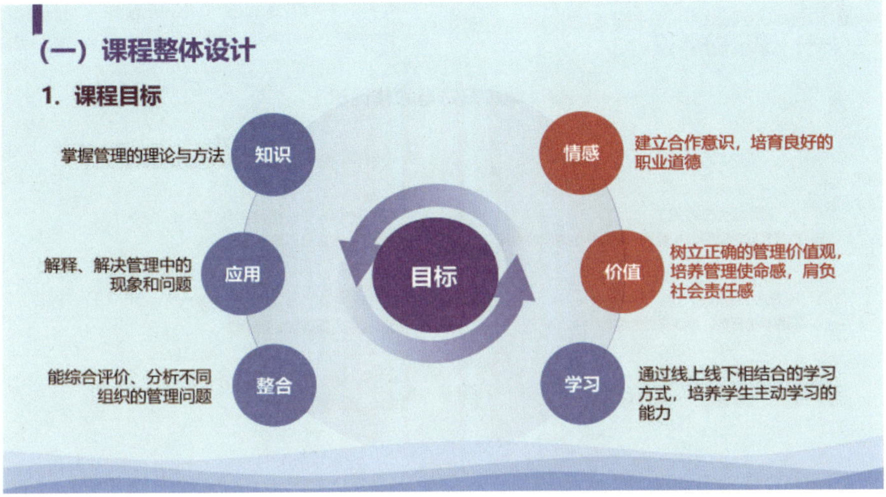

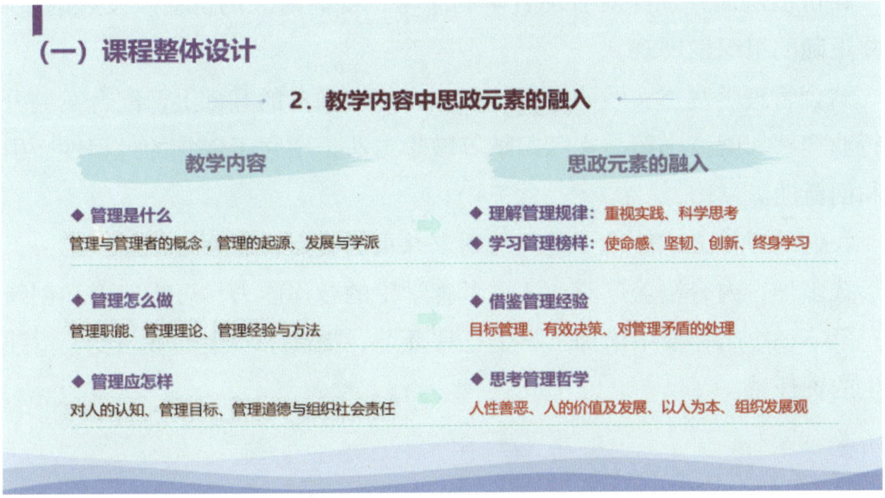

我们的课程目标，是希望学生建立扎实的理论基础、树立正确的管理价值观，重点是培养学生的管理使命感和社会责任感，为成为德才兼备的社会主义建设者奠定基础。

对应课程目标，我们的课程内容围绕“管理是什么”“管理怎么做”以及“管理应怎样”三方面展开。

所融入的思政元素包括：让学生理解管理规律，从管理榜样身上学习他们的使命感、坚韧、创新和终身学习的精神。从管理案例中吸收目标管理、有效决策、对管理矛盾处理的经验。

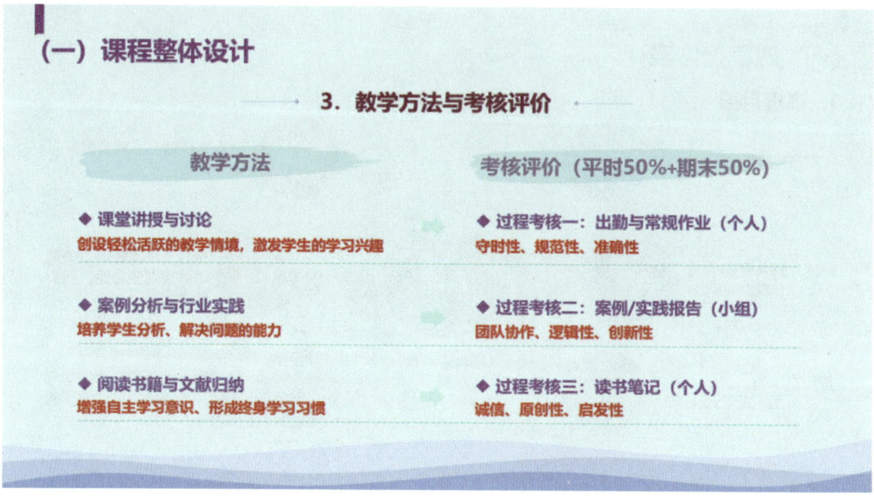

在价值层面，加深对管理哲学的思考，提高对人的价值及发展的重视，树立正确的组织发展观。

结合管理学注重实践的课程特点，在传统教学的基础上，配合案例分析与行业实践、阅读书籍与文献归纳等教学方法，增强了课堂的过程性、引导性和创新性。

我们的考核方式体现了过程与期末并重的特点，有两点创新：第一，考核形式多样，内容覆盖广泛，注重考查学生的合作能力、思维能力和创新能力；第二，小组作业中增加了学生互评环节，提高了学生的参与度，增强了学生的责任感。

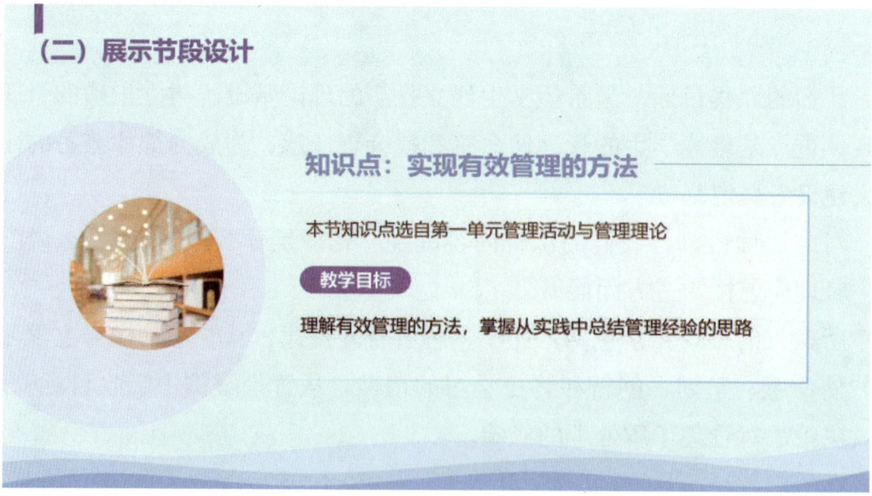

今天我讲解的是管理学第一单元的知识点：实现有效管理的方法。目的是让学生了解如何进行有效管理，掌握从实践中总结管理经验的思路。

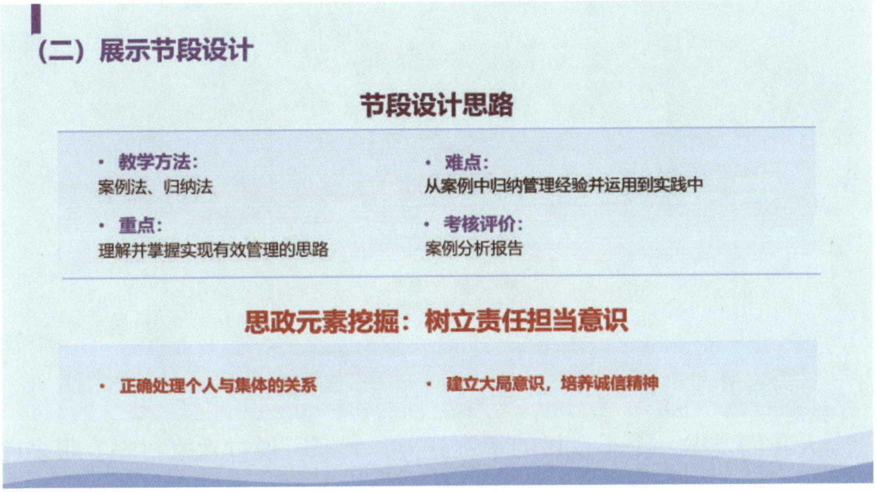

我将运用案例法和归纳法，通过袁家村脱贫致富的案例，提炼出有效管理的经验。我所融入的思政元素是树立责任担当意识，重点强调：正确处理个人与集体的关系；建立服务意识，培养诚信精神。

二、授课环节

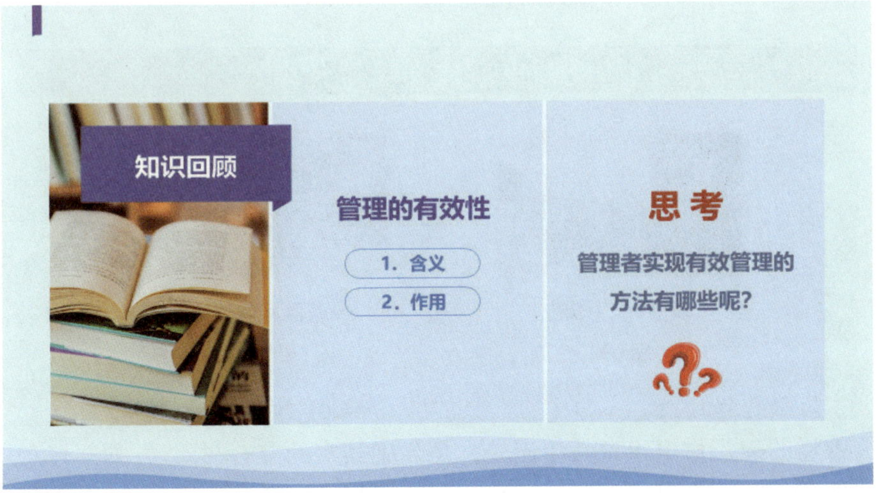

同学们，大家好，在学习新课之前，我们先来复习一下。上节课我们学习了管理有效性的含义和作用。课后有同学在微信群里提问，有效管理都有哪些方法呢？这节课我们就来探讨这个问题。

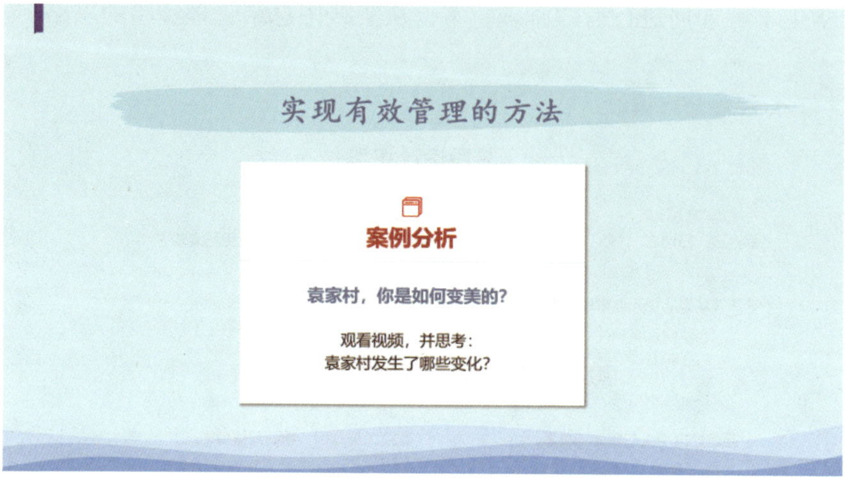

今天我们要做一个小乡村的案例分析，大家听说过袁家村吗？很多同学都在摇头。下面我就带着大家走进这个位于关中平原腹地的小村子，去看看有效管理是怎么帮助它化平凡为神奇的。

先看两段视频，我们想一想今天的袁家村和20世纪70年代的袁家村有什么变化（比赛实录视频4′48″~5′07″）。

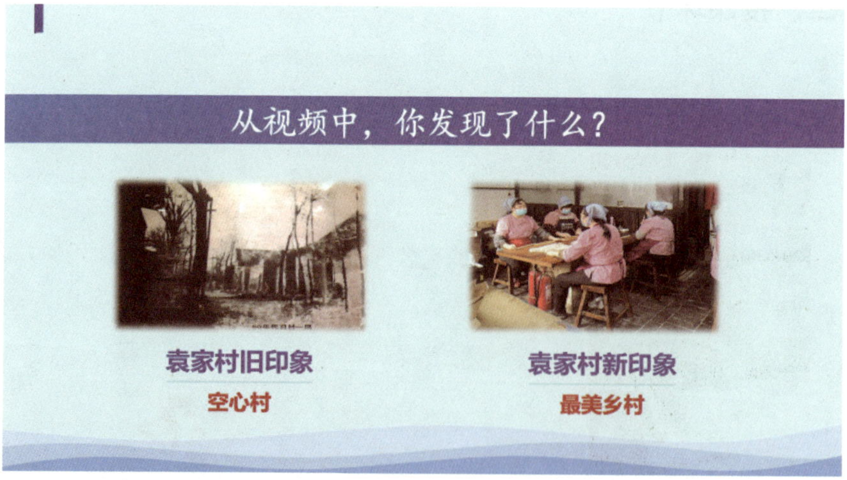

曾经的袁家村由于青壮年流失，是名副其实的空心村。

而现在的袁家村已经华丽转身为最美乡村。

袁家村是怎么变美的呢？上节课我们提到，任何一个组织的发展都离不开管理者的有效管理，袁家村也一样，所以我先带大家了解一下袁家村的带头人。

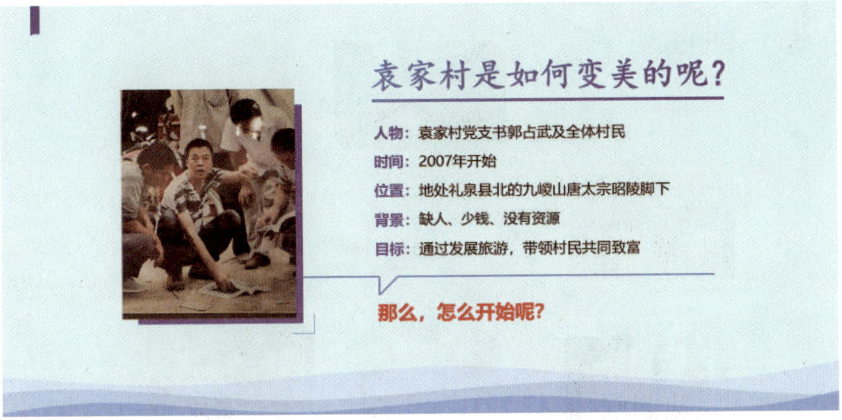

他叫郭占武，是土生土长的袁家村人，2007 年之前在西安创业，发展得很好。而那时的袁家村，只有一条街，两排房子，毫无生气。郭占武响应礼泉县政府的号召，毅然返乡，接任了袁家村党支部书记，他想通过发展旅游带领乡亲们走出困境。

但是，面对缺人少钱又没有资源的小村子，怎么开始呢？

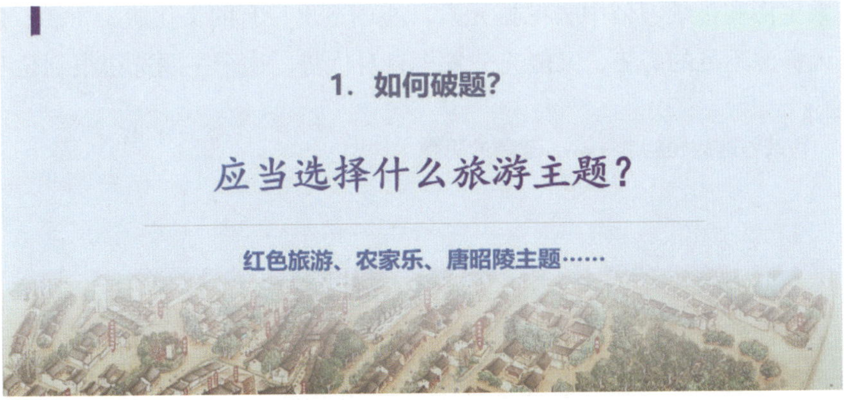

既然要发展旅游，就要选择一个旅游主题，这是郭占武要做的第一个重大决策，那么应该确定什么主题呢？

我们先看看袁家村的基本情况，它地处咸阳市九嵕山唐太宗昭陵脚下，虽然是有 1300 多年历史的古老村庄，但由于先天资源有限，一些专家认为不具备发展旅游的条件。

那怎么办？有人提议，可以考虑红色旅游、农家乐或者开发唐昭陵。（大家觉得这些主题怎么样？）郭占武又是怎么选择的呢？

他综合考虑后定位于“民俗旅游”，并确定了“关中民俗”主题。

郭占武认为，如果想让全体村民都能参与，就要做大家伙儿会做的事情，那就是关中地地道道的农村生活。

农民的衣着、饮食、建筑、语言、活动都是关中民俗的一部分。从村民的日常生活和传统习俗中去挖掘元素，能创造出特有的文化旅游资源，既避开先天资源不足的劣势，又能充分发挥自身优势。这个主题选得很到位！

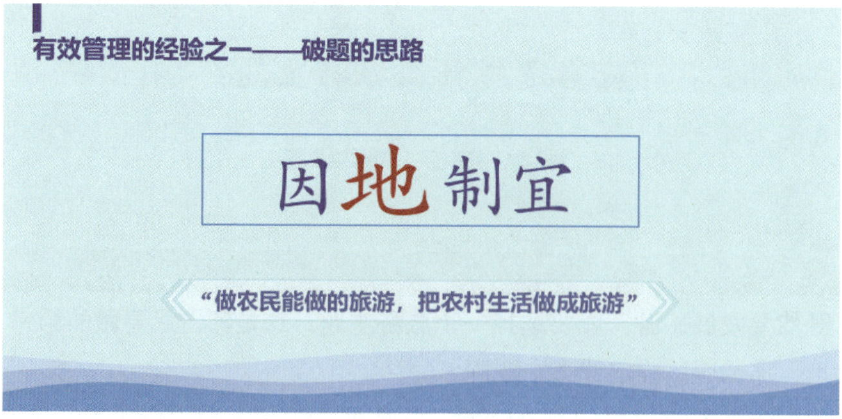

所以，当管理者破解一个新的管理问题时，可以借鉴的思路就是：因地制宜，也就是实事求是，具体情况具体分析。

做农民能做的旅游，把农村生活做成旅游，就是最符合袁家村实际情况的。

管理过程中不可避免地会遇到各种矛盾，袁家村为了吸引人气，开始兴办小吃街。村委会发现小吃街的蒸馍店不挣钱，没人做，怎么办？有同学会说那就换一个能挣钱的呗，为什么非要做蒸馍店呢？

蒸馍就是我们常说的馒头，看上去普通，但对关中人来说意义重大。号称八百里秦川的关中平原，自古就是重要的小麦产区，因此当地人非常爱吃面食，面条、锅饼和蒸馍就是关中人离不开的三大面食种类。

对于这么重要的蒸馍店，是一定要留下来的，那怎么留呢？

村委会的办法是由村集体出钱，给予蒸馍店高额补贴，并积极开发新品种，既避免村民的损失，也保留关中民俗品种的完整性。

听上去这个问题很容易就解决了，但如果村委会不能从大局出发去解决矛盾，这个蒸馍店可能真的留不下来。

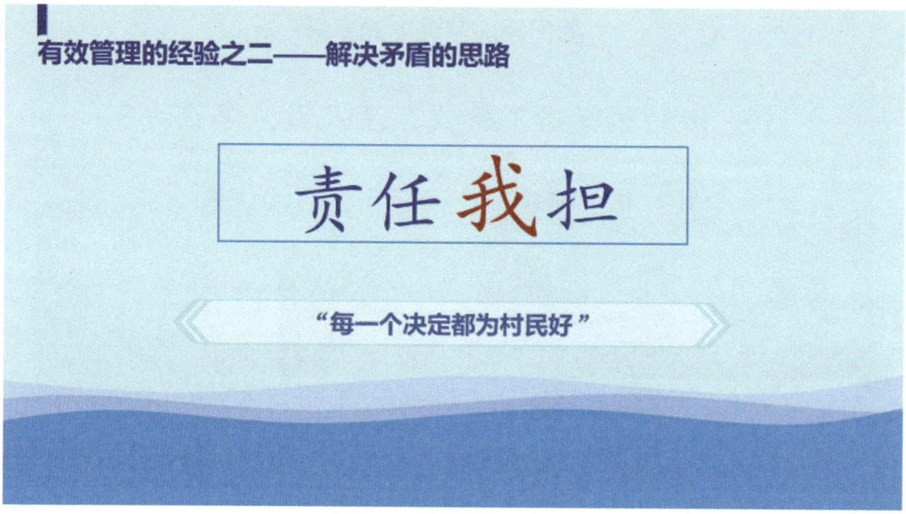

所以，当管理者遇到矛盾时，要做到：责任我担。就像袁家村村委会一样，秉承着“每一个决定都是为村民好”的宗旨，勇于承担责任和风险。

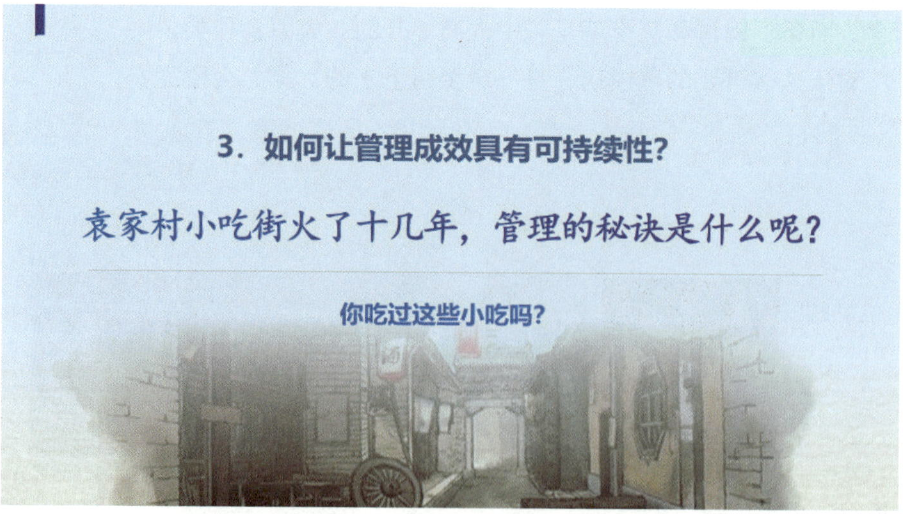

当然，除了要解决矛盾之外，管理者更关心的就是怎么让现有的管理成效继续保持？袁家村的小吃街红火了十几年，周边有不少民俗村模仿它，大

部分都失败了，袁家村的成功秘诀是什么呢？

袁家村特色小吃

在分析之前咱们先看看小吃街里都能吃到什么？除了大家熟悉的肉夹馍、biangbiang 面和凉皮之外，具有袁家村特色的粘面、荞面、手工搓搓、燕麦揉揉、洋芋粑粑、粉蒸肉、驴蹄子等近百种小吃的酸爽、香辣刺激着人们的味蕾。

这是 2020 年疫情缓解时，游客们吃小吃的情景，真有这么好吃吗？真的，因为我也刚刚去趟了袁家村，吃到了那里的小吃，味道好极了！

那他们是怎么做到的呢？

村里要求小吃店保留传统工艺制作，图中这个商铺就坚持用磨盘碾磨辣椒，而面粉、菜籽油、醋、豆腐都是由村里作坊供应的。游客能看到一碗面从食材加工到手工制作的全过程，吃着很放心。

那有没有不守规矩或者偷工减料的呢？这块牌子引起了我的注意，上面写着："如做不到原料安全，甘愿后辈受穷。"这体现了村民对确保食品安全的决心。我特意喝了她家的汆丸子汤，真材实料，喝完让人身心舒畅。村里对食品安全抓得很紧，最开始是用制度约束，现在诚信自律已经蔚然成风，真的实现了"农民捍卫食品安全"的誓言。

那么袁家村为什么要建立这么严格的制度并一直坚持呢？这是因为郭占武要做的是百年袁家村，他要让老百姓可持续地致富，所以，他们追求的是长远的产业发展，而不是眼前的蝇头小利。

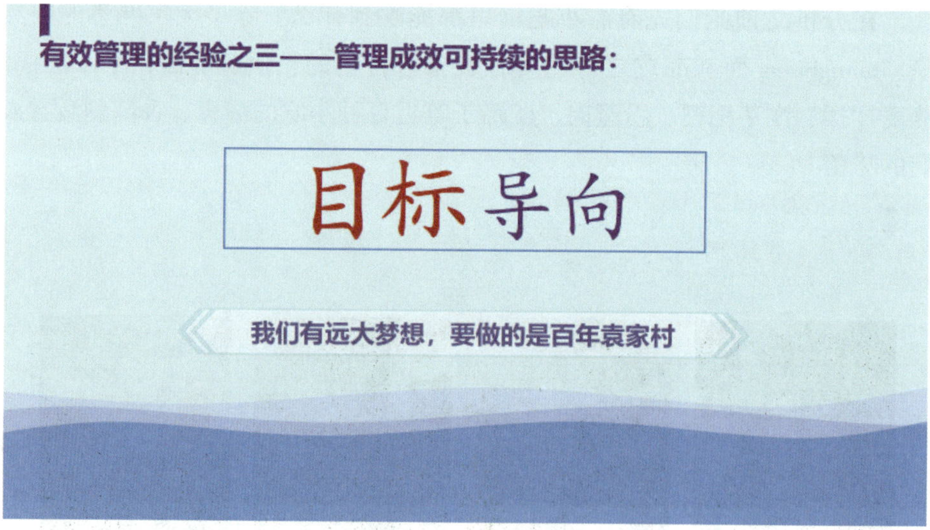

这下我们就知道袁家村小吃街为什么持续红火了，因为它有：目标导向。正是拥有了要做百年袁家村的远大梦想，所以他们建立起严格的制度，规范了食品制作流程，赢得了游客持续的好口碑。

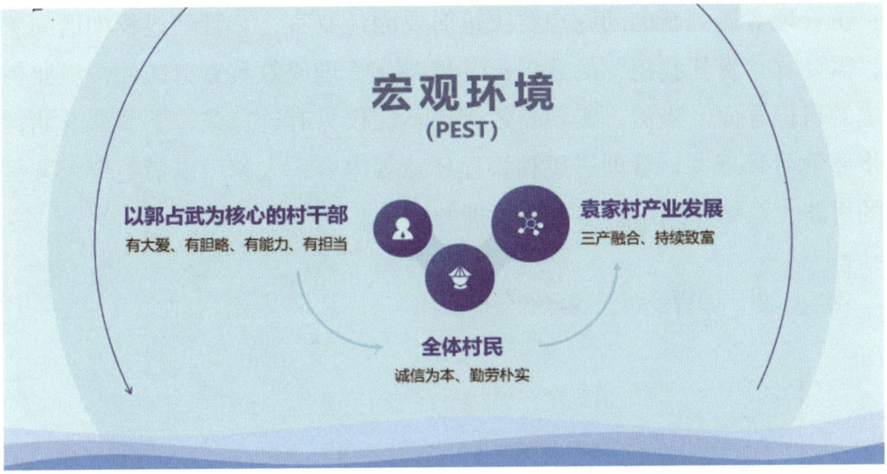

从袁家村回来，感觉它真的像一个家。以郭占武为核心的村干部像大家长一样，在国家乡村振兴的大好形势下，用超群的能力、无私的奉献为这个家的发展指明方向，保驾护航。村民就是大家庭的主人，大家通过辛勤劳动和诚信经营为这个家添砖加瓦，而像我一样的游客也被它深深吸引，很想经常回去看看。

袁家村的产业发展欣欣向荣，它也让望得见山、看得见水、记得住乡愁的诗意生活成为现实。

好，今天的内容先讲到这儿，我们进行课程小结。

我们今天讲的是实现有效管理的方法，我从袁家村案例中提炼出三条经验：①管理者遇到新的问题想要决策时要因地制宜；②管理过程中遇到矛盾时，需要有“责任我担”的意识；③想要让管理成效具有持久性，就要树立正确的目标导向。当然，实现有效管理不仅仅只有这三条，下节课开始，我们将要学习管理者、管理思想和管理环境等内容，大家可以借鉴今天案例分析的思路，总结归纳出更多有效管理的经验。

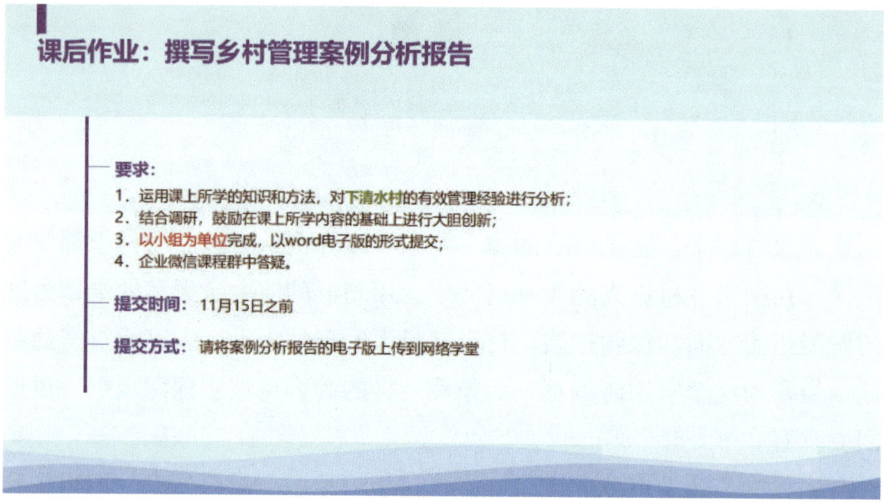

最后我布置一下课后作业，请大家搜集门头沟下清水村的资料，过一段时间我带大家去那里调研，请结合今天和第一章后续的内容，分析下清水村的有效管理经验，并撰写案例报告。

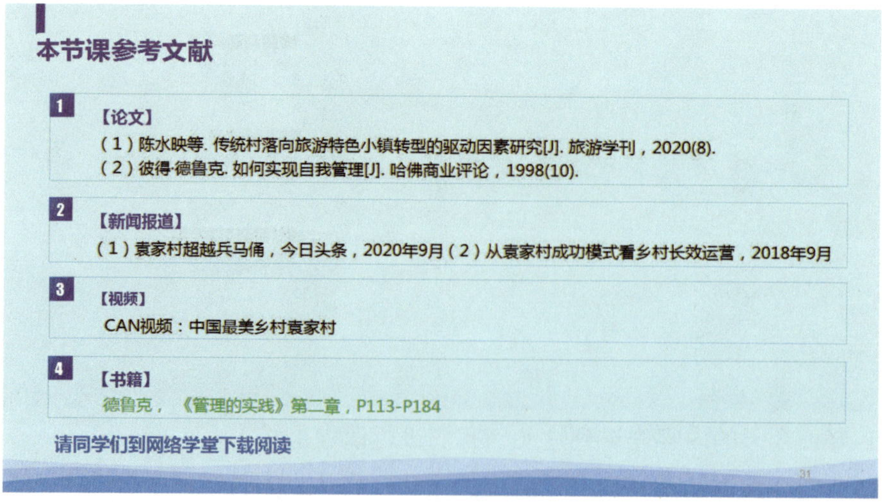

这是课后参考资料，其中，德鲁克的《管理的实践》第二章是下节课的预习补充材料，请大家一定提前阅读。

三、成长体会

我的第一点感受是：温故知新。

《论语》中说：温故而知新，可以为师矣。说实话，在课程思政三年的建设过程中我遇到了不少困惑。于是我重新翻开了中外经典管理著作，温习了大师们的真知灼见，获益匪浅，所以温故知新必不可少。

第二点感受是：润物耕心。

当我在袁家村走访时，深深地被袁家村的力量所感染，我走进了案例，案例打动了我的心，我想走到更多的案例中，把我心中的能量传递给我的学生们，在他们心中埋下一颗种子，希望他们奋发图强，无论走到哪里，都能发光发热。

研究论文

重塑案例　潜心育人：课程思政建设的探索与实践

专业课教师承担了课程思政建设的重要任务，教师自身素质和业务水平是影响课程思政的重要因素。在课程讲授过程中，要对专业课内容、方法进行重新挖掘、梳理和认识，通过讲好课，为构筑育人主渠道、落实立德树人的根本任务贡献自己的力量。

一、对课程思政的再认识

作为高校教师，对于课程思政的含义并不陌生，而如何能够更加深入地去理解课程思政并融入自己的授课环节，我有以下几点体会。

（一）如何从了解到精通

1. 从理论武装到学习思考

首先从思想认识上要树立正确的观念，习近平总书记在全国教育大会上提出“我们围绕培养什么人、怎样培养人、为谁培养人这一根本问题”，他强调“要把立德树人融入思想道德教育、文化知识教育、社会实践教育各环节，贯穿基础教育、职业教育、高等教育各领域”。作为大学教师，教书育人是自己的本职工作，传授知识的同时也承载着传递正确价值观的职责。正如习总书记所说，“人民教师无上光荣，每个教师都要珍惜这份光荣，爱惜这份职业，严格要求自己，不断完善自己”。因此，课程思政是回归教育者原本职责的一项重要内容。

2. 我们应该做什么?

教师可以进一步完善教学设计，梳理各门专业课程所蕴含的思想政治教育元素和所承载的思想政治教育功能，融入课堂教学各环节，实现思想政治教育与知识体系教育的有机统一，实现立德树人、润物无声。

（二）如何从认知到行动

1. 落实思政点

管理学课程中蕴含着很多管理哲学、管理价值观、管理规律等内容，这些内容能够帮助学生建立正确的管理理念，掌握科学的管理方法。但在以往的教学过程中，没有进行整体教学设计。因此，我们在管理学课程中首先对课程目标进行了调整，将总体目标概括为“要求学生通过主动学习与合作学习的方式，建立扎实的理论基础，树立正确的管理价值观，培养管理使命感，肩负社会责任感，为成为德才兼备的社会主义建设者奠定基础”，并分别从知识、应用、整合、情感、价值、学习六个维度落实育人目标。在确立了教学目标的基础上，就可以分章节或者按内容模块在教学内容中落实思政点。

2. 重新筛选案例

在管理学课程中融入思政元素的过程中，对案例的收集和筛选要比之前更严格，我们非常注重案例与知识点的对应、案例与学生的贴近以及案例的呈现方式。

我们所选择的案例大部分是旅游行业的管理案例，比如在第一章中就用故宫博物院管理上前后变化的案例，生动体现了有效管理的作用，并让学生较为容易地理解管理的基本职能，同时故宫前任院长单霁翔超强的使命感和责任感也能深深感染学生。

为了能够引起学生的共鸣，我们还挑选了大学生创业的管理案例，让学生感受到同龄人身上不怕困难、勇于创新的精神。

3. 塑造行动的环境

管理学课程是团队授课，通过集体备课，能够激发大家的行动力和创造力，教师们经常在课程讨论群中分享管理案例和对课程设计的想法，把想法落实到行动上。

除此之外，学院和学校开展的课程思政大赛也是一个促进行动的契机，在备赛及比赛的过程中，教师能够不断修炼自己的教学基本功。

（三）如何从合格到优秀

1. 对所授课程知识体系的梳理

以管理学课程为例，想要把课程讲好需要教师自身对管理学的内涵、逻辑脉络、层次结构有非常深入全面的认识，还要深刻理解管理哲学和管理价值观层面的内容，因此需要对现有的课程内容体系进行重新梳理，让学生能够建立清晰的课程逻辑线条。

2. 知识点—思政元素—案例的严格对应

严格以知识点为基础，将知识点涉及的管理价值观、管理规律用恰当的案例展示出来。在这个过程中，不能为了讲案例而忽略知识点，也不能为了讲道理而忽略知识点。

3. 不断磨炼语言表达

为了达到好的教学效果，我们对自己的语言也要进行精雕细刻。虽然对于有多年教学经验的教师们来说，语言表达都不是问题，但如果想要做到精益求精，可以尝试写讲稿。在写讲稿的过程中，通过对语言的不断打磨，提升语言的精炼性、有效性、趣味性。

4. 突破自己的舒适圈

我讲授管理学课程已有 10 年左右的时间，由于对讲授的内容很熟悉，很容易陷入舒适圈，不愿意突破和创新。在管理学课程思政建设过程中的突破和创新，实际上是对自己多年教学成果的再认识和提升，是非常有必要的。

二、对课程思政与教学融入的再思考

（一）思政元素挖掘的思路

1. 深入思考所授课程的特点

管理学课程的特点是理论与实践结合、科学精神与人文关怀结合、聚焦微观（组织内部），因此我们在挖掘思政元素的过程中可以从讲解管理规律、介绍管理榜样、讲述管理案例、解读管理名著等角度进行融入，从而让学生理解管理规律，建立重视实践、科学思考的意识，并且从管理榜样身上学习他们的使命感、坚韧、创新和终身学习的精神。从管理实践及案例中吸收目标管理、有效决策、处理管理矛盾的经验，比如对效率和创新、制度和个性化、利润和社会责任、自我和他人等关系的平衡。加深对管理哲学的思考，提高对人的价值及发展的重视，理解以人为本，树立正确的组织发展观。

2. 可结合的点

结合管理系课程的特点，可以从管理思想的发展历史、管理界中的代表性人物、历史上发生过的重大事件、时事、典型案例等来寻找合适的点融入课堂教学中。

（二）有机融入课堂的思路

我们在管理学课堂上尝试了“展示与讲解—引导思考—激励改变或行动”的步骤，以案例作为导入，通过设置问题，让学生在讨论和思考的过程中寻找答案、获得启发。

比如在讲授“实现管理有效性”的知识点时，我们引入了袁家村案例，为了引导学生思考，我们采用了问题导入的方式，围绕“管理者遇到新的管理问题如何有效决策”“管理者如何有效处理管理矛盾”以及“管理者如何实现管理成效的持续有效”这三个维度抛出问题，让学生先思考如何解决袁家村遇到的问题，再通过讲解袁家村解决问题的管理实践，引导学生总结提炼出有效管理的三条经验。通过参与思考和讨论，学生对知识点的理解和掌握更为深入。

（三）教育者先受教育的实现途径

1. 不断深入思考所授课程的内在逻辑与价值目标

在管理学课程中，我们要深入思考的问题包括：什么是管理？管理的价值观是什么？培养什么样的管理者？为了更准确、更深刻地回答这些问题，我们需要去重温很多经典的管理著作、管理学教材和管理学文献，在这个过程中，我们会被管理学大师们的真知灼见所触动，再一次加深对管理学理念的认知，也再一次增强了要把正确的管理价值观传递给学生的信念。

2. 对案例的体会与挖掘

在管理学课程中，案例教学是常用的形式，但想让案例教学达到最佳的效果并不容易。因此，首先，我们要做好案例素材的再加工。在搜索案例的过程中，几乎很少能够找到可以直接拿来用的案例，往往需要我们根据所讲授的知识点对案例的呈现方式进行再设计。在再设计的过程中，可以打破原有案例素材的逻辑脉络，运用正反对比、问题导入、逐层深入等方式带领学生思考。在这个过程中，我们需要学习案例教学的方法，并且不断优化教学设计。

其次，在有条件的情况下可以对案例进行实地考察。比如在讲解袁家村的案例时，会讲到袁家村村委会为了呈现关中民俗的完整性，保留了并不赚钱的蒸馍店。我还看到网上有一些小吃店老板悬挂的质量承诺书。为了验证这些信息的真实性，我亲自到袁家村进行考察，找到了蒸馍店，并亲眼看到了很多店铺悬挂的承诺书，还真切感受到村民们参与到美丽乡村建设后脱贫致富的喜悦。这些亲眼所见的真实的情景，也让我深受触动，所以也更愿意把这份真情实感讲给学生听。

三、未来改进方向

（一）不断学习，提升自身理论修养

继续秉承“教育者先受教育”的理念，一方面提升授课教师的思想政治教育理论素养；另一方面继续学习管理学经典著作，加强自己的专业素养，并注重两者之间的融合。

（二）持续搜集挖掘案例，建立案例素材库

不断挖掘与课程内容密切结合、与时代紧密联系的案例素材，对原始案例进行有机加工，逐渐形成管理案例素材库，将思政元素与案例材料有机融合。同时，倾听学生的声音，从学生感兴趣的热点话题中提炼可以正向引导的观点，结合案例引导学生，帮助学生树立正确的价值观。

用英语讲好中国故事，传播好中国声音
——基础英语课程思政教学设计与实践

教师简介：张亮，师范学院英语（师范）专业，副教授。

所授课程：基础英语

研究方向：英美文学；英语教育

曾获奖励：全国高等师范院校英语专业教学精品课程一等奖；北京联合大学课程思政教学设计大赛一等奖；全国高校教师微课教学比赛北京赛区二等奖；北京联合大学教学优秀奖二等奖；北京联合大学青年教师教学基本功比赛二等奖；北京联合大学优秀教师；北京联合大学优秀毕业论文指导教师；北京联合大学优秀共产党员；所授基础英语课程为北京联合大学创新课程。

教书育人感言：作为师范院校的一名教师，我更能体会“学为人师，行为世范”的内涵，也更加理解教育要以“立德树人”为根本任务。从教14年来，我以德为先，专精授业，以“四有好老师”的标准鞭策自己，把价值塑造、知识传授和能力培养有机融为一体，帮助学生掌握英语语言技能的同时，塑造其正确的世界观、人生观、价值观，力争用自己的学识、阅历、经验点燃学生对真善美的向往。我会不忘初心，继续努力！

比赛实录

扫描二维码观看
比赛现场实录

三级思维——充满偏见、无知和虚伪的低级思维

尊敬的各位老师、同学们，大家好，我是师范学院英语语言文学系教师张亮，今天我要讲授的课程是基础英语。

一、说课环节

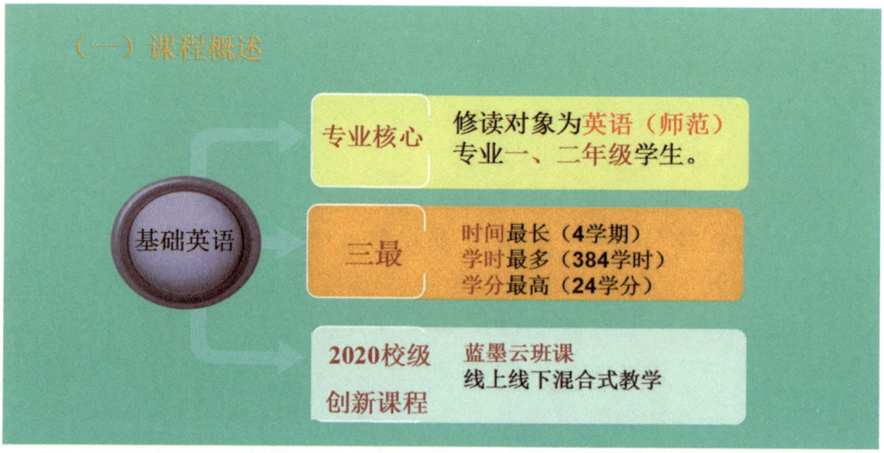

基础英语课程是英语专业的核心课，修读对象为英语（师范）专业一、

二年级的学生。它被称作“三最”课程——开课时间最长，学时最多，学分最高。因此，基础英语可谓是英语专业最重要的课程之一。同时，它也是2020年校级创新课程，目标是打造以蓝墨云班课为载体的线上线下混合式教学模式。

基础英语课程的主要教学任务是精读西方名家名篇。作家中不仅有马克·吐温这样的文学巨匠，还有马丁·路德·金这样的政坛传奇，同时文本中还收纳了西方主流报纸杂志的一些佳作。这些作品极具文化内涵和人文价值，可以对照古今，观照中西。

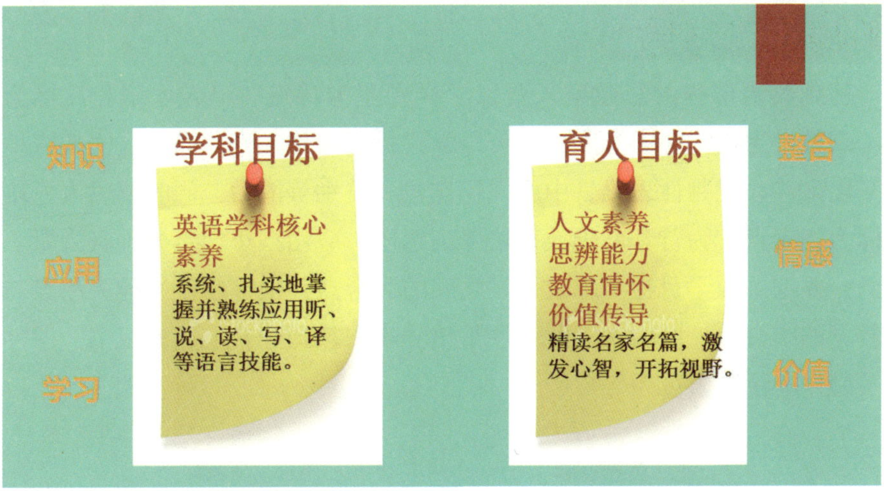

我们的课程目标分为知识、应用、整合、情感、价值和学习六个维度。我们认真梳理之后，把目标归纳为两个部分：学科目标和育人目标。学科目标是培养英语师范生听、说、读、写、译等英语语言能力。育人目标是通过阅读培养学生的人文素养和思辨能力。鉴于我们培养的是英语师范生，因此在教学中也要注重培养学生的教育情怀和价值传导能力。

那么大家可能就会想了，英语课程怎么做课程思政？其“思政融入点”又在哪里呢？德国语言学家洪堡特是这么认为的：语言是文化的樊篱，语言和思维互相依存，甚至说语言就是一种世界观。英语专业的学生不可避免地被置于西方文明的影响下，因此外语教学事关重大，因为它关系到我们教育的根本问题——培养什么样的人、如何培养人以及为谁培养人。

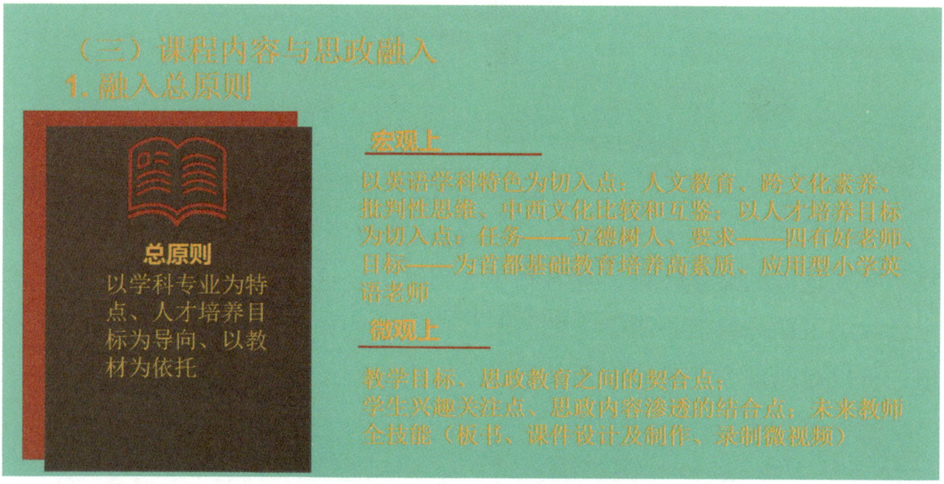

基础英语课程的思政融入要以学科专业为特点、以人才培养目标为导向、以教材为依托。宏观上，以英语学科特色为切入点，通过人文教育培养跨文化素养、批判性思维、中西文化比较和鉴别等能力；同时要以人才培养目标为切入点，为首都基础教育培养高素质、应用型小学英语师资力量。微观上，要挖掘教学目标与思政元素之间的契合点，把握学生兴趣关注点与思政教育的结合点，同时在实践中注重培养未来教师全技能，如板书、课件设计及制作、录制微视频等。

基础英语课程首先立足文本，去学习语言本身，同时注重培养学生英语语言的应用能力，更重要的是，还要注重挖掘文本中的历史、政治、文化、哲学元素，结合时事热点，让教材活起来，让知识动起来，帮助学生们更好地内化所学的知识。当学生初步掌握了英语语言技能时，培养跨文化的比较和分析就显得尤为重要。我们要深化学生对不同国别历史、思维方式，甚至是意识形态的认知，只有这样，我们培养的人才才能做到专业素质过硬，同时政治觉悟、道德品质、文化素养全面发展，真正地成长为能够担当民族复兴大任的时代新人。英语专业师范生将来都是北京各大中小学的一线教师，可以这样说，他们的能力和素养对未来几代人影响很大。

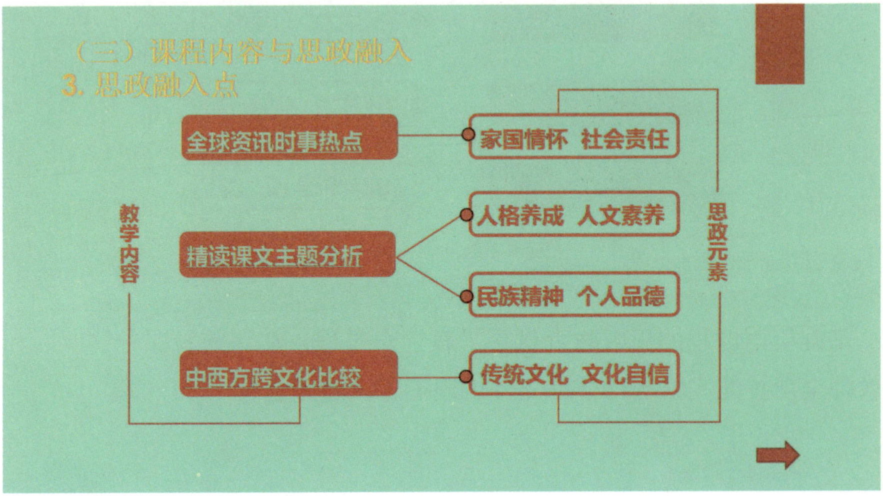

基础英语课程的思政元素出自教材，亦在教材之外。通过精读教学，从时事热点、主题分析、跨文化比较等维度去挖掘思政元素。

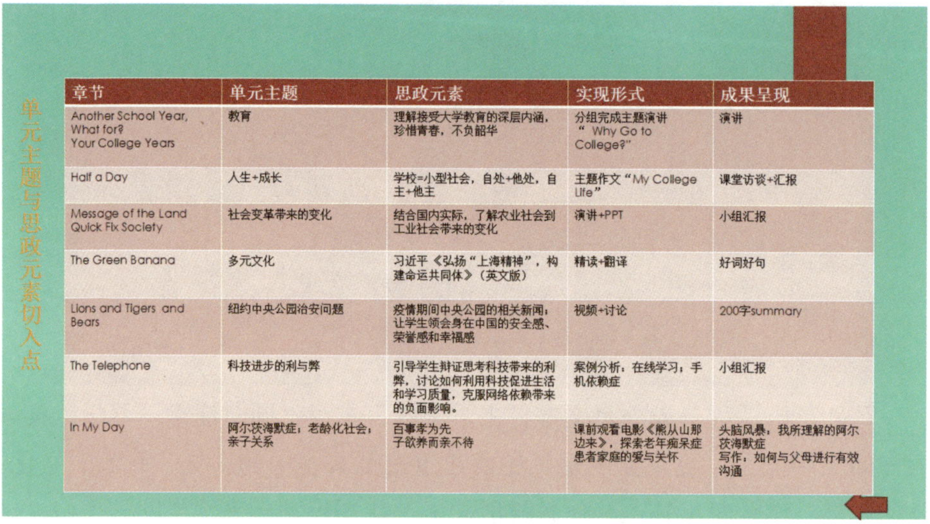
单元主题与思政元素切入点

章节	单元主题	思政元素	实现形式	成果呈现
Another School Year, What for? Your College Years	教育	理解接受大学教育的深层内涵，珍惜青春，不负韶华	分组完成主题演讲“ Why Go to College?”	演讲
Half a Day	人生+成长	学校=小型社会，自处+他处，自主+他主	主题作文“My College Life”	课堂访谈+汇报
Message of the Land Quick Fix Society	社会变革带来的变化	结合国内实际，了解农业社会到工业社会带来的变化	演讲+PPT	小组汇报
The Green Banana	多元文化	习近平《弘扬“上海精神”，构建命运共同体》（英文版）	精读+翻译	好词好句
Lions and Tigers and Bears	纽约中央公园治安问题	疫情期间中央公园的相关新闻；让学生领会身在中国的安全感、荣誉感和幸福感	视频+讨论	200字summary
The Telephone	科技进步的利与弊	引导学生辩证思考科技带来的利弊，讨论如何利用科技促进生活和学习质量，克服网络依赖带来的负面影响。	案例分析；在线学习；手机依赖症	小组汇报
In My Day	阿尔茨海默症；老龄化社会；亲子关系	百事孝为先 子欲养而亲不待	课前观看电影《熊从山那边来》，探索老年痴呆症患者家庭的爱与关怀	头脑风暴：我所理解的阿尔茨海默症 写作：如何与父母进行有效沟通

以上是一些极具代表的单元主题与思政元素的切入点。当然，并非所有的单元都适合融入思政元素，要注意避免硬性说教。

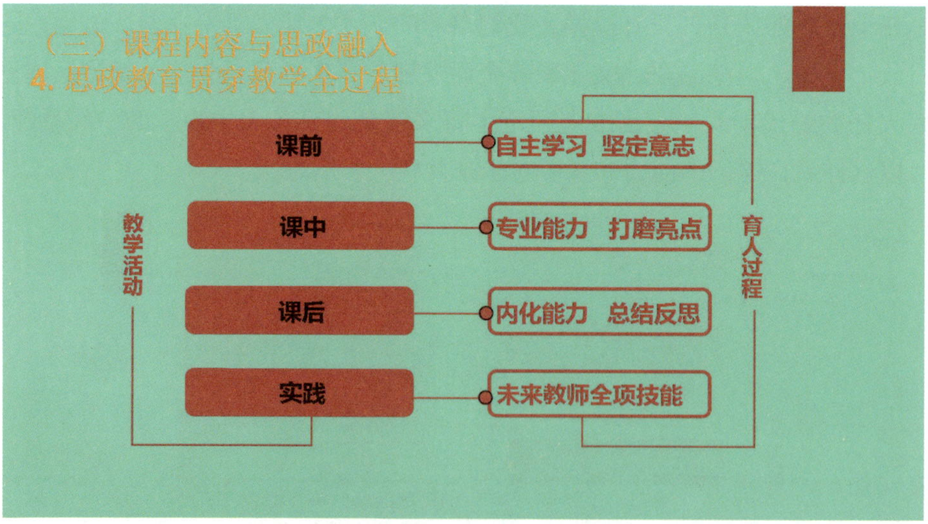

基础英语课程的思政教育贯穿了教学全过程，从课前、课中、课后和未来教师全项技能实践等环节都充分展现了育人过程。

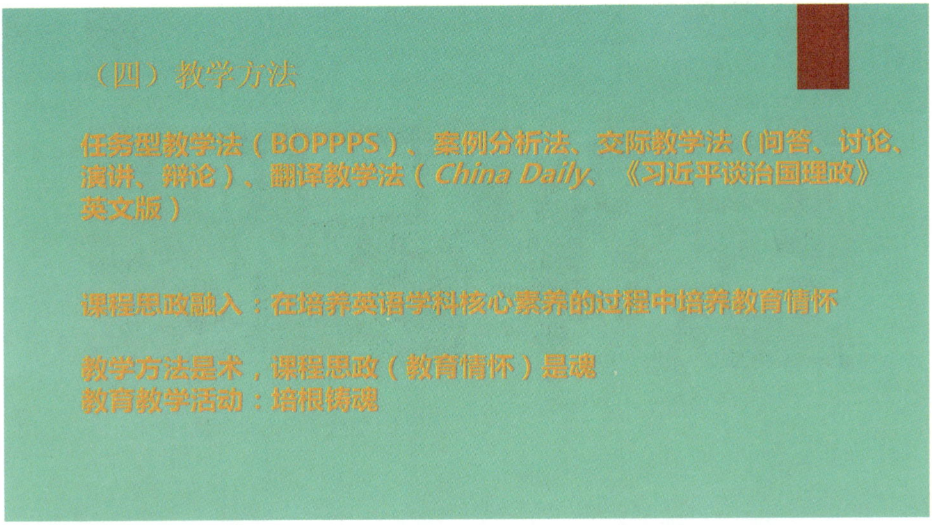

基础英语课程综合应用了任务型教学法、案例分析法、交际教学法及翻译教学法等教学方法，目的是在打造英语学科核心素养的过程中培育富有教育情怀的未来教师。可以说，教学方法是术，课程思政是魂，我们的教学活动就是培根铸魂。

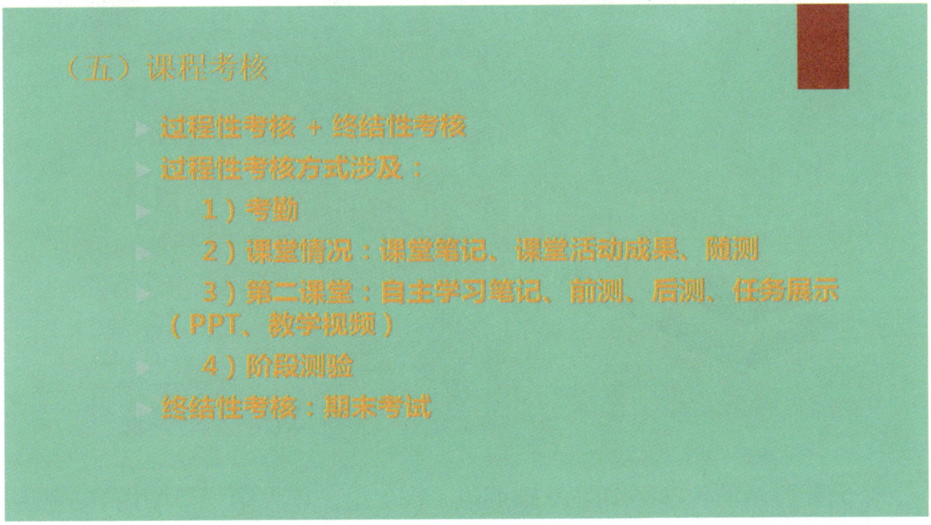

课程目标的实现离不开完善的考核制度。基础英语课程采用过程性考核与终结性考核相结合的评价机制，尤其注重学习过程的考核，通过考勤、课堂情况及第二课堂等形式全面考核教学效果。

基础英语课程作为英语专业的核心课程，始终致力于课程改革和创新。本课程先后完成了院级、校级精品课程和网络课程建设，2020 年获批北京联合大学创新课程建设项目。

今天要展示的教学环节是基础英语（IV）第一单元第三节的内容：三级思维——充满偏见、无知和虚伪的低级思维。

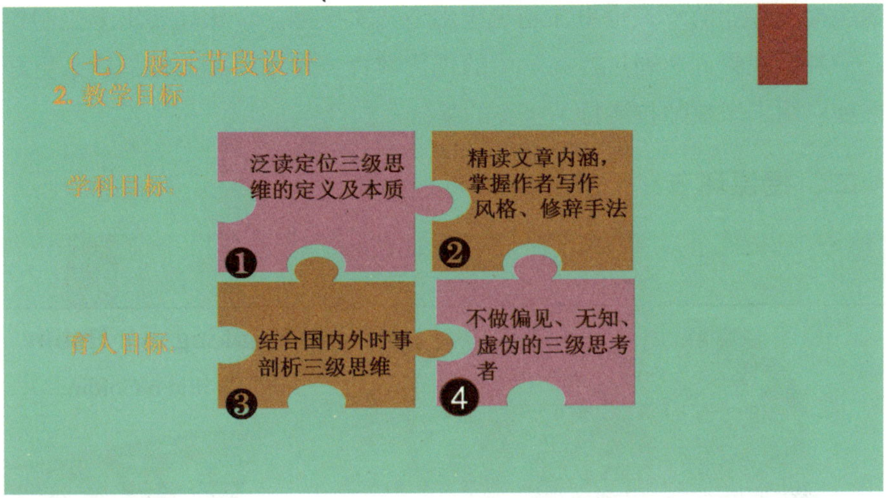

通过本节内容的学习，使学生掌握三级思维的定义和内涵，学习文章的写作风格和修辞手法，并结合国内外时事剖析三级思维的本质，倡导同学们不做偏见、无知和虚伪的低级思考者，呼吁同学们成长为思维缜密、拥有批判性思维的一级思考者。

（七）展示节段设计

3. 教学过程

主要内容	教学方法	学习目标	时间
1.Revision 回顾旧知	启发式教学	梳理前两个思维等级，衔接新旧知识点	1分钟
2.Reading 泛读新知	任务式教学	定位三级思维定义及特征	2分钟
☆ 3.Analysis 精读要点	交互式教学	挖掘内涵，掌握句法，修辞	3分钟
☆ 4.Drilling 学以致用	情境式教学：同声翻译	口译三级思维的时事新闻	2分钟
5.Summary&Assignment 总结及课后作业	教师技能实操	口语+批判性思维议论文写作	1 分钟

这是本节课的主要教学环节，包括回顾、泛读、精读、语言操练、总结和任务五个部分。打星号的“精读要点”和“学以致用”是我们教学的重点和难点。值得一提的是我们的教学方法部分写着“教师技能实操”。在考核中，基础英语课程更加注重过程性的评价。有了蓝墨云班课以后，我们要

求学生提交作业的形式也更加趋于应用型和实操型了，比如要求学生制作课件、录制微视频等。通过提高学生的现代教育技术水平，为他们将来更好地掌握和应用未来教师技能打下坚实的基础。

二、授课环节

OK，let’s begin our class. We’re going to continue “Thinking as a Hobby” by William Golding.

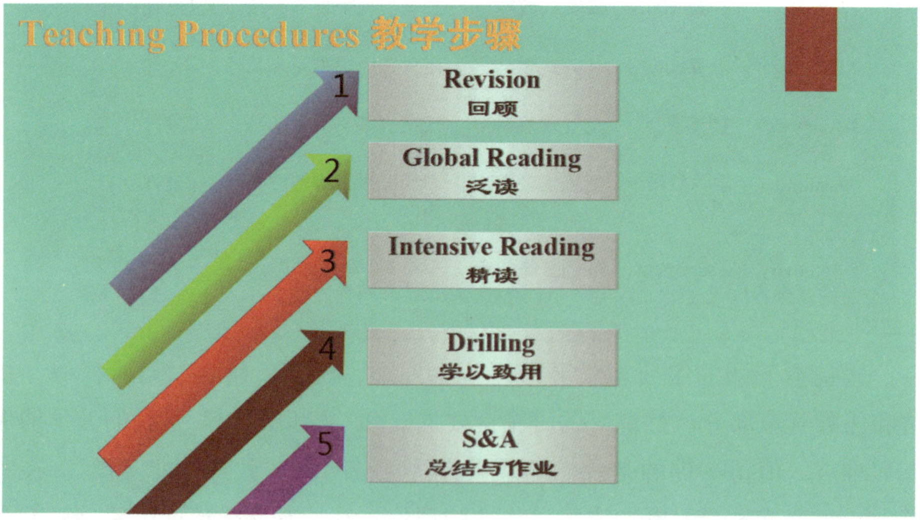

These are the main contents today.

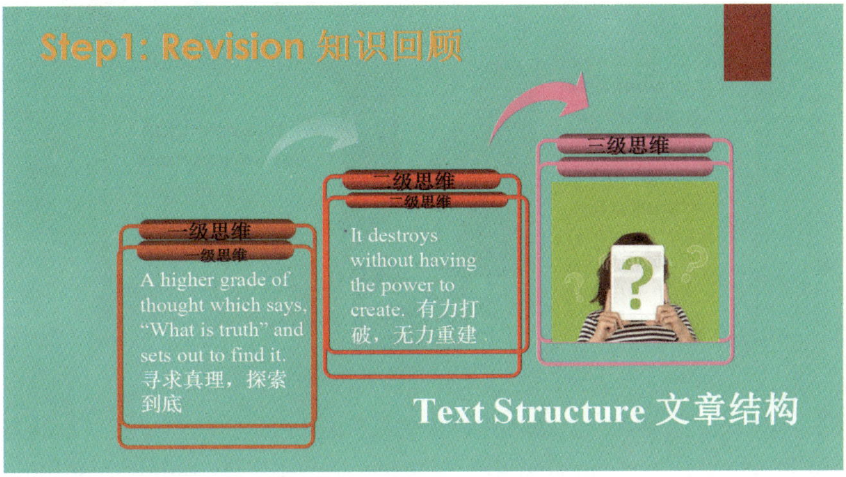

First of all, let's review what we've learned. Last time we analyzed the first and the second thinking grades. So what about the third grade thinking? What kind of people are they? Instead of reading the text directly, let's watch a video clip. The man in the video is Jessie Walters, a news host from Fox News. Now let's watch it and find out the definition of third-grade thinking.

Well, Jessie Walters is a typical third-grade thinker. Please read the paragraph 22-24 to find out the definition of third-grade thinking and the three key words to define it.

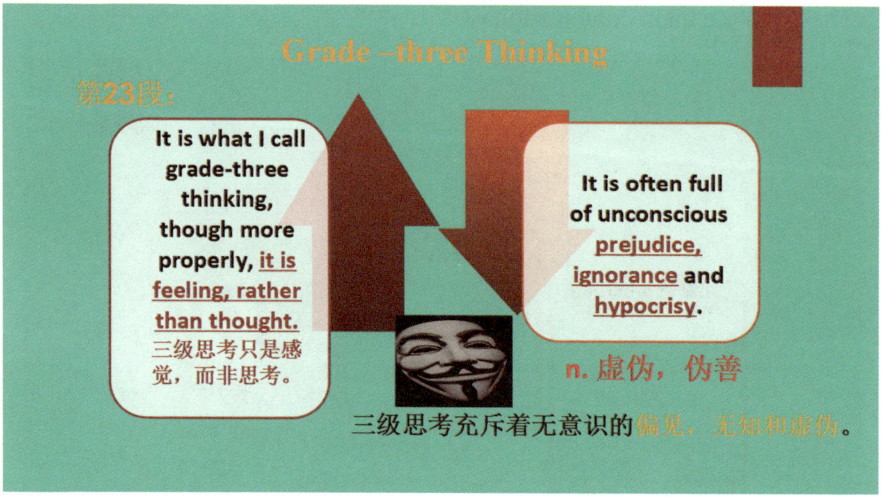

So in para.23, we can find the sentence "it is feeling rather than thought". The third-grade thinking is not thinking at all. There are three key words to define it: the first one is prejudice, then ignorance and the last one, hypocrisy. Hypocrisy might be a new word for you, so please read after me: hy-po-cri-sy. Pay attention to the stress, which is on the second syllable. Hypocrisy refers to a man who wears a mask, says one thing and behaves another（虚伪，伪善）. According to William Golding, the third-grade thinking is full of prejudice, ignorance and hypocrisy, just like Jessie Walters.

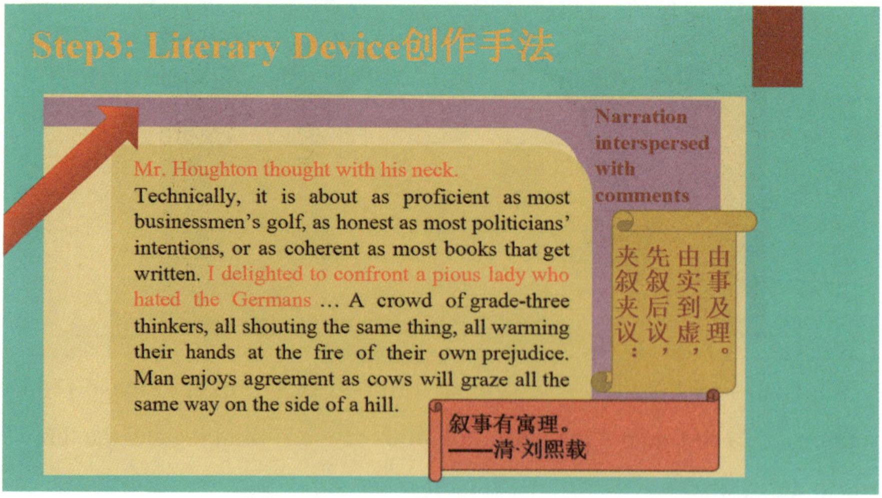

Now let's look at literary device. William Golding used narration interspersed with comments, which means " 夹叙夹议 ". It is not unique in English writing. As early as in Qing Dynasty, Liu Xizai put forward the idea " 叙事有寓理 ". The purpose of the writing style is to support the thesis statement in an amusing and convincing way.

Then what about the rhetorical devices? Besides parallelism, I'd like to analyze the following sentence together with you, "As honest as most politicians' intentions". Do you really think Golding is speaking highly of the third-grade thinking? Pay attention here. The author used the word "politician", which explicitly conveys his attitude. Let me give you more examples about politicians. In west countries, some politicians hold deep-rooted Chinese stereotypes. Donald Trump is one of them as he also maliciously used "Chinese Virus". As a politician, is he honest? Science Journal pointed out that Trump lied about science and these lies cost countless lives. So Trump is absolutely not honest. In NYC right now, there is a Trump's Wall of Lies. Ironically, early in this month Trump and his wife tested positive for Covid-19. So in this sentence, the author applied sarcasm to mock with satirical and ironic remarks at the third-grade thinkers with the purpose to amuse. Golding satirizes the third-grade thinking and claims that third-grade thinkers are absolutely not honest.

It's time to do some practice. You may as well turn to the second page of the materials. Suppose we come across people with third-grade thinking, what shall we do? Now let's have a simultaneous interpretation. Here are some words for you. You can make notes on the paper. You get ready? Let's get started.

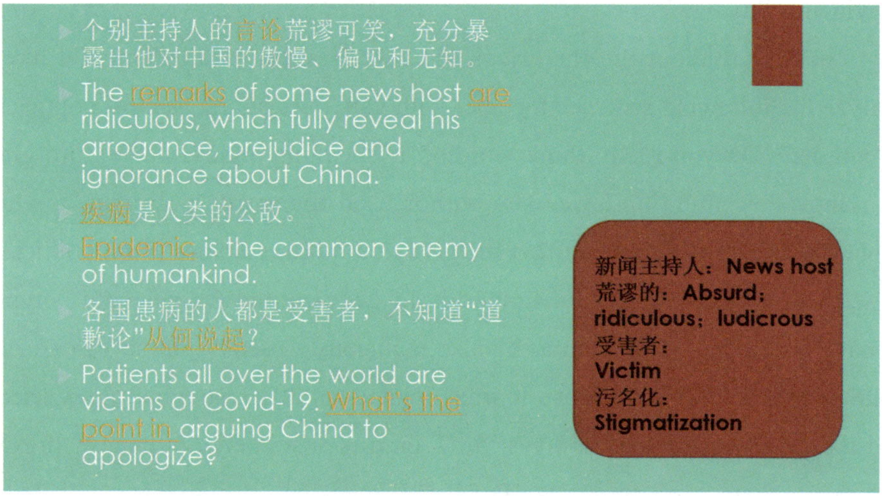

由于这个部分没有办法现场展现，因此我把课堂上学生们的完成情况进行了梳理，希望帮助大家规避一些易错点。为了更好地帮助学生理解，课堂上这个部分我会用中文进行讲解。第一句话中，大家大都会犯主谓不一致的问题。在这句话中我们用的言论"remarks"是一个复数，所以后面要记得用"are"。第二句话大家翻译得非常好，"疾病是人类的公敌"。当我们提起"疾病"这个词，哪些英文单词会蹦到你们的脑海里？"disease""illness"非常好，大家词汇量掌握得很不错。但是大家知道，在这里我们的发言人并不是泛指，而是特指新冠肺炎，所以我们要用词更准确，"hit the nail on the head"。我们可以使用"epidemic""pandemic"，还可以直接用"Covid-19"。翻译中注意用词要精确。那么下面一句话，"不知从何说起"，这是一种典型的中式表达，所以我们要用更地道的表达方式，"what's the point in doing something"。

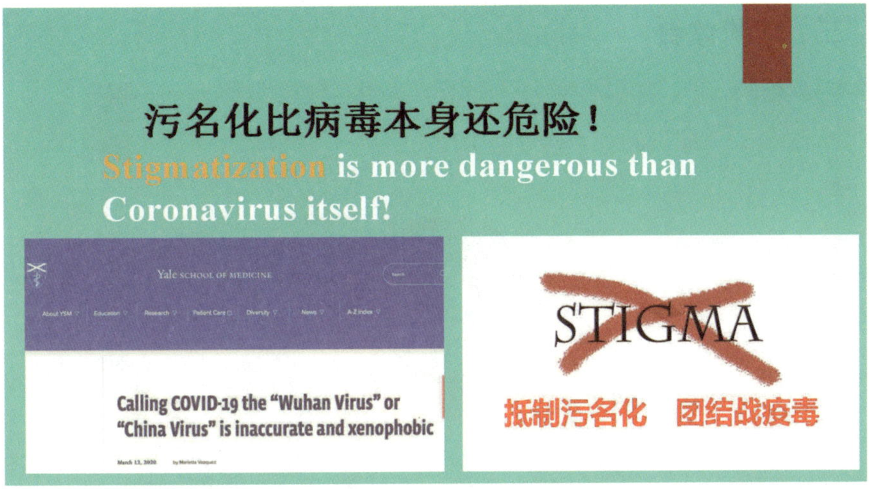

最后我们来学习一个词。最近这个词特别流行，“stigmatization”。Stigmatization is more dangerous than Coronavirus itself。耶鲁大学的官网上写着“把新冠肺炎称作武汉病毒或者中国病毒都是不正确的，是排外的，是带有种族歧视的”。所以，我们要抵制污名化，“No stigma!”

Now let's summarize what we've learnt today. We get to know the third-grade thinking. We know what third-grade thinking is and we analyze the three key words to define it. Well you've got two assignments: one is oral presentation, and the other is writing. You may as well check them out on Moso Teach platform, and please upload your assignments before the deadline.

三、成长体会

我从三个角度进行了反思。首先是教学方面。在没有挖掘思政元素之前，精读教学主要聚焦在文本本身，侧重语言技能的训练。然而我发现，我们的精读课程尽管选择的是名家名篇，但是有些确实年代久远，很难让十八九岁的孩子产生共鸣。因此，适时地把文本与时事相结合，与时俱进尤为重要。在这一课中，我选择了福克斯的新闻，引领大家阅读，从中发现生活当中三级思维者还是挺多的。同时我还将发言人的回应告诉学生，面对三级思维者，我们不要和他们 quarrel、argue，我们要用事实说话，因为事实胜于雄辩。通过融合时事，我发现教学效果挺好，不仅避免了硬性说教，而且学生们印象非常深刻，更利于知识的内化。其次是能力的培养。我们要培养学生对他国文化的批判性思考能力与判断能力。我有一个亲身感受可以和大家分享。我的学生参加学校的“3+2”项目，出国前他们总会问我，“老师，我要不要把口语再练一练，听力再磨一磨耳朵？”我告诉他们，相比较听说这些语言技能，更重要的是去夯实中国文化基础。为什么？因为等到出国后大家就会发现，口音真不是问题，更重要的是使用英语这个语言工具传递了什么信息，表达了怎样的价值观，带去的是什么样的文化交流。所以学语言还需要有明辨是非、不盲从、不赶时髦、不瞎起哄这样的批判思维。最后，是价值的塑造，作为培养未来教师的语言工作者，我想我的理想是教会学生们用英语表达中国思维，强化文化和情感认同，用英语讲好中国故事，传播好中国声音。

我以这三个维度要求我自己，也期待我的学生们同样以这三个标准去影响他们的学生。我会不忘初心，朝着自己的职业理想——“做‘四有’好老师，育优秀师范人”奋勇前行！

研究论文

基础英语课程思政建设的“学、思、行”

2016年12月，习近平总书记在全国高校思想政治工作会议上指出，教育的根本问题是“培养什么样的人、如何培养人以及为谁培养人”，要把立德树人作为中心环节，把思想政治工作贯穿教育教学全过程，高校的立身之本在于立德树人。2017年10月，党的十九大报告提出要以培养担当民族复兴大任的时代新人为着眼点，培养德智体美全面发展的社会主义建设者和接班人。2018年5月2日，习总书记在北京大学师生座谈会上提出，要把思想政治工作体系贯通到整个人才培养体系。2020年5月，教育部印发的《高等学校课程思政建设指导纲要》指出，专业课程是课程思政建设的基本载体。北京联合大学大力推进、全面实践课程思政建设，初步形成了“课程门门有思政，教师人人讲育人”的新局面。

基础英语课程是北京联合大学英语（师范）专业基础阶段的核心课程。它被称作“三最”课程，开课时间最长（4学期），学时最多（384学时），学分最高（24学分）。本课程主要通过语言基础训练与篇章讲解分析，培养和提高学生的语言综合技能，使学生逐步提高语篇阅读理解能力，通过精读带动听、说、读、写、译的训练。除了语言技能的训练，本课程更重要的是帮助学生在阅读中培养思辨能力和人文素养，通过精读熟悉与文章相关的历史、文化、社会、宗教等背景，通过文学了解社会，从阅读中挖掘深奥的哲理。由此可见，基础英语课程是培养英语核心素养的重要载体，是实现英语专业人文教育和德育教育的主要阵地，具备专业思政建设的先天优势。

一、“学”——对课程思政认识的提升

《师说》曰：师者，所以传道授业解惑也。自古以来，教书育人就被看作教师的天职，甚至很多时候教师们育人而不自知。不少教师在刚开始接触“课程思政”时难免心生疑问：难道之前的教学中没有育人吗？思政教育不

应该是思政教师负责吗？专业课程怎么做课程思政，是用专业讲思政课吗？随着不断地深入学习，这些疑问逐渐有了答案。

教育的根本任务是立德树人。课程思政的主体是所有的课程，是通过课堂教学实现根本任务的主渠道。习总书记在关于立德树人的重要论述中提到，所有的课堂都有育人功能，所以不能把思想政治教育只当作思想政治理论课的事，其他各门课要守好一段渠、种好责任田。明确了课程思政的重要性和必要性后，如何挖掘学科专业与思政元素的融合点呢？习总书记的重要论述再次给出了明确的指导，即要“把做人做事的基本道理，把社会主义核心价值观的要求，把实现民族复兴的理想和责任”融入各类课程教学之中。通过有机融入、潜移默化、润物无声的方式，使各类课程与思想政治理论课同向同行，形成协同效应。

在没有系统学习课程思政之前，英语课程虽然没有缺失育人的功能，但不可否认确实存在碎片化的输入，缺乏理论支撑和系统研究，育人环节的设计也具有随机性和任意性的特点。经过深入的理论学习，我们发现，英语课程不仅可以做课程思政建设，而且还大有可为。基础英语课程选取的精读材料虽然都是西方名家名篇，但是这些作品极具文化内涵和人文价值，可以对照古今，观照中西，通过阅读达到培养学生人文素养和思辨能力的目的。除了培养学生的英语语言技能，更重要的是挖掘文本中的历史、政治、文化、哲学元素，结合时事热点，进行跨文化对比和鉴别，深化学生对不同国别历史、思维方式，甚至是意识形态的认知。这些都是基础英语专业思政和课程思政相结合的融入点，是实现英语课程思政建设的主要抓手。

二、“思”——课程思政的“是”与“不是”

英语专业的学生不可避免地被置于西方文明的影响之下，尤其是在互联网发达的21世纪，学生们无时无刻不在接受着各种外来信息，其中既包括西方文化的精华，也不免糅杂了糟粕。传统的英语教学偏重语言技能的训练，弱化了对学生世界观、人生观和价值观的引导。通过外语学习强化学生对中华优秀传统文化的认同，增强文化自信，强化爱国主义教育，势在必行，迫在眉睫。然而，面对思维活跃、眼界开阔的“00后”，硬性说教绝不可行，要使思政教育入脑、入心需要一番思量。

课程思政是教学理念，不是思政课程，绝不是用英语来讲思想政治课。英语课程的思政建设是富有专业特色的教育行为，不是专业课堂思政化。基础英语课程的思政融入要以学科专业为特点，以人才培养目标为导向，以教材为依托。宏观上，以英语学科特色为切入点，通过人文教育培养学生具备跨文化素养、批判性思维、中西文化比较和鉴别等能力；同时要以人才培养目标为切入点，为首都基础教育培养高素质、应用型小学英语师资力量。微观上，要挖掘教学目标与思政元素之间的契合点，把握学生兴趣关注点与思政教育的结合点，同时在实践中注重培养未来教师全技能。此外，课程思政不是给专业课教师压力、增加工作量，而是一种动力，是一剂强心针，为教师提供更加系统、科学的教学理念，集教学、育人于一体，达到立德树人的教育目的。

三、“行”——练好课程思政的三项基本功

教师是课程思政的实施者和主力军。挖掘课程所蕴含的思想政治教育元素的广度、深度，以及有机融入课堂教学的效度，与教师自身的思想水平、业务能力等密切相关。因此，教师要把课程思政做扎实并取得良好的教学效果，需要练好三项基本功。

（一）挖掘课程思政元素

既然把课程思政的教育理念引入课堂教学，那么在备课时就需要重新梳理教学内容，把“做人做事的基本道理、社会主义核心价值观的要求、实现民族复兴的理想和责任”等思政元素有机融入教学。

基础英语课程的思政元素出自教材，亦在教材之外。通过精读教学，从时事热点、主题分析、跨文化比较等维度去挖掘思政元素。课程使用的是外语教学与研究出版社出版的《现代大学英语精读（1—4）》，每一册有十六个单元，兼顾了不同国别的作者、风格技巧、题材体裁，涉及的主题包含文化教育、人类与自然、种族问题、人生哲理等，几乎涵盖了价值建构的各个方面。通过精读对文章进行主题分析，把人格养成、人文素养、民族精神等

思政元素融入课堂。此外，每一次上课的前五分钟，我会带领学生梳理英文版的全球资讯，帮助学生们了解时事热点。疫情期间，每次课前都和学生们一起阅读《中国日报》的要点新闻，关注新冠肺炎的救治工作，无形中培养学生的家国情怀，增强其社会责任感。同时，课程注重中西方文化比较和鉴别，客观地对比分析中西方文化价值观念，强化对中华优秀传统文化的情感认同，增强学生的文化自信。

（二）有机融入课堂

基础英语课程采用 BOPPPS 的教学模式，把教学分为课前、课中、课后、实践等环节，并以任务为导向设计了形式多样的活动，育人理念覆盖教学全过程。面对学时有限、任务繁多的现实，教师把词汇和简单的语法学习以前测的形式布置在学习平台上，提高学生的自主学习能力，培养学生克服困难的坚定意志。课中，师生把有限的课堂时间聚焦在重点和难点上，帮助学生有效地克服难题，打磨专业核心素养。课后，以后测的形式检验学习效果，提升学生知识内化、总结反思的能力。此外，鉴于培养对象是师范生，因此还会布置教学实践活动。这些活动不再是简单地完成一项小组活动，而是要求学生制作课件、录制助学视频、出镜讲解等，这些训练会帮助学生在未来更好地掌握教师教育技能。此外，每个学期，基础英语课程还会进行课堂笔记大比拼、英文板书比赛、阅读比赛等，这些都为学生们未来从教打下了良好的基础。课程思政的融入不仅体现在教师的授课上，更多的是体现在教育教学的全过程，立足本专业，落地有声，有呼应，有反馈，真正实现做中学、学中行。

（三）教育者先受教育

2014 年 9 月，习近平总书记考察北京师范大学时提出了做好老师的“四有”标准：要有理想信念、要有道德情操、要有扎实学识、要有仁爱之心。2016 年 12 月，习总书记在全国高校思想政治工作会上强调，“高校教师要坚持教育者先受教育，努力成为先进思想文化的传播者、党执政的坚定支持者，更好担起学生健康成长指导者和引路人的责任”。要加强师德师风建设，“坚持教书和育人相统一、言传和身教相统一、潜心问道和关注社会相统一、学术自由和学术规范相统一”，引导广大教师“以德立身、以德立学、以德施教、以德育德”。

由此可见，只有有理想、有信念、有情怀、有温度的老师才能扛起课程思政这面大旗，落实思政教育的理念，实现立德树人的根本任务。同时，仅有理想和信念还不够，教师还要不断夯实专业素养，提升教学水平，以科研带动教研，以教研促进教学，只有这样，才能固化教学成果，保障育人成效。基础英语课程先后完成了北京联合大学校院两级的精品课程和网络课程建设，目前是校级在建创新课程，团队的成员也都是核心课程的主持人和建设者，确保了课程建设的顺利进行，保障了思政育人的良好效果。此外，北京联合大学是应用型大学，师范学院培养的是面向首都基础教育的应用型人才，因此教师还要走出象牙塔，理论联系实际，深入行业，了解用人单位的需求，真正做到以学生为中心，为学生未来顺利就业做好服务，真正实现全员育人、全程育人、全方位育人的“三全育人”理念。

基础英语课程作为英语师范专业的主干课程，肩负着培养外语优秀师资的重任。课程思政的“学、思、行”还在路上，学中思、思中行、行中学还要持续改进，只有这样，才能真正培养出专业素质过硬、政治觉悟、道德品质、文化素养全面发展，能够担当民族复兴大任的时代新人。

参考文献：

[1]张烁．习近平在全国高校思想政治工作会议上强调：把思想政治工作贯穿教育教学全过程　开创我国高等教育事业发展新局面[N]．人民日报，2016-12-09.

[2]徐慧玲．课程思政有效融入综合英语教学的策略探析[J]．牡丹江教育学院学报，2020（9）：87.

[3]韩宪洲．课程门门有思政 教师人人讲育人[N]．中国教育新闻网，2020-06-10.

中国经济故事——经济学课程思政教学设计与实践

教师简介：田雪姣，应用科技学院国际经济与贸易专业，讲师。

所授课程：经济学

研究方向：科技与经济融合发展、技术创新与企业成长。

曾获奖励：北京联合大学课程思政教学设计大赛一等奖；北京联合大学“云教学同向同行”优秀教学案例二等奖；校级课程思政教学设计优秀教师；所授经济学课程被评为校级精品课程。

教书育人感言：经济学是社会科学的皇冠，希望我能够为我的学生加冕！从过去到现在，读书和教育的终极目标都在于“为中华之崛起”“实现中华民族的伟大复兴”。如果我们教育的学生盲目崇拜西方制度，甚至以在西方国家定居为人生目标，那么即便我们建成世界一流顶尖高校，我们的教育仍然是失败的。因此我希望能够在我的课堂上，带领大家用经济学知识，讲好属于中国的“经济故事”。尽管仍有很多不足，但相信“不拒涓流，泻千里应有时，日积跬步，凌绝顶会有期”！

比赛实录

扫描二维码观看
比赛现场实录

经济学中的中国经济故事

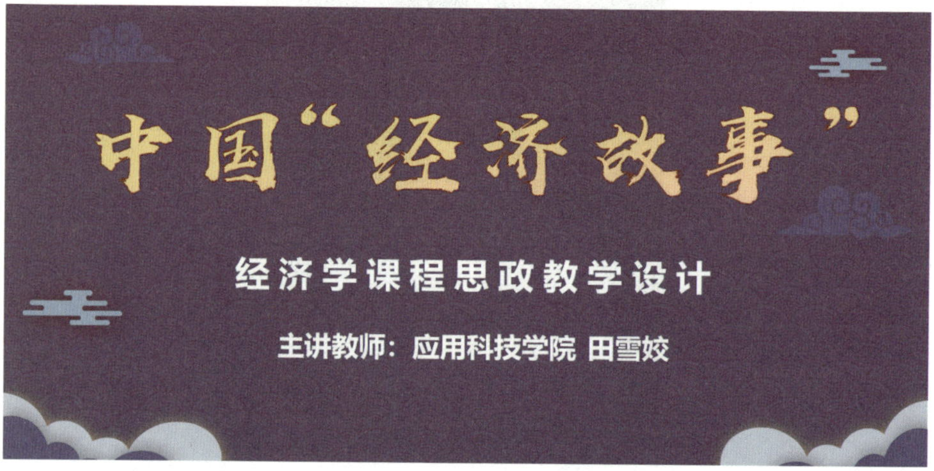

尊敬的各位老师、同学们，大家好，我是应用科技学院国贸专业教师田雪姣，今天我要给大家讲述的是经济学中的中国经济故事。

一、说课环节

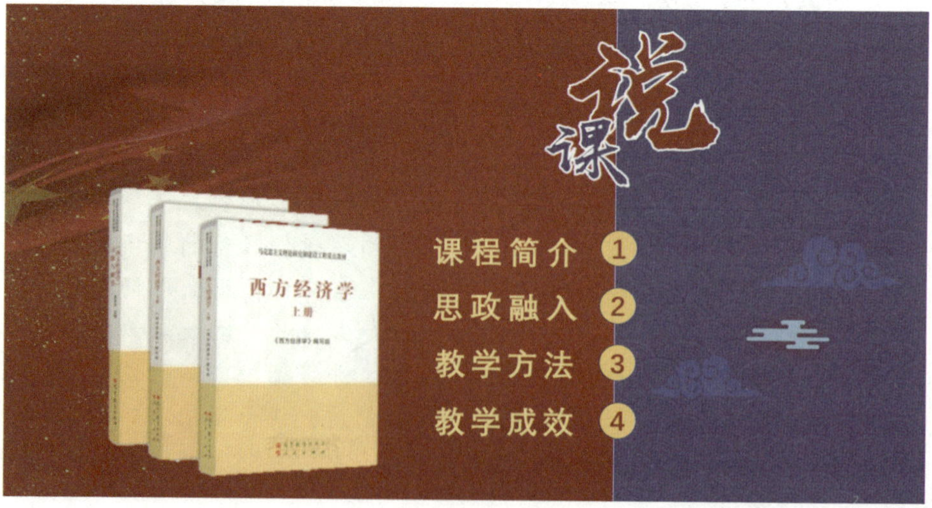

说课环节，我将从课程简介、思政融入、教学方法及成效四个方面进行阐述。

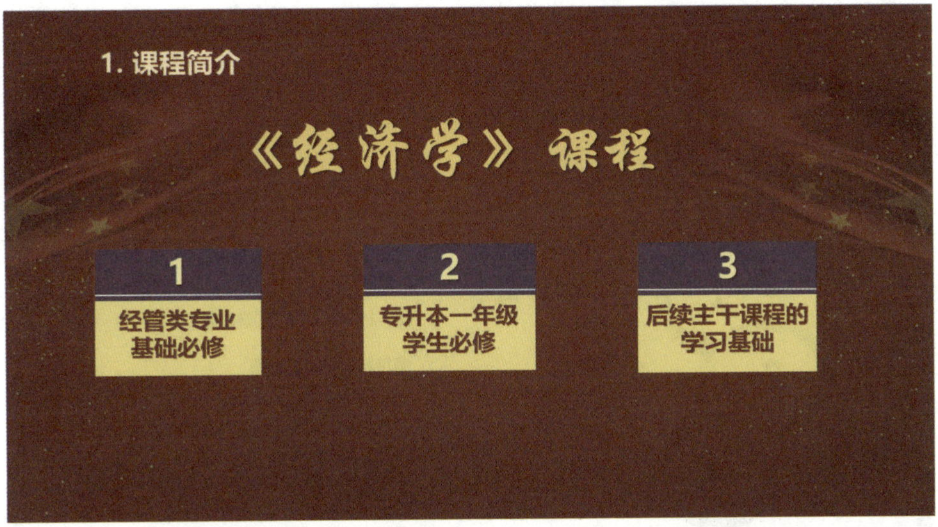

经济学是我院为经管类专业专升本一年级学生开设的专业基础必修课程，本课程旨在使学生掌握现代经济学的基本原理，它是后续所有主干课程的学习基础，非常重要。

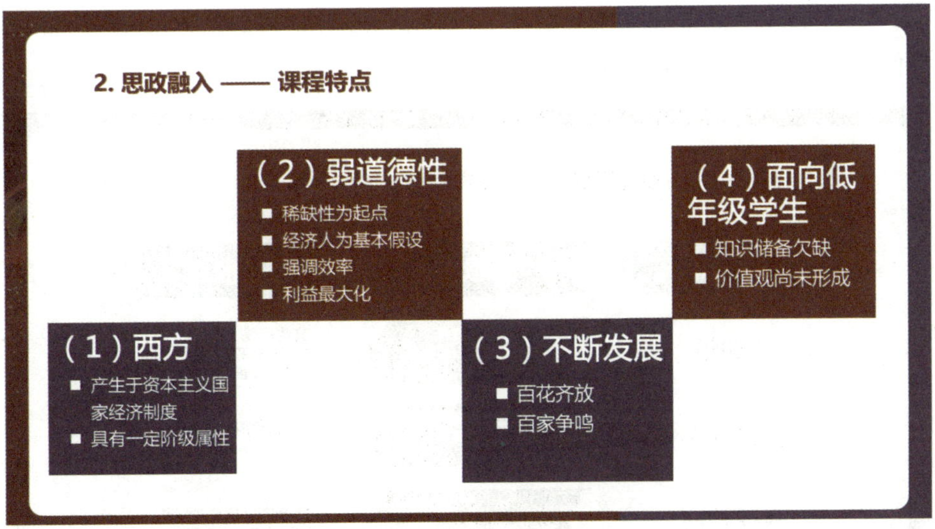

本课程具有以下几个特点：第一，当前我们所学习的是西方经济学，它产生于资本主义国家经济制度，带有一定的阶级属性；第二，经济学非常强

调效率和利益最大化的原则，因此可以说具有一定的“弱道德性”；第三，经济学本身还处于不断发展的进程中，因此呈现百家争鸣的状态，与此同时我们的授课对象年级较低，知识储备欠缺，价值观尚未形成，因此在经济学课程中如何融入课程思政、给学生树立良好的价值观导向显得更为重要。

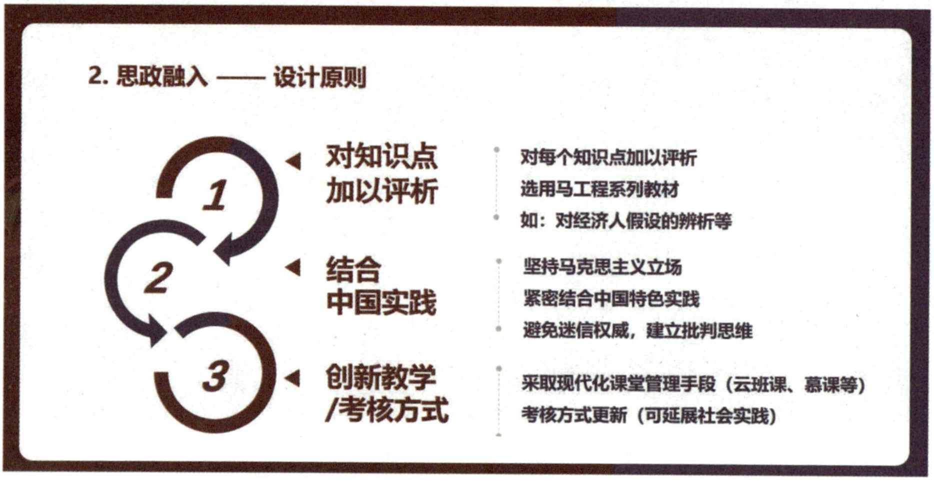

因此，我认为经济学的思政融入应当遵循如下原则：第一，我们要对每个知识点加以解析，及时纠正那些容易使学生产生价值偏差的地方；第二，我们应当紧密结合中国特色社会主义实践，并坚持马克思主义立场；第三，我们应当不断创新教学方式和考核方式。

遵循上述几个原则，我在课程中采取了三点式思政融入方式，主要思路是从中国经典思想或者做法中寻找到经济学相关概念的影子，在增强学生“四个自信”（道路自信、理论自信、制度自信和文化自信）的同时做到润物无声的价值引领。例如，庄子的“吾生也有涯而知也无涯”，苏轼的“物之可以足吾欲者有尽”，本质上都是对稀缺性的解释；孟子的“鱼与熊掌不可得兼”其实早在几千年前就告诉我们，人经常面临取舍并为此付出机会成本。司马光的“由俭入奢易，由奢入俭难”正是对消费的“棘轮效应”的阐述。

苏洵在《六国论》中提到六国破灭，“弊在赂秦”，若诸国真可合纵连横，则胜负存亡之理或难有定数。这正是博弈论的囚徒困境所在。在讲解垄断的时候，向学生说明科技的发展使某些企业完全有可能形成“垄断”或“寡头”。而腾讯提出了科技向善的理念，向全世界宣告，科技是一种能力，向善是一种选择。管仲很早就阐述了消费对生产的促进作用，这正是宏观经济学凯恩斯主义“政府干预”的思想，由此引导学生用经济学知识讲好属于中国的经济故事。

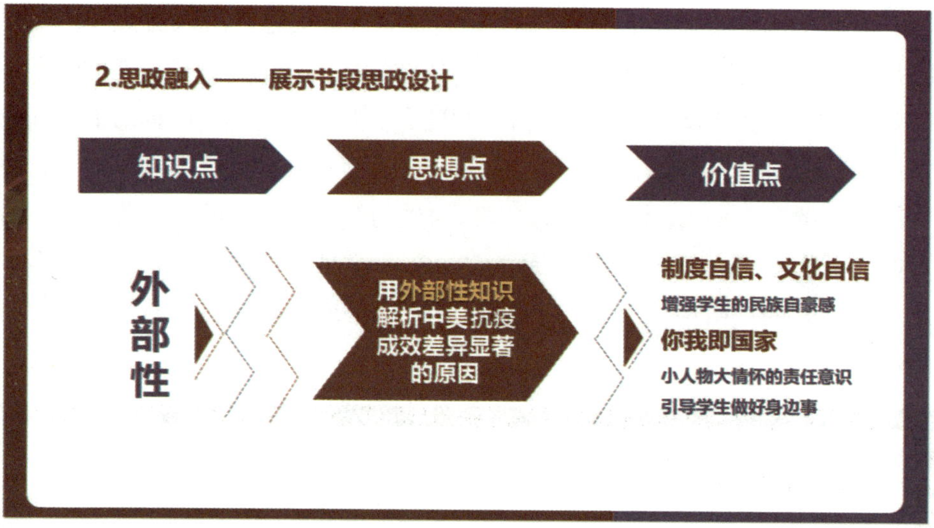

教学展示部分我将带领大家用经济学的外部性知识去解析中美抗疫成效差异如此巨大的原因，并结合身边典型的战疫事迹，在增强学生民族自豪感的同时引导同学们树立小人物大情怀的责任感。

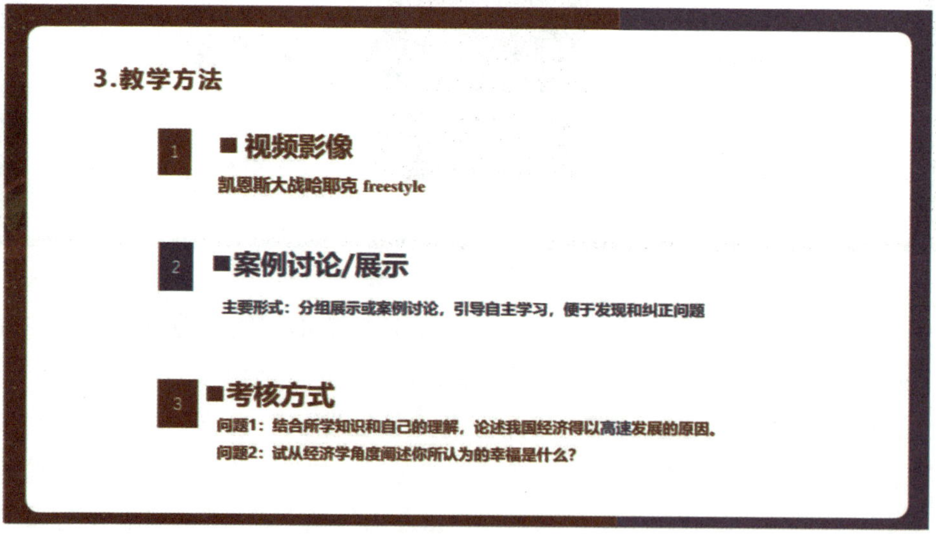

在教学方法上，我通过 rap 视频的形式使学生对经济学不同流派的思想差异有了更直观的认识。课堂中经常让大家利用云班课进行案例讨论及课堂展示，在疫情期间我改革了考核方式。

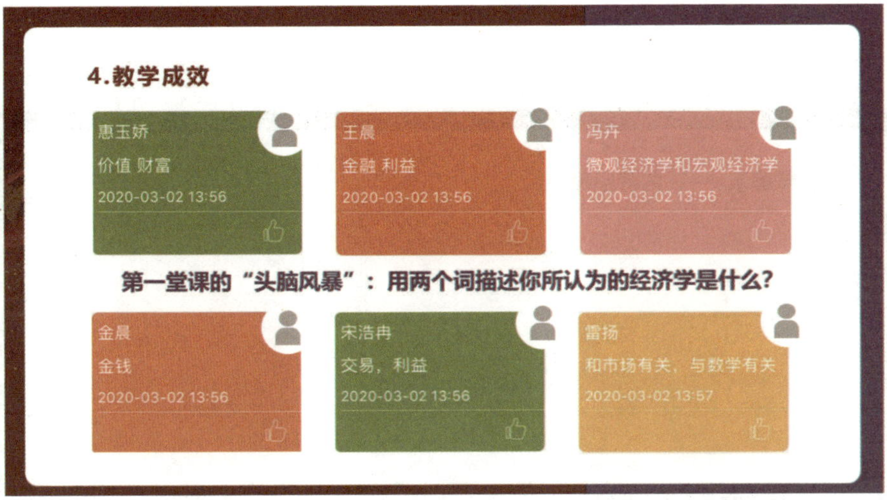

以上教学方法取得了一定成效。在第一堂课的时候，我让学生就自己所理解的经济学展开了 1 分钟的头脑风暴，可以看到当时很多同学提到的是财富、金钱、利益等这样的关键词。但是在最后一节课的课程考核作业中，我看到了不一样的东西。学生在展示中多次提到我国在经济发展中把民生放在第一位，在阐述中国经济高速发展的原因时，几乎每位同学都提到中国经济制度的优越性，以及中华民族砥砺奋进的精神。由此可以看出经济学中思政元素的融入对增强学生的“四个自信”有了明显的促进作用。

二、授课环节

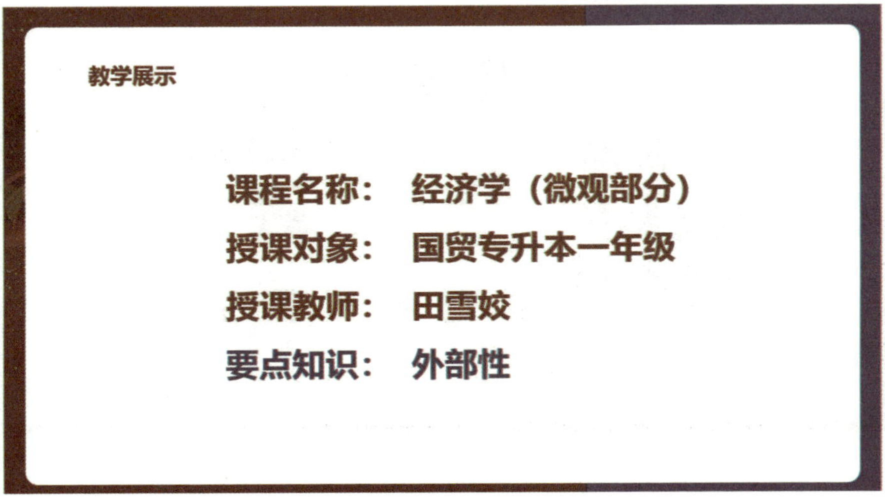

接下来是教学展示环节：我选取的是微观经济学“市场失灵”这一章“外部性”这一知识点。

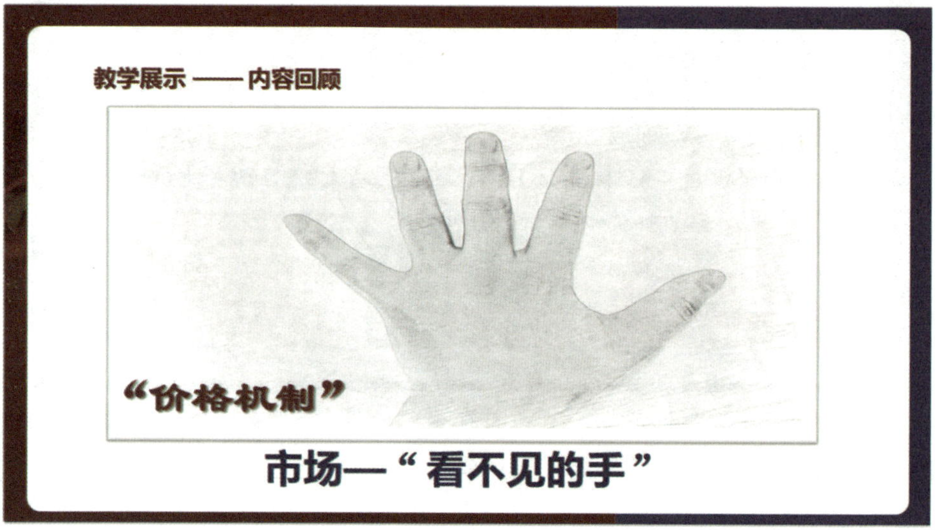

同学们，根据之前的学习内容，经典的微观经济学理论告诉我们，市场像一只“看不见的手”，它能够通过价格机制使社会的资源配置达到最优状态。但你会发现，在经济低迷的时候，政府会颁布各种各样的政策，尤其是前段时间为了应对疫情带来的冲击，颁布了各种各样的措施。

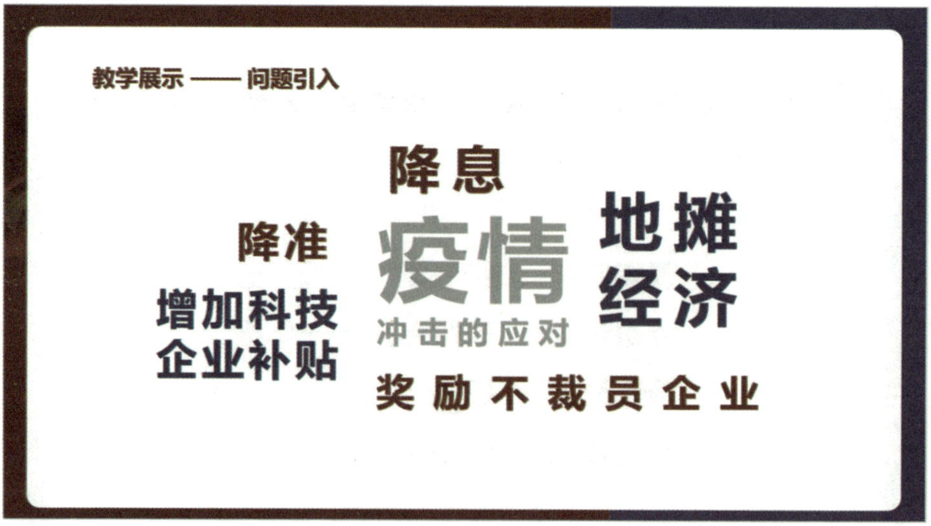

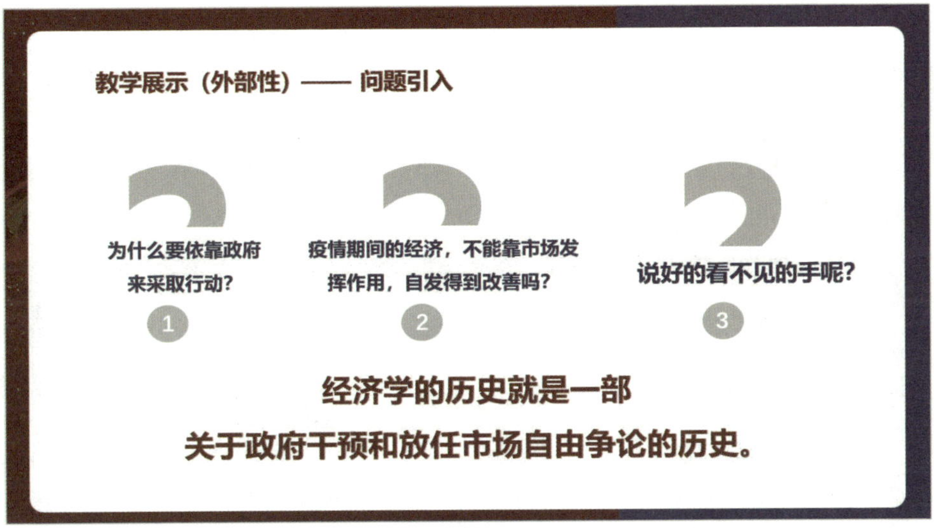

那我们有了这样的问题：为什么有时候我们还需要依靠政府采取行动？疫情期间的经济，不能靠市场发挥作用，自发得到改善吗？说好的看不见的手呢？实际上经济学的历史就是一部关于政府干预和放任市场自由争论的历史。有些经济学家主张政府干预，其实就是因为市场有时候没那么靠谱，这就是微观经济学最后一章要讲到的“市场失灵”。

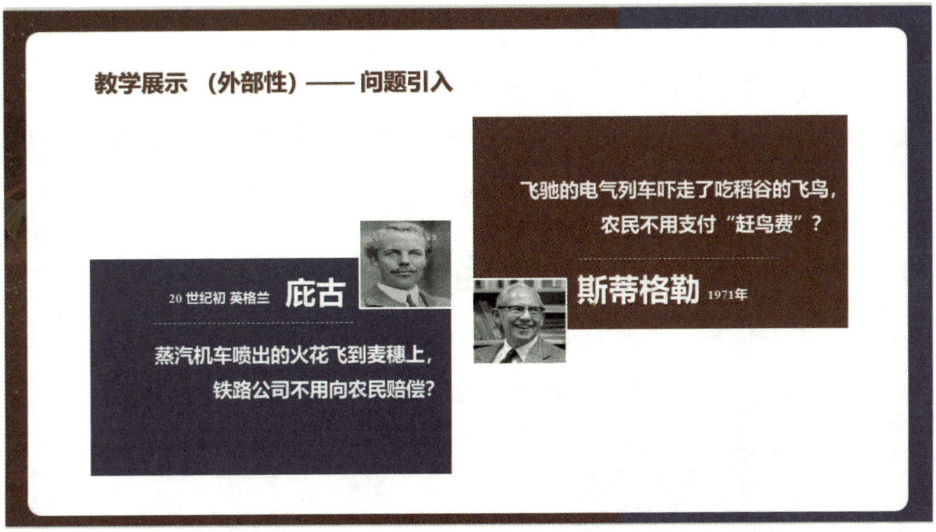

本节课我想跟大家讨论一下市场失灵的第一个表现，叫作“外部性”。让我们先来看两个小故事。20 世纪初，经济学家庇古乘蒸汽机车出去游玩，他发现蒸汽机车喷出的火花溅到了农民的麦穗上，使农民的收益受到损失，但是列车却不用向农民赔偿；而1971年的时候，经济学家斯蒂格勒乘坐电气机车出去游玩，他看到的是：飞驰的列车帮助农民赶走了吃稻谷的小鸟，农民得到了好处，但也不用向铁路公司支付赶鸟费，两位经济学家在不同的时期陷入了不同的思考。

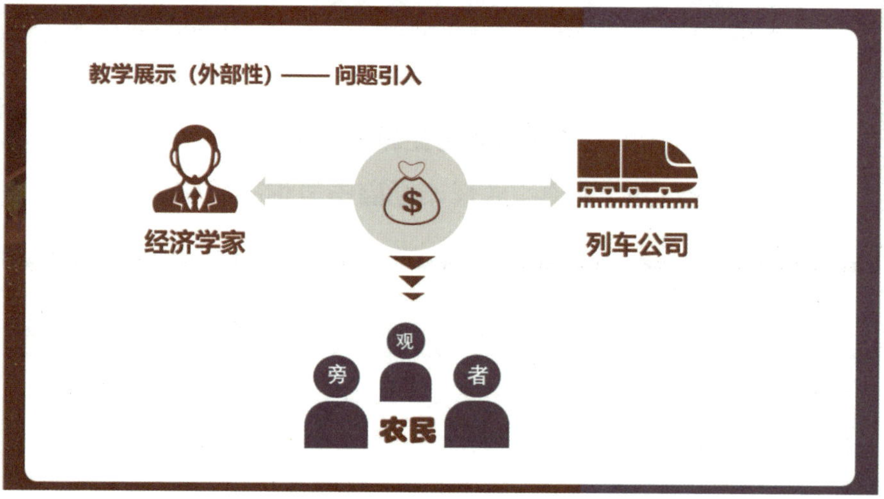

在这两个故事中，我们可以看到，两位经济学家购买了车票，享受到了列车公司的服务，铁路公司作为厂商获得了收益，双方在交易中各自获得了满足，但是农民作为旁观者，他的收益却无缘无故受到了影响。

教学展示——外部性的概念与分类

外部性

指交易双方的行为对非当事人所产生的不能用价格进行补偿的利益或损失

类型	正外部性	负外部性
生产外部性	修复历史建筑	工业废水污染
消费外部性	学生打疫苗	公共场所吸烟

在经济学中我们把交易双方的行为对非当事人所产生的不能用价格进行补偿的利益或损失称为“外部性”。如果这个影响是有利的，我们就称为“正外部性”；如果是不利影响，我们就称为“负外部性”。按照产生外部性的经济主体不同，外部性又可以划分为生产外部性和消费外部性。

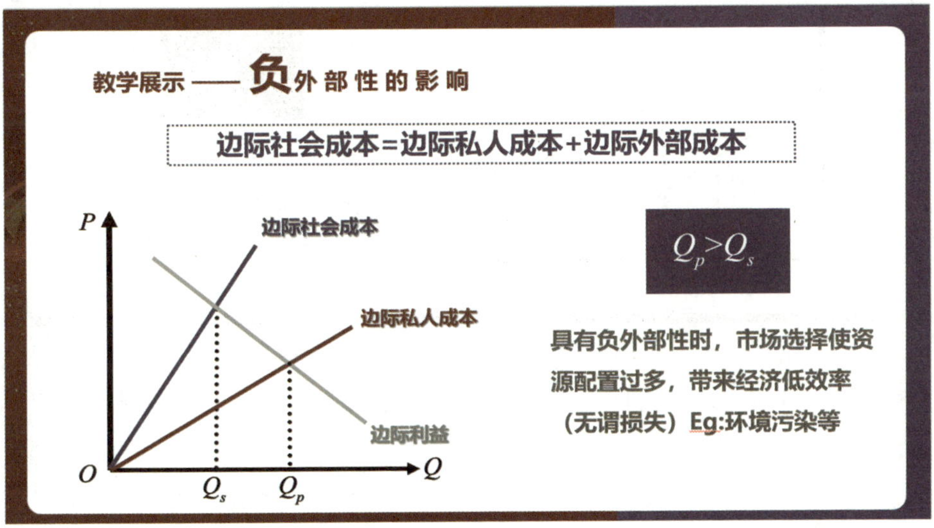

接下来让我们分析一下外部性对经济的影响。我们先来看一下负外部性的影响，在负外部性存在的时候，私人自己所承担的成本需要加上他的行为给外界带来的损失才构成整体的社会成本，因此在这种情况下，边际社会成本会大于边际私人成本。如果我们用图形来表示，以横轴代表产量，纵轴代表成本。边际私人成本用红线来表示，边际社会成本是在它的上方，而边际利益是一致的。根据我们所学的经济学知识，很容易就能知道，如果根据私人利益，由市场来做选择，最优产量是 Q_p，但如果由社会来做选择，最优选择是 Q_s。Q_p 大于 Q_s，此时市场的选择会使资源配置过多，带来经济的低效率。

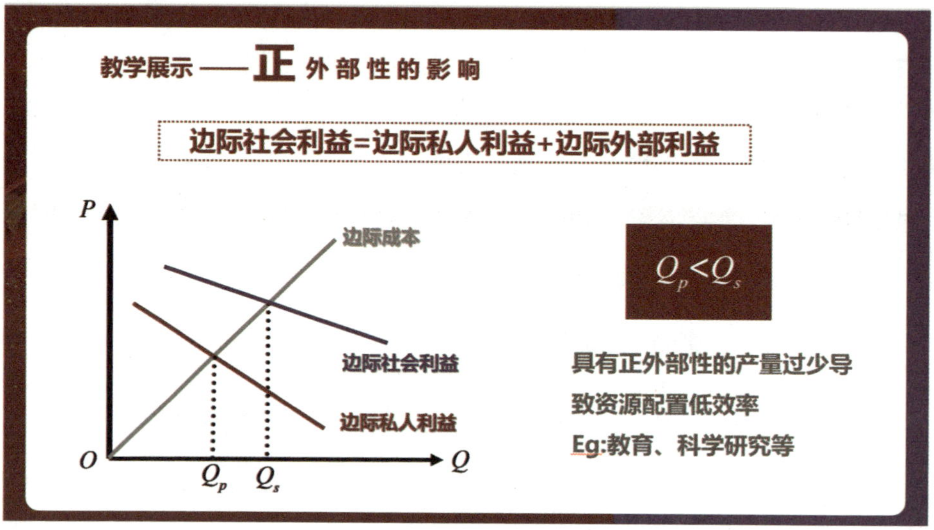

然后我们来看一下正外部性的影响。一个正外部性的事件，私人自己所获得的利益需要加上他的行为给外界带来的那部分好处才构成整体的社会利益，因此，正外部性事件中，边际私人利益是大于边际社会利益的。而边际成本又是一致的，因此同理，很容易知道，如果基于私人利益由市场做选择的 Q_p 大于由社会整体做选择的最优产量 Q_s，因此有正外部性存在时，市场做选择会导致资源配置过少，带来经济的低效率。

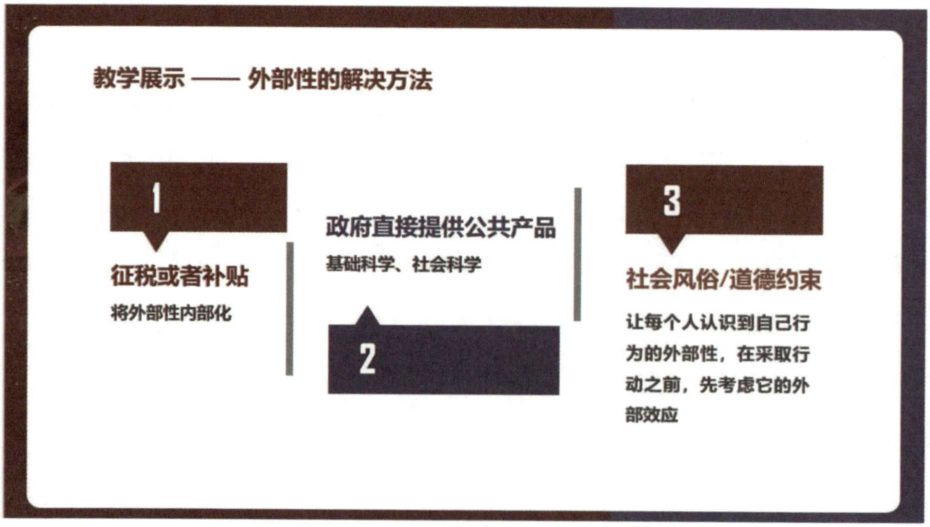

为了解决外部性带来的低效率问题，我们通常有以下几种方法：①征税或者补贴，如我们对排放污染物的企业多征税，对于正外部性的企业我们给予补贴；②直接由政府提供公共产品，比如教育或科学研究；③社会风俗或者道德约束，比如我们宣传不要随地吐痰或者吸烟有害健康。我们可以看到的是，前两种方法都可以依靠政府来采取某些行动，而第三种方法则需要民众提高道德水准，遵守道德约束。

接下来我们一起来看一下疫情期间的外部性。疫情期间确诊和治疗患者、戴口罩、科普防疫知识、研发疫苗等都属于具有极强正外部性的事件，而散播谣言、聚众、不戴口罩、隐瞒行动轨迹这些都属于负外部性的事件。由于人性中普遍存在的弱点，疫情期间会产生很多外部性事件，只有将这些外部性事件处理得当，才有可能使经济得以复苏。

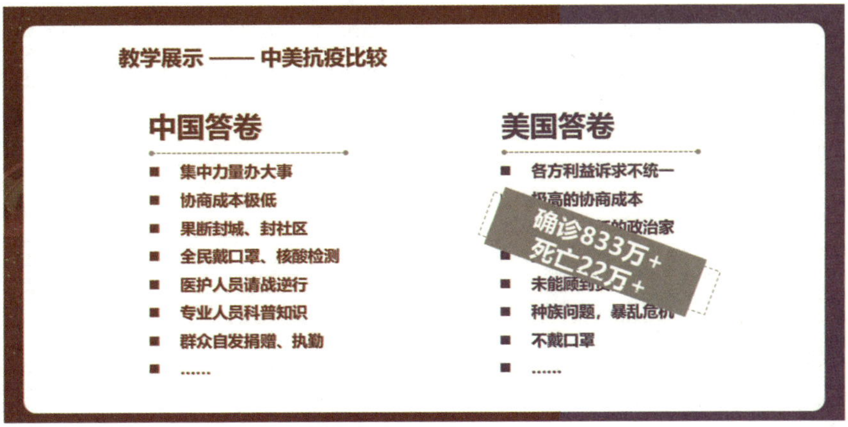

那我们来看一下中国和美国的不同表现，中国政府一声令下，各方开始团结协作，整个过程我们只需极低的协商成本，所谓集中力量办大事，于是资源很快得到了高效配置，我们的民众遵守道德约束，全民戴口罩、居家办公，我身边更是有老师和同学直接深入抗疫一线。而反观美国，由于各方利益诉求不一致，协商成本极高，更是没有负责任的政治家，而且民众反对戴口罩，外部性得不到解决，随之而来的只能是稳居世界第一的确诊数量和死亡人数以及持续低迷的经济。

联合国和国际货币基金组织曾对世界经济有过一个预测，显示只有中国在 2020 年还能保持经济的正增长。而发布的 2020 年前三季度 GDP 数据刚好证实了他们的预测。数据发布之后，《纽约时报》专门做了中文版的标题，报道中提到，中国经验向世界表明，只要能够控制病毒，经济就可能快速反弹。而我想西方国家要想做到这些，当务之急是要放下傲慢与偏见，去真正理解一下究竟什么是人类命运共同体。

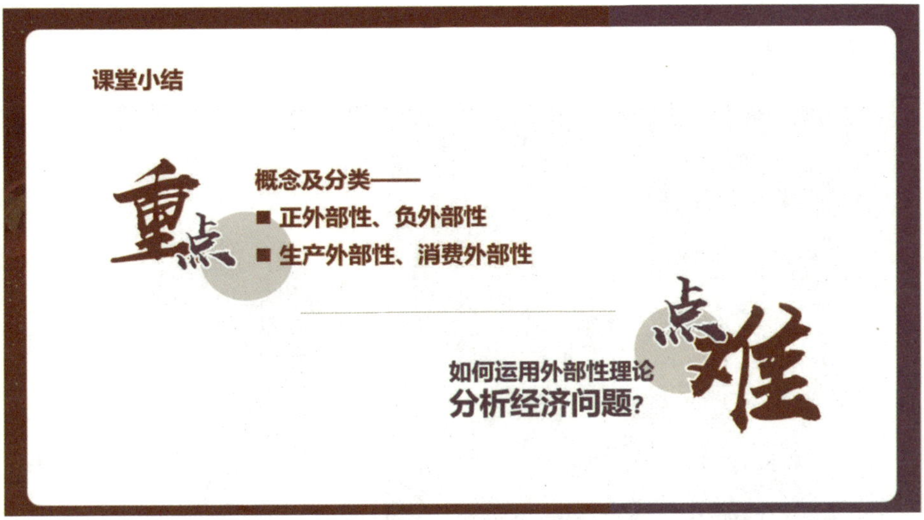

这节课给大家讲解外部性的概念和分类，难点是我们如何用外部性理论去分析经济问题。

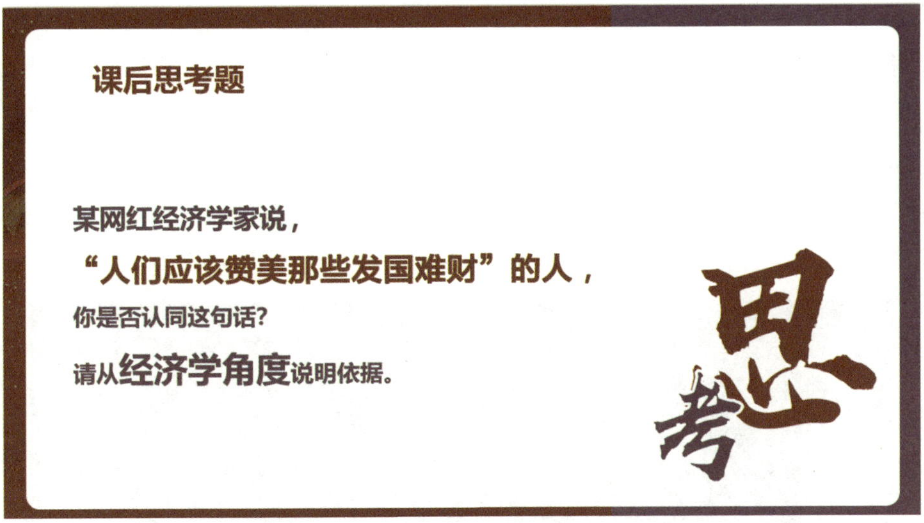

给大家留一个思考题：某网红经济学家说，“人们应该赞美那些发国难财”的人，你是否认同这句话？请从经济学角度说明依据。

三、成长体会

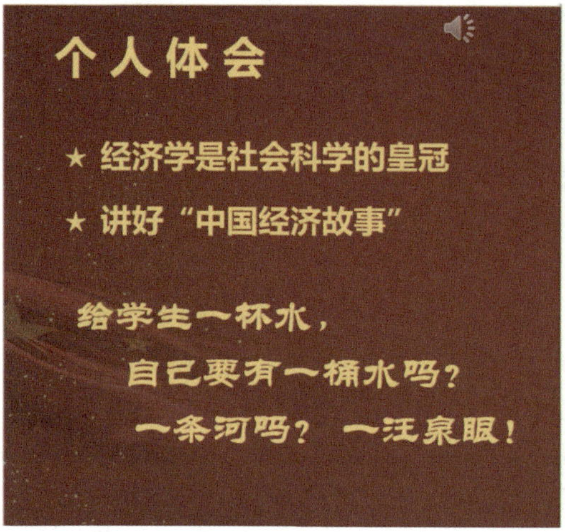

最后我谈几点个人体会。经济学是社会科学的皇冠，希望我能够为我的学生加冕。而中国经济本身就是一个奇迹，讲述它是我一直以来的心愿，是课程思政使我有了更好的思路。我经常听说如果要给学生一杯水，自己需要有一桶水，可我发现一桶水似乎是远远不够的，我们给学生的水至少应该是流动的，因此我至少要拥有一条河，最好我能够做一汪泉眼，源源不断地去更新知识，不断地去迸发新的智慧。我的教师生涯刚刚开始，未来可能还会遇到很多挫折，但我相信，日积跬步，凌绝顶终会有期！

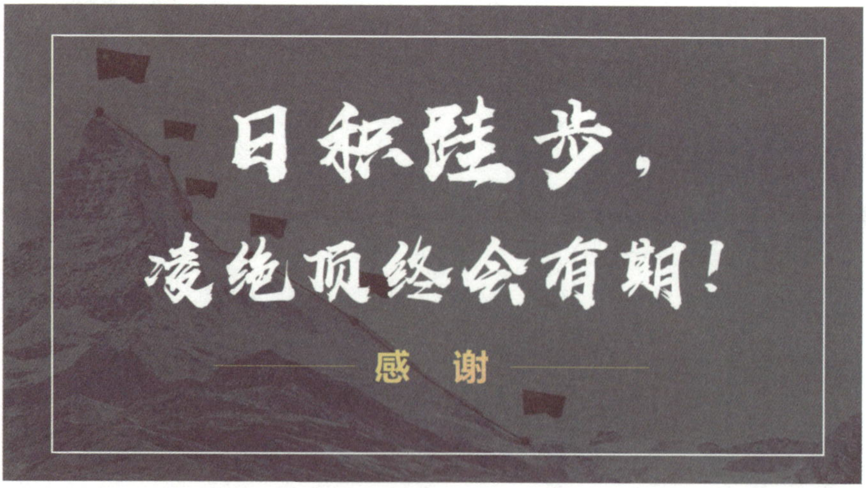

研究论文

新经济时代关于教育与教学的一点思考
——兼论经济学课程思政教学设计

2019年于我是一个很特别的年份。那一年，我结束了20多年的读书生涯，去掉了“博士生”的“生”，终于成为名副其实的“博士”；那一年，我不再是一名学生，而成了一名“教师”；那一年，我拥有了自己的学生，他们成了我最忠实的“听众”。

犹记得当初入职时，面对即将扑面而来的数十年从教岁月，我兴奋而充满期待的同时，有许多紧张不安：在这样一个云谲波诡的大时代，我是否能够永葆一颗赤子之心？课堂上我的“听众”是否会被我讲授的内容吸引？我是否拥有足够的能力带领我的学生完成很重要的科研项目？我是否能够成为一名足够“优秀”的教师？而今我在北京联合大学已经走过了一年多的时光。尽管一年并不算长，但这一年里，我参加了学校为新入职教师准备的“研习营”；聆听了学校关于“立德树人”“课程思政”“教育者先受教育”的报告；思考了许多关于未来工作的设想。这一年，我成长了许多，面对初入职时的那些紧张不安，我想，北京联合大学对于课程思政的重视程度和实践成果，给予了我如何走好未来教师生涯的一些重要启示。

一、什么才是真正优质的教育？

我们正在经历一个科技与经济飞速发展的“新经济”时代，但同时我们也必须要正视正在发生着的急剧变化：全球新冠肺炎疫情的暴发、美国对中国的制裁、中印双边冲突等一系列事件正冲击着国际格局；年龄结构的失衡使我们长期以来得益于其中的“人口红利”难以为继；环境污染、阶级固化等问题也使我们反思长期以来经济增长模式的合理性；信息技术的发展使人类步入一个信息获取随意但泛滥的时代；人工智能、大数据、云计算、区块链等技术向人类的普遍认知发出挑战，也正加剧变革着我们的生活方式。在这风云变幻的大时代，身为高校教师，我们更应当去思考：在此背景下，大学生应该具有什么样的品性和能力？信息和知识的获取对每个人来说都是如此容易，而教师和大学的意义又在哪里？

结合一年的授课经验和对课程思政建设的不断思考，我认为，在新经济时代，真正优质的大学教育应该旨在赋予学生以下几种力量：独立思考的能力、找寻幸福的能力和真正的家国情怀。

（一）独立思考的能力

学习不是被动接受别人给的答案，教育也不应是填鸭式地灌输知识；学习更不等于脑海中知识的数量，就算记忆力超群，人脑海中能存储的知识也不会超过一个硬盘。真理的形成，科技的发展，社会的进步往往来源于对既有知识的不断质疑与挑战。课堂中，我教导学生的同时，也告诉自己：要“不唯上”“不唯书”，我们要保持对知识的敬畏，但要坚持自己的思考、敢于挑战权威，更要敢于改变自己。面对信息获取的快捷和知识的快餐化，面对经济学不同流派的思想迥异，我希望我和我的学生都能够坚定不移地去培养、去保护自己的质疑精神和批判性思维，建立独立思考的能力。

（二）找寻幸福的能力

“幸福”这个话题或许是人类可以探讨的永恒话题。经济与科技的飞速发展，给我们的生活带来了便捷，同时也造成了新生力量和旧力量的不断冲击，在这种急剧变化的冲击之下，我们变得焦虑、慌张，我们看到，抑郁症、焦虑症频发，自杀率攀升。突如其来的疫情使我们有机会将生活“慢下来”，开始思考生命的意义究竟是什么？AlphaGo 可以轻松成为世界第一，但它无法体会胜利的喜悦和失败的怅然；人工智能可以写出华美的诗篇和词曲，但它永远不能理解为什么人唱歌可以哭出来。这大概就是生命的力量——我们有喜怒哀乐，我们能够被周围人的情绪感染，我们能够对旁人的境遇感同身受。人工智能的发展使我们认识到，我们或将无法做到完美，也终将归于平凡。世间不是所有的愿望都能成为现实，生命也必将经历一次又一次的磨难，而正是生命中那些不太美好的经历，那些哭与笑，赋予了我们生命的力量。我希望我和我的学生都能学会聆听自己的内心，接受自己和他人的不完美，承担生活的琐碎和卑微，学会与自己的焦虑、迷茫甚至失败和平共处，我们可以更好，但我们无须完美。唯有认识到这些，我们才能够真正拥有找寻“幸福”的能力。

（三）真正的家国情怀

伴随着北京联合大学“课程思政”“立德树人”工作稳步而扎实的推进，经过深入的思考，我更加体会到“成长”这一词深刻的意蕴。“成长”并不意味着不断实现自己预设的“小目标”，更不意味着在纷繁复杂的人际关系中“游刃有余”……历史也向我们证明，个体的“成长”如果不能和更广阔而伟大的使命结合，便不能算是真正意义的“成长”。家是最小国，国是千万家，天下之本在国，而国之根本在家。中华民族数千年风雨兼程，个人的命运、家庭的命运、学校的命运始终与国家的命运休戚与共。中华人民共和国建立七十多年来，中华儿女秉承着家国情怀，推动民族实现了从站起来、富起来到强起来的伟大飞跃，而面对经济发展质量不高、关键核心技术受制于人等诸多薄弱环节，我们更应当不懈奋斗，以知识武装自己，立志书写中华民族伟大复兴的新篇章。什么是国家？——你和我就是国家。我希望，我和我的学生都能够明确自己成长的方向，并把它与国家和民族的命运紧密相连，找到那些能够引领个人、时代甚至国家不断向上的力量。

二、经济学课程思政设计的思考与实践

经济学课程给了我们发展社会主义市场经济的重要借鉴经验，然而中国经济的发展本身就是一个奇迹。在授课过程中我不断地在思考，其实经济学很多概念都能从中华经典思想或做法中找到影子，因此，在经济学课堂上，带领大家用经济学知识讲好属于中国的“经济故事”成了我未来授课的根本目标和原则，是“课程思政”赋予经济学更加伟大的灵魂和使命。

（一）课程特点

（1）当前我们所学的是西方经济学的内容，毫无疑问，其经验和成果对于我国发展社会主义市场经济具有非常重要的借鉴意义，但是仍然要清楚地

认识到，经济学产生于资本主义国家经济制度，带有一定的阶级属性；

（2）经济学以稀缺性为起点；经济人（理性人）为基本假设；非常强调效率和利益最大化的原则，因此可以说具有一定的“弱道德性”；

（3）经济学知识覆盖面广，呈现百家争鸣、百花齐放的状态，但同时我们面临的授课对象年级较低，知识储备不足，价值观尚未形成。

由于经济学课程所带有的这些特点，在经济学的课程中如何做好课程思政，做到知识传授、价值引领与能力培养的协同发展，显得更为重要。经过我的不断思考，我认为在经济学的课程思政设计中，应当遵循如下原则：

（1）选用马工程（马克思主义理论研究和建设工程）系列教材，有必要对每个知识点的缺陷加以评析，及时纠正那些容易引起学生价值观偏差的地方，如对经济人（理性人）假设的辨析等；

（2）授课过程应当坚持马克思主义立场，紧密结合中国特色实践，并引导学生建立哲学及批判思维；

（3）根据授课对象的特征不断变革传统教学模式，采取现代化课堂管理手段，并创新考核方式，此外若条件允许，可延展社会实践。

（二）典型思政融入方式

遵循上述几点原则，我采取了如下“三点式”思政融入方法，主要思路就是从中国经典思想或做法中寻找到经济学相关概念的影子，由此在帮助学生树立“四个自信”的同时给学生建立良好的价值观导向。经济学课程分为宏观与微观两部分，课程中思政融入点较多，以下仅将本人课程设计中几个典型的思政融入点做简单介绍。

知识点	思想点	价值点
稀缺性	庄子：吾生也有涯，而知也无涯；苏轼：人之所欲无穷，而物之可以足吾欲者有尽。	由此引导学生珍惜当前所拥有的有限资源，做好取舍，同时增强民族文化自信。

续表

知识点	思想点	价值点
机会成本	孟子：鱼与熊掌不可得兼，舍鱼而取熊掌者也；“生我所欲也，义亦我所欲也，二者不可得兼，舍生而取义者也”，则是西方经济学家可望而不可即的境界。	由此引导学生分析在校期间不认真学习的机会成本，在校时间做好学习和兼职的正确选择。
棘轮效应	司马光写给儿子的家书《训俭示康》：“由俭入奢易，由奢入俭难。”	由此引导学生理性消费，对于过度的奢求，要加以节制，不然会出现“君子多于，则贪慕富贵，枉道速祸”等情况。
博弈论	苏洵《六国论》：六国破灭，非兵不利，战不善，弊在赂秦，赂秦而力亏，破灭之道也。若诸国真可合纵连横，则胜负存亡之理或难有定数。	其实这正是囚徒困境中的困境所在，由此引导学生树立道路自信，并思考：面对发达国家的制裁，发展中国家应当如何做?
垄断	信息技术的快速变革使得某些企业或行业完全有可能形成“垄断”或“寡头垄断”。而腾讯公司提出“科技向善”的理念，同时我们也告诉西方国家：科技是一种能力，而向善是一种选择。	由此，引导学生树立向善的价值观和创业理念。
信息不对称	通过讲解逆向选择问题，使学生认识到“劣币驱逐良币”的危害。	引导学生要讲诚信，并敢于与错误言论做斗争；在今后工作中要避免机会主义行为，踏实工作。
政府干预	管仲《管子·奢靡》：系统阐述了消费对生产的促进效用，主张在农业歉收时大兴土木、修葺皇宫以拉动就业，从而实现社会稳定。	由此引导学生了解中国经济思想与西方经济思想的特点和适用性，用经济学知识讲好属于中国的经济故事。

（三）总结与反思

尽管我接触课程思政的时间并不算长，却在过程中形成了自己的很多思考。我个人认为课程思政的本质其实就在于回答“我们要培养什么样的人才”“我要成为什么样的老师”这两个看似简单却宏大的命题。这两个问题在每位教师心中或许答案不尽相同，但可以确定的是，我们前行的大方向是一致的，那就是使每个人都成为更好的自己，使中国成为更好的中国。

在授课过程中经常发现，很多同学对中国的经济现象只知其然不知其所以然。例如，中国经济因何发展如此迅速？疫情期间又为何只有中国表现卓越？而对这些问题的深度剖析，本身就是课程思政最好的呈现方式。从这点来看，只要教师知识掌握够深刻，教师对人类的发展、生命的意义以及历史的更替理解够深刻，课程思政便会水到渠成。作为一名“青椒”（网络词语，指大学青年教师），欠缺之处非常多，但我相信，日积跬步，凌绝顶终会有期！

中国建造——工程项目管理课程思政教学设计与实践

教师简介：吕明，生物化学工程学院工程管理专业，讲师。

所授课程：工程项目管理

研究方向：可视化管理；认知学习；经济系统分析

曾获奖励：北京联合大学课程思政教学设计大赛一等奖；北京联合大学青年教师教学基本功比赛三等奖。所授 BIM 全过程项目管理综合实训课程被评为校级精品课程。

教书育人感言：以乐业、精业、敬业之心教诲学生；以爱心、诚心、恒心之德育人。

比赛实录

扫描二维码观看
比赛现场实录

中国速度——施工项目进度控制与优化

尊敬的各位老师、同学们，大家好，我是生化学院资源管理系教师吕明，今天我要讲授的课程是工程项目管理。

一、说课环节

工程项目管理是工程管理专业的必修课程，修读对象是工程管理专业三年级学生，通过学习这门课程，学生可以掌握工程项目管理的基本理论和方法。

课程目标

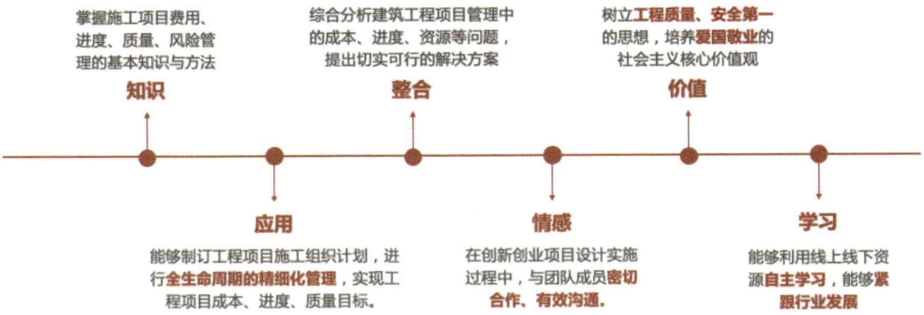

我们将课程目标从以上六个维度展开，将课程思政从应用、整合、情感、价值四个维度来体现，学生可以进行团队合作，进行全生命周期精细化管理，提出创新性解决方案，树立工程质量安全第一的思想，培养社会主义核心价值观。

课程目标 ✚ 专业思政目标 ⇨ 课程思政目标

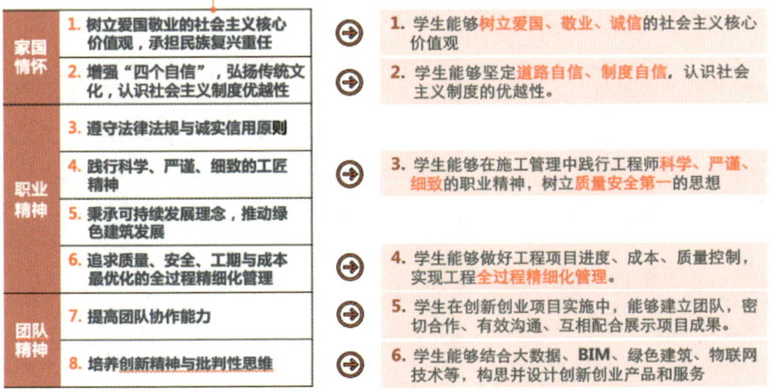

基于课程目标和工程管理专业思政目标，我们构建了这门课的课程思政目标，主要体现在社会主义核心价值观、社会主义制度优越性、工程师的职

业精神、全过程精细化管理能力、团队合作和创新创业这六个方面。

教学内容　　挖掘思政元素 ⇨ 思政元素融入设计

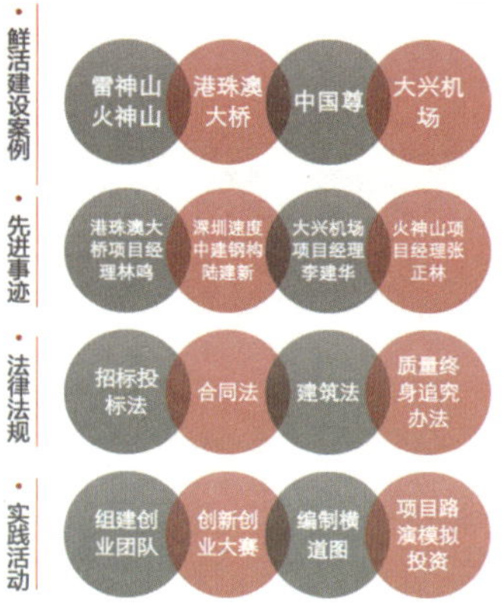

单元	教学方法与学习活动	专业知识点	思政融入载体（思政元素）	课程思政目标 1	2	3	4	5	6
第一单元项目管理和工程项目管理	课堂讲授案例教学	项目及工程项目概念	港珠澳大桥、雷神山和火神山医院	✓	✓	✓			
	课堂讲授	生命周期理论	项目管理全过程精细化			✓	✓		
		项目管理概念	强调协调与沟通					✓	
	小组作业展示交流	项目管理新技术方法	XX建筑数字建造调研			✓		✓	✓
第二单元施工项目管理概论	课堂讲授	施工项目特点及其管理	施工项目独特性、环境变化、影响因素多			✓	✓		
	案例教学	承发包模式	鸟巢、北京地铁4号线			✓	✓		
	小组作业案例分析	小组选择某项目进行承发包模式分析	例如英吉利海底隧道、马来西亚高速公路、北京LG大厦等			✓	✓	✓	
第三单元工程项目前期工作	课堂讲授案例教学	项目组织运作	项目经理职业精神分析			✓	✓	✓	
		项目结构分解	世博会中国馆任务分解	✓	✓	✓	✓		
		利益相关者分析	生化学院教学楼项目			✓	✓		
	创业项目小组活动	项目前期工作	1 确定项目 2 选择项目经理 3 确定项目组织结构 4 进行利益相关者分析 5 确定项目目标 6 项目WBS工作分解				✓	✓	✓

以课程思政目标为指导，梳理教学内容，挖掘思政元素，建立案例库，包括以雷神山医院、火神山医院为代表的鲜活的建设案例，以港珠澳大桥项目经理林鸣为代表的项目经理先进事迹库，以及相关法律法规和学生的实践活动。我们先一步将这些思政元素形成了课程思政目标的支撑矩阵。在上面这个表里可以看到各个单元的章节内容、专业知识点及它们对应的思政元素，最后是支撑的课程思政目标。

教学内容　　挖掘思政元素 ⇨ 思政元素融入设计

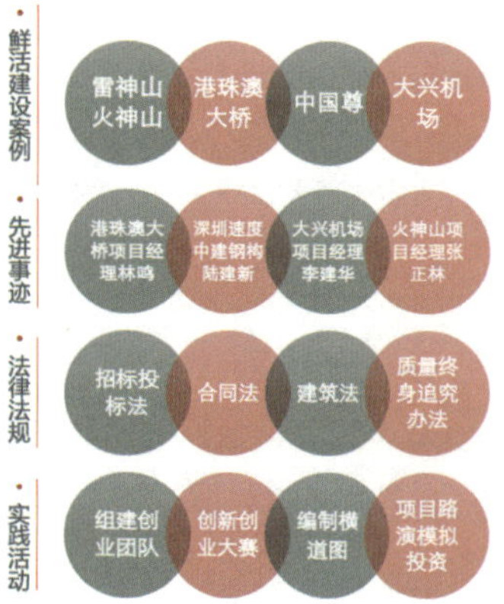

单元	教学方法与学习活动	专业知识点	思政融入载体（思政元素）	课程思政目标 1	2	3	4	5	6
第四单元施工项目组织与计划、进度管理	课堂讲授案例教学	施工组织方式	火神山医院	✓	✓	✓	✓		
		流水施工原理	装饰装修项目组织			✓	✓		
		网络计划技术	二战曼哈顿原子弹计划			✓	✓		
		施工进度计划编制	港珠澳大桥	✓	✓	✓	✓		
		进度计划检查与调整	巴西里约奥运会主场馆			✓	✓	✓	
		进度控制与优化	雷神山、火神山医院抗疫精神	✓	✓	✓			
	任务驱动协作学习	编制一份进度计划	XX办公楼进度计划编制			✓	✓	✓	✓
	创业项目小组活动	进度计划编制	编制创业项目进度计划			✓	✓	✓	✓
第五施工项目质量管理	课堂讲授案例教学	质量控制	基于数字建造的质量控制APP			✓	✓		
		因果分析法——鱼刺图	对某房屋蜂窝麻面质量问题进行分析			✓	✓		
	小组作业案例分析	质量问题引发的施工事故原因分析	杭州地铁坍塌事故问题分析			✓	✓	✓	

教学内容　　挖掘思政元素 ⇨ 思政元素融入设计

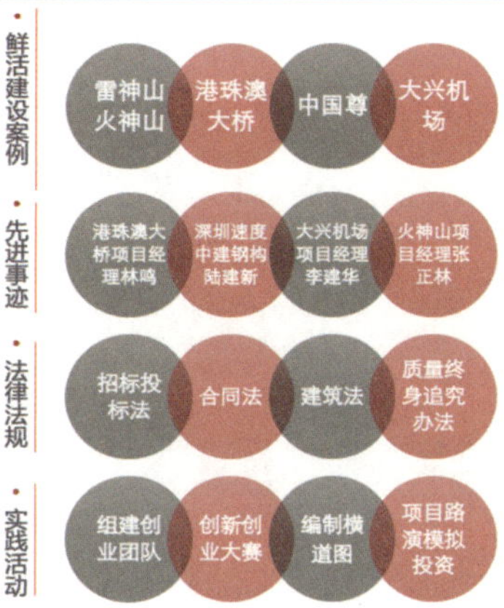

单元	教学方法与学习活动	专业知识点	思政融入载体（思政元素）	课程思政目标					
				1	2	3	4	5	6
第六单元施工项目成本管理	课堂讲授案例教学	成本计划与控制	鸟巢成本超支案例、长沙20天建造30层大楼	✓		✓	✓		
	创业项目小组活动	成本控制方法实施与核算考核	创新创业项目成本计划与实施分析			✓	✓	✓	✓
	专案讨论	成本控制方法应用	悉尼大剧院成本控制与经验借鉴			✓	✓	✓	
第七单元现场与职业健康安全管理	课堂讲授案例教学	场容管理与环境保护	北京市雾霾红色预警			✓	✓		
		卫生防疫	新冠疫情——北京市某工地卫生防疫措施		✓	✓			
	案例分析题	现场安全管理	安全事故案例分析题			✓	✓		
第八单元施工项目资源管理	课堂讲授案例教学	物料资源管理	武汉市某工程项目钢筋下料无浪费	✓		✓	✓		
		施工设备管理	北京市地铁7号线东线盾构机施工			✓	✓		
	创业项目小组活动	创业项目资源分析	从人力、材料、设备、技术、资金等方面分析创业项目资源情况，并提出改进建议			✓	✓	✓	

教学内容　　挖掘思政元素 ⇨ 思政元素融入设计

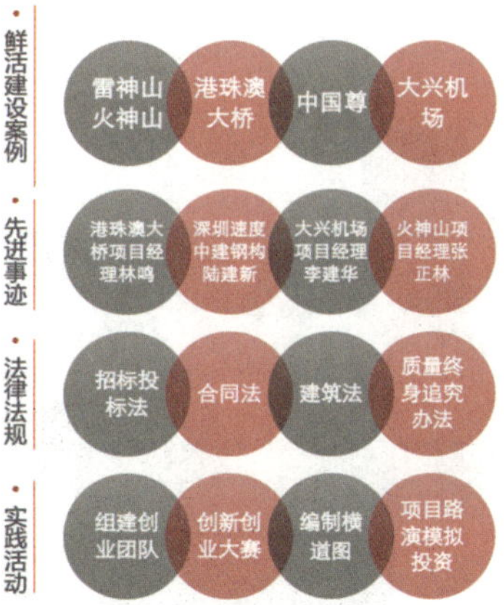

单元	教学方法与学习活动	专业知识点	思政融入载体（思政元素）	课程思政目标					
				1	2	3	4	5	6
综合1：质量、安全、进度、成本管理综合	岗位虚拟仿真	系追求质量、安全、工期与成本最优化的全过程精细化管理。	通过施工项目岗位仿真平台，学生扮演技术员、造价员、质量员等角色，完成工程建设基础及主体结构施工、安全质量检查、进度成本控制等任务。	✓		✓	✓	✓	✓
综合2：创新创业项目路演与模拟投资	路演、模拟投资	有创新意识、切实可操作、团队合作等。	运用所学项目管理知识，课程创新创业路演、赢得老师创业支持	✓		✓	✓	✓	✓

以上是我们各个单元的支撑情况。

教学内容

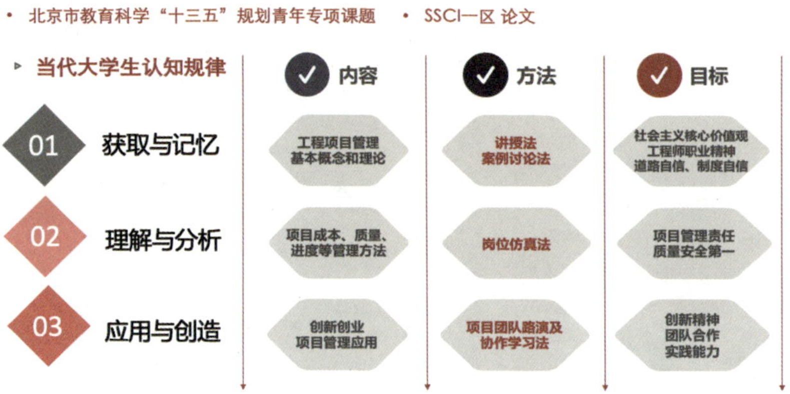

在横向融入的基础上，进一步结合我的北京市教育科学规划课题，从当代大学生认知规律进行纵向融入，结合认知的不同阶段，确定学习内容、学习方法及支撑的课程思政目标，实现了立体化渗透。

教学方法

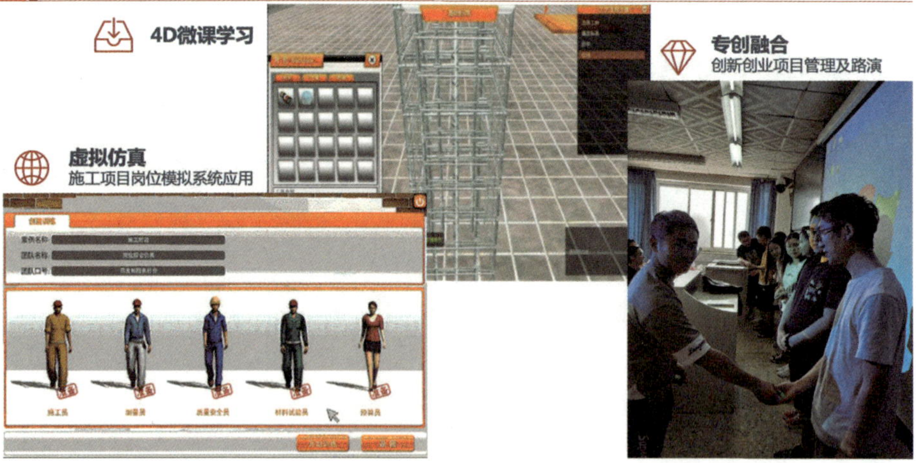

在学习过程中，我不断地采用了一些创新性的教学方法，学生可以通过4D微课进行交互式学习，还可以基于虚拟仿真技术扮演不同的岗位角色，进行体验式学习，不仅完成了工程建设各阶段的任务，还提高了学生的学习兴趣。我还让学生将所学的知识进行活学活用，组建项目团队、路演和模拟投资，体现了课程的专创融合。

考核评价

2020 "互联网+" 创新创业大赛 市级三等奖
2020 "致用杯" 创业大赛 创业计划组一等奖

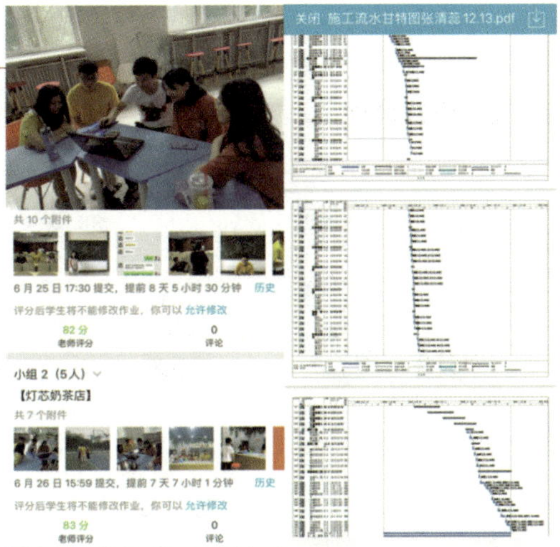

在考核评价环节，我更加注重的是过程考核和能力考核，我将能够体现课程思政目标的某办公楼的施工组织设计进度图、项目小组创新创业活动的作业、岗位仿真系统中学生的操作成绩，作为平时成绩的重要来源。

在课后的问卷调查中，很多学生表示自己的工程项目管理理论水平和方法得到了提升，同时还受到了很好的职业和价值熏陶，这门课所培育的创新创业项目在北京市级和学校的创业比赛中获得了奖项。

展示节段设计

施工项目进度控制与优化

单元	教学方法与学习活动	专业知识点	思政融入载体（思政元素）	课程思政目标					
				1	2	3	4	5	6
第四单元施工项目组织与计划、进度管理	课堂讲授案例教学	施工组织方式	火神山医院	✓	✓	✓	✓		
		流水施工原理	装饰装修项目组织			✓	✓		
		网络计划技术	二战曼哈顿原子弹计划			✓	✓		
		施工进度计划编制	港珠澳大桥	✓	✓	✓	✓		
		进度计划检查与调整	巴西里约奥运会主场馆			✓	✓	✓	
		进度控制与优化	雷神山、火神山医院抗疫精神	✓	✓	✓			
	任务驱动协作学习	编制一份进度计划	XX办公楼进度计划编制			✓	✓	✓	✓
	创业项目小组活动	进度计划编制	编制创业项目进度计划			✓	✓	✓	✓
第五施工项目质量管理	课堂讲授案例教学	质量控制	基于数字建造的质量控制APP			✓	✓		
		因果分析法——鱼刺图	对某房屋蜂窝麻面质量问题进行分析			✓	✓		
	小组作业案例分析	质量问题引发的施工事故原因分析	杭州地铁坍塌事故问题分析			✓	✓	✓	

下面我来介绍一下我的展示节段，第四单元施工项目进度控制与优化。

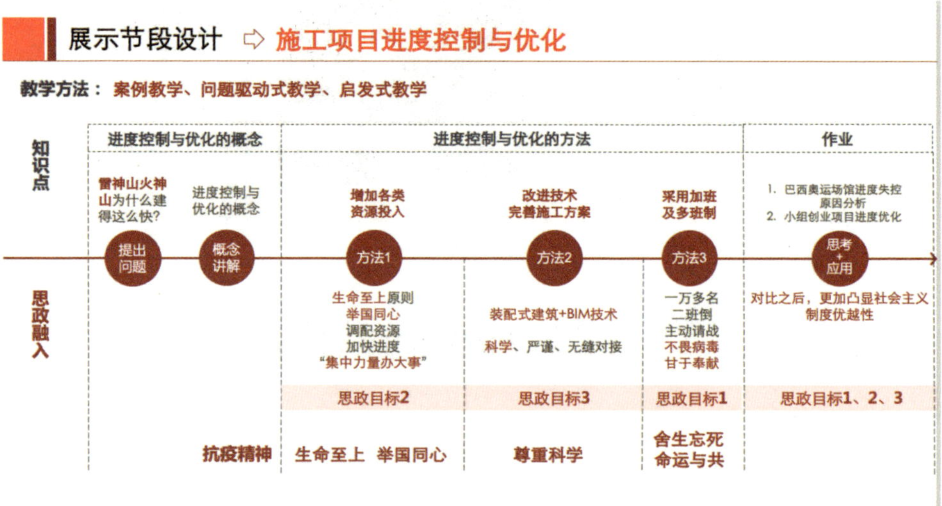

这节课主要讲解进度控制与优化的概念，分析进度控制与优化的三种主要方法，将火神山医院这个案例贯穿到整个课程学习中来，在第一个方法增加资源投入上，重点展示火神山医院强大的资源调配能力，支撑课程思政目标二；在第二个方法改进技术上，强调火神山医院采用了装配式 +BIM 技术的先进性、科学性，支撑目标三；在第三个方法加班制上，重点展示火神山医院 1 万多名工程建设者不畏病毒甘于奉献的精神。我将抗疫精神有机地融入三种进度控制与优化的方法学习中，在课后的作业中，让学生进一步分析，巴西里约奥运会奥运主场馆进度失控的原因，这个原因主要是由工人罢工和安全事故导致的，通过对比进一步凸显我们社会主义制度的优越性。

二、授课环节

下面我来进行教学展示。今天的课从雷神山医院、火神山医院谈起。雷神山医院、火神山医院以其惊人的建造过程，实现了中国速度，我的问题是中国速度为何如此之快呢？

这就是我们今天这节课所学习的主题，施工项目进度控制与优化 。

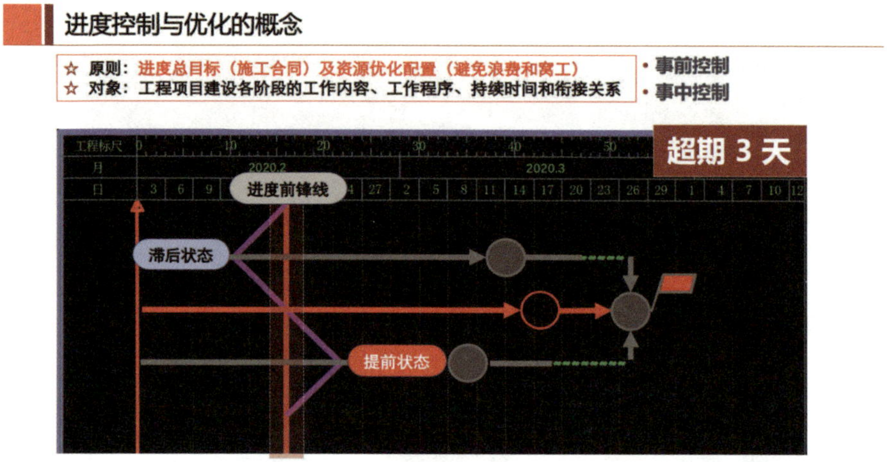

首先我们先来看一个用之前所学过的双代号时标网络图绘制的一所医院住院部的进度计划，可以看到按照原有计划执行，最后可以按时完成这个项目。但是我们在 2 月 18 号进行进度检查时，绘制了一条进度前锋线，发现有的工作进度滞后了，有的工作进度提前了，如果我们不进行进度优化控制，不进行资源有效合理配置，在最后整个项目会超期三天完成，导致工程合同的违约。所以说工程项目进度控制与优化在工程项目管理中是至关重要的。在进度总目标和资源优化配置的原则之下，我们对工程建设各阶段的工作内容、工作程序以及每项工作的持续时间和相互之间的衔接关系，进行事前和事中的控制。

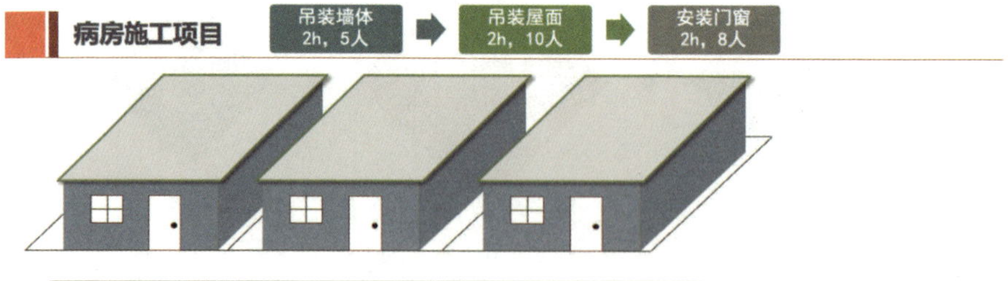

施工过程	班组	施工进度(h)																	
		1	2	3	4	5	6	7	8	9	10	11	12	13	14	15	16	17	18
吊装墙体	5																		
吊装屋面	10																		
安装门窗	8																		

18h　10人

6h　30人

我们再来看下进度控制与优化的方法有哪些。首先我们来看一个三间病房施工的小案例，三间病房依次要进行吊装墙体、吊装屋面、安装门窗三项工作过程，每间病房每个施工过程均需要 2 个小时可以完成，分别需要 5 人、10 人和 8 人。我们来绘制下横道图，首先三间病房依次吊装墙体，一共需要 6 小时时间，然后依次吊装屋面共需要 6 小时时间，最后依次安装三间病房的门窗也是需要 6 小时。那么我们的总工时用了 18 个小时，在工地工人最多的时候，需要 10 个工人。我的问题是我们在人力、物力都充足的情况下，最短用几个小时完成三间病房的施工呢？我们可以用 6 小时，横道图就变成这样。三间病房同时进行施工，6 小时就可以完成。我们在最多的时候有多少工人同时进行现场施工呢？在吊装屋面这个环节，由于是同时工作，需要 30 个工人。我们劳动力从 10 人增加到 30 人，工期从 18 小时缩短到 6 小时。我们在增加劳动力的同时，还要增加材料、吊装的机械设备，这样我们就引出了进度控制与优化的第一个方法——增加资源投入。

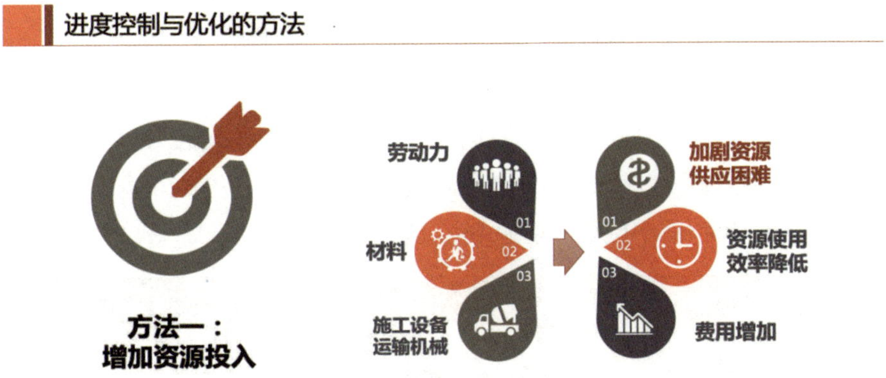

增加资源投入会带来什么问题和困难呢？第一，加剧了资源供应的困难；第二，资源的使用效率降低了；第三，整个过程的成本和费用增加了。

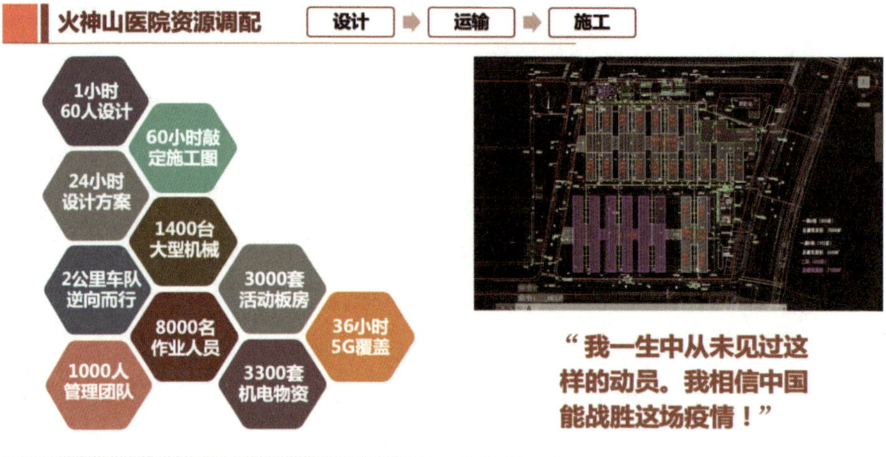

那么我们来看一下建设火神山医院是如何克服这些困难在全国调配资源的。首先在设计阶段，我们用一个小时抽调了 60 人进行设计，用 24 小时就拿出了设计方案，用 60 小时就敲定了施工图纸；在运输阶段，有 2 公里长的车队向武汉运输物资，有 1400 台大型施工机械到达现场连夜进行施工；在施工阶段，我们有 1000 人的管理团队、8000 名作业人员，完成了 3000 套活动板房、3300 套机电物资的安装，我们用 36 小时实现了 5G 的全覆盖。同学们，这样的一组数据反映了我们国家强大的资源调配能力。世界卫生组织总干事谭德塞在 2020 年 1 月 31 号的记者会上表示，“我一生中从未见过这样的动员，我相信中国能战胜这场疫情”。

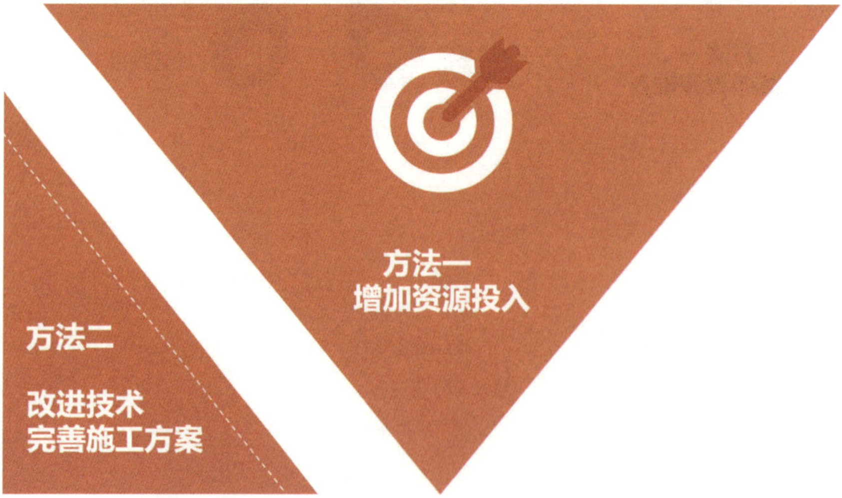

除了第一种方法增加资源投入以外，我们还可以采用什么方法缩短工期呢？我们可以从技术上进行改进，完善施工方案。

火神山医院创造速度的关键就是采用了装配式 +BIM 的施工技术。建造过程分为了四个阶段，第一个阶段是设计阶段，利用 BIM 技术进行标准化、参数化设计，进而进行工厂预制，我们不仅可以预制柱梁板，还可以预制一面墙、一间房。到达施工现场后进行组装，利用大型机械进行吊装。我们对比下装配式建筑施工与传统现浇施工的工期。

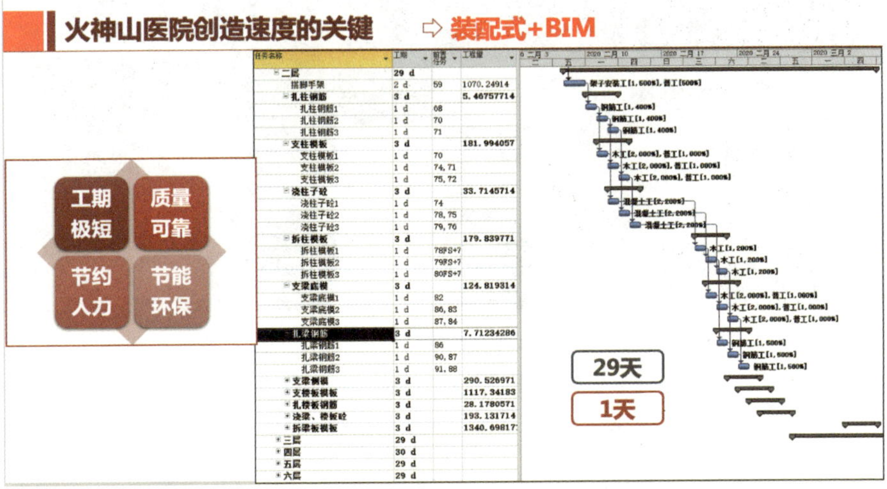

这是一栋框架结构办公楼，如果我们采用传统的现浇施工，可以看到横道图上每一层工期需要 29 天，而装配式建筑施工，仅需要 1 天就可以完成。

我们装配式建筑不仅工期极短、质量可靠，还能节约现场人力，最终实现了节能环保的目标。

除了这两种方法以外，还可以通过加班来缩短工期。

加班一般情况下有两班制、三班制和多班制。两班制就是要求工人连续 12 小时以上施工，我们火神山医院采用的就是两班制。我们的工人在现场从事的是最繁重的体力劳动，他们的贡献不亚于我们的医护工作者，这是我在中建八局的同学拍摄的现场照片。他们连夜从济南支援武汉，都在默默地付出着。

最后我想回答课程开始提出的问题，火神山医院工程造就速度的关键是采用了装配式建筑，而我们国家超高层建筑的发展，也体现了我们的中国速度，我们的中国速度为何如此之快呢？我们可以从陆建新在深圳特区建立四十周年庆祝大会上的发言中找到答案，他说深圳速度不仅靠的是技术水平的不断创新，同时还有敢闯敢试、敢为人先的拓荒牛精神。这也体现了我们今天这节课进度控制与优化的重要性。

下面进行课程小结，这节课我们主要学习了进度控制与优化的概念，以及三种主要的方法。

在课后作业中，大家根据我补充的巴西里约奥运会奥运主场馆进度失控的材料，分析进度失控的原因，并且提出进度改进的办法；对自己的创新创业小组项目进行进度控制与优化。

三、成长体会

最后我谈下我的成长体会，在备课过程中我首先加强学习，包括学习党和国家的方针政策、学校的相关文件、专业知识，努力练好三项基本功。然后结合时事新闻、时代鲜活的建设案例、项目经理的先进事迹、建筑领域最新技术进行深入挖掘，将其融入课堂的知识学习和学生能力培养过程，朝着润物无声的方向不断努力。在教育实践的同时，我还不断加强思考和研究，我认为课程思政要在认知的高级阶段，特别是应用与创造阶段发挥更大的作用，让课程思政对学生未来的工作和学习产生更大的影响。总之“教育者先受教育”，我将加强学习、不断努力。

研究论文

学习进阶视角下工程项目管理课程思政体系研究

2019年3月，习近平总书记在学校思想政治理论课教师座谈会中指出："要坚持显性教育和隐性教育相统一，挖掘其他课程和教学方式中蕴含的思想政治教育资源，实现全员全程全方位育人。"这是自"使各类课程与思想政治理论课同向同行"提出以来，习总书记对推进思政课程与课程思政有机结合的再次强调。当前各高校按照习总书记的要求，不断深度挖掘各学科门类专业课程蕴含的思想政治教育资源，使各类课程与思政课同向同行，形成育人协同效应。工程项目管理作为土木类专业、工程管理类专业的核心课程，对于学生掌握建设工程项目管理的基本理论，具备项目费用、进度、质量、风险管理方面的知识具有重要作用。本文以学习进阶和认知学习理论为指导，构建工程项目管理课程思政体系，对土木类、工程管理类专业各门课程构建课程思政体系具有一定的指导作用。

一、工程项目管理课程思政目标构建

工程项目管理课程思政目标体系构建，要以社会主义核心价值观为引领，紧扣工程项目特点和建筑行业发展现状，体现建造师执业精神和项目管理能力，因此可以将工程项目管理课程思政目标体系总结为以下三方面。

（一）基础层：社会主义核心价值观

本层是工程项目管理课程思政建设的基础，要求学生能够树立爱国、敬业、诚信的社会主义核心价值观，能够坚定道路自信、制度自信，认识社会主义制度的优越性，能够集中力量办大事。

（二）核心层：建造师执业素养与精神

本层是工程项目管理课程专业学习的核心，要求学生能够在项目管理中践行工程师科学、严谨、细致的职业精神，树立质量安全第一的思想，能够做好工程项目进度、成本、质量控制，形成工程全过程精细化管理能力。

（三）提升层：团队合作与创业精神

本层是工程项目管理课程应用的实施与提升，学生在创新创业项目实施中，能够建立团队，密切合作、有效沟通、互相配合展示项目成果，能够结合大数据、BIM、绿色建筑、物联网技术等，构思并设计创新创业产品和服务。

二、基于学习进阶的工程项目管理课程思政体系构建

当代大学生的人生观和价值观深受互联网、多媒体影响，有独特自我意识和多元化认知，个性突出，思维活跃，价值观更加务实。深入推进课程思政过程中，如何不停留在表面，如何润物细无声，让思政教育入脑入心成为摆在高校教师面前的首要问题。而学习进阶是当前教育界广泛关注和迅速应用的新理论，其从学生认知学习的视角对学生学习过程进行分析，并将教师教学实践与学生学习进行有效整合，形成涵盖教学标准、学习设计、课程开发、综合评价和教师发展的框架体系。因此，工程项目管理课程思政体系以认知学习、学习进阶理论为指导，以当代大学生认知过程和规律为基础，构建符合认知科学要求、人才培养规律的工程项目管理课程思政体系，进而提升本课程的思政育人水平。

基于认知学习与学习进阶理论，构建工程项目管理课程思政体系，从纵向上，将工程项目管理学习进阶过程分为知识理解、分析、应用、探索、评价、创造六个阶段，六个阶段层层深入，掌握知识并提升学习能力和素质；从横向上，参照北京联合大学课程思政建设标准，结合工程项目管理课程特点，明确其课程思政体系构建要经过挖掘、融入和提升三个环节。通过将上述横向学习进阶过程与纵向课程思政环节进一步融合，紧扣工程项目管理课程特点，构建了基于认知学习的工程项目管理课程思政进阶模型，如图1所示。

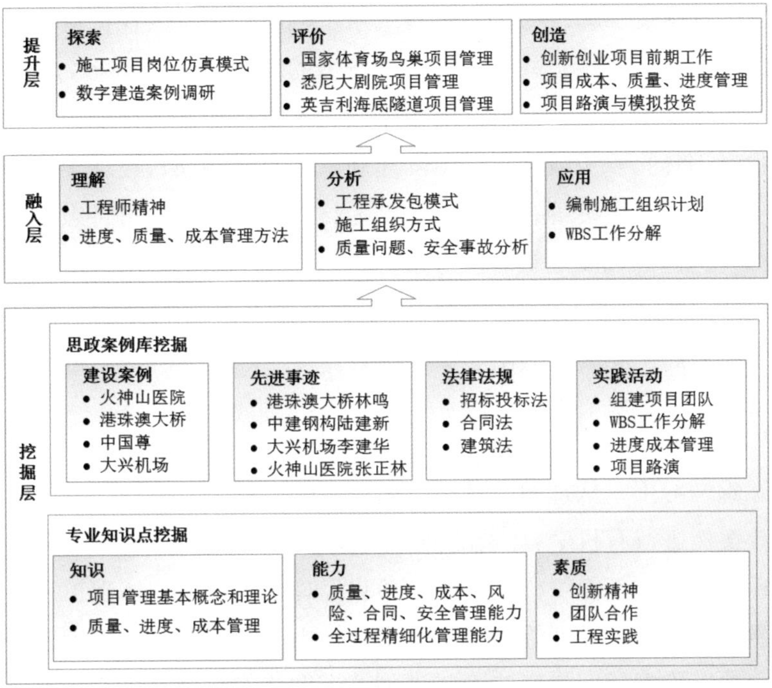

图1　工程项目管理课程思政体系

三、工程项目管理课程思政体系实施

（一）深入挖掘课程思政元素

工程项目管理课程思政元素挖掘首先要选准课程内容，明确各个章节深入挖掘的专业知识点，将专业知识点分为三类进行重点挖掘：在知识上要从工程项目管理基本概念和理论上挖掘，包括工程项目定义、工程项目生命周期、利益相关者等；在能力上，要着重培养学生全过程、精细化管理能力，尤其是在质量、成本、进度三方面；在素质上，要挖掘课程知识和方法中能够进行创新精神培养的内容，构思组织项目团队开展创新创业项目，并在工程实践中培养学生实践能力。

在确定专业知识点基础上，进一步结合施工项目案例、实践活动、法律法规、先进事迹四个层面，建立案例库。在建设案例上，要充分体现时代鲜活特点，从雷神山医院、火神山医院、港珠澳大桥、中国尊和大兴机场等近年来创造中国速度、体现中国建造技术水平的案例中深入挖掘；在先进事迹上，要结合新时代涌现出的一批工程建设者的爱国敬业的社会主义核心价值观，以及扎根基层、甘于奉献、勇于创新、不断拼搏的精神展开，如港珠澳大桥项目经理林鸣、中建钢构总工陆建新、大兴机场项目经理李建华、火神山医院项目经理张正林等；在法律法规上，要突出工程项目特点，结合《招标投标法》《合同法》《建筑法》等进行讲解；在实践活动上，要形成从团队组建、WBS 工作分解、进度计划、成本控制、项目路演等全过程项目管理实践体系，切实提高学生的创业实践能力。

（二）有机融入课堂学习

在课堂学习中，从理解、分析、应用三个过程，要将挖掘到的专业知识点、思政案例进行有机融合。在理解过程中，主要通过讲解工程项目前期工作、工程项目经理部组织机构，融入项目经理先进案例，体现工程师职业精神；在质量、成本、进度管理中，突出火神山医院工程进度管理创造了中国速度，中建钢构在深圳建区四十年来创造深圳速度，大兴机场与港珠澳大桥在施工技术上大胆创新等。

在分析上，进一步对承发包模式特征、施工组织方式优缺点、质量问题和安全事故原因等进行分析，在分析中不断凸显“一带一路”国家倡议、绿色节约的价值观、工程质量安全第一的意识等。

在应用上，学生根据所学工作分解结构和进度计划编制方法，进一步进行某家装施工项目工作分解，编制某办公楼施工组织计划，在实际应用过程中，使工程师科学、严谨、细致的职业精神根植于学生心中。

（三）探索创造不断提升

在深入挖掘知识点和案例的基础上，进一步将理解、分析、应用三个过程进行有机融入，最终在探索、评价和创造三个过程不断提升课程思政水平。在探索过程中，采用虚拟仿真技术，学生扮演施工员、造价员、安全员、质检员等不同岗位角色，进行施工岗位仿真模拟，通过角色扮演探索不同岗位的各项工作如何更好开展；真正走进数字建造现场，近年来组织学生参观东易日盛家居装饰集团、北京大兴机场、中国建筑科学研究院绿色示范楼等项目，通过虚实结合，不断提升学生对施工项目全过程精细化管理的能力。

在评价过程中，学生要用所学理论知识和方法，对国家体育场鸟巢施工程度和进度问题、悉尼大剧院成本管控问题、英吉利海底隧道项目BOT融资模式等进行评价。评价真实案例中的问题，是认知的高级阶段，可以提高对知识的认知水平。

在创造阶段，主要将所学工程项目管理理论和方法进行创造性应用，学生组成创业团队，进行WBS工作分解，制定项目目标，形成创新型商业模式，进行全过程成本、进度、质量管理，并最终通过路演答辩，根据模拟投资结果确定成绩，此过程将创新精神与课程学习知识全面高效整合，在团队协作学习和比拼中不断提高个人能力。

助力网络强国建设，探索课程思政育人
——计算机网络课程思政教学设计与实践

教师简介：陈晓丹，通信工程专业，讲师。

所授课程：计算机网络

研究方向：下一代网络

曾获奖励：北京联合大学课程思政教学设计大赛一等奖；北京联合大学教学优秀奖二等奖；北京联合大学中青年教师执教能力比赛二等奖；北京联合大学青年教师教学基本功比赛三等奖；北京联合大学网络教学优秀案例二等奖。

教书育人感言：计算机网络是一门专业性很强的课程，大多数同学曾评价它内容多，原理晦涩难懂。但是，因为有了思政元素的融入，这门课变得温暖且有情怀。作为一名高校教师，既要重视学术修为，又要重视自身思想道德修为，要坚持教育者先受教育，才能更好地担当起学生健康成长的指导者和引路人的责任，真正做到“学高为师，身正为范”！范仲淹在《严先生祠堂记》里写下过这样的诗词：“云山苍苍，江水泱泱。先生之风，山高水长。”这既是对教师的极高赞誉，更是对教师莫大的鞭策和要求，前路漫漫，我还需砥砺前行！

比赛实录

扫描二维码观看
比赛现场实录

域名解析系统

尊敬的各位领导、各位同事，亲爱的同学们，下午好，我是陈晓丹，来自智慧城市学院通信工程系。我将基于计算机网络这门课程，做一个课程思政教学设计的展示。

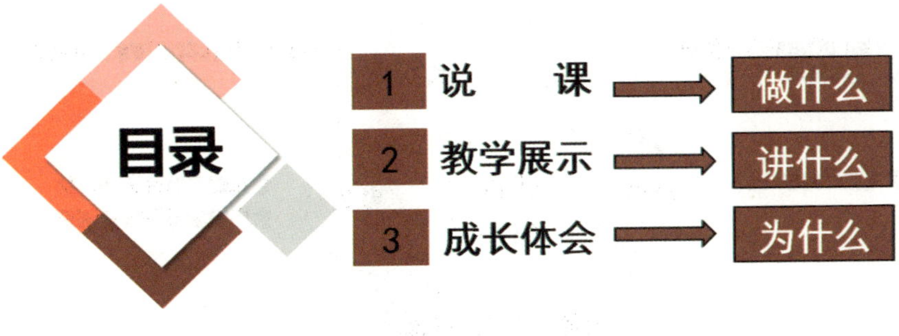

展示内容主要包括三个部分，分别是说课、教学展示和成长体会，我想通过这三个部分的教学设计，落实关于课程思政的三个基本问题，分别是：课程思政做什么？课程思政讲什么？为什么要课程思政？

一、说课环节

（一）课程基本情况

课程名称：	计算机网络
课程性质：	通信工程专业必修课
修读对象：	3年级本科生
先修课程：	通信原理
课程学时：	48学时（理论40学时+实验8学时）

计算机网络是通信工程专业的必修课，修读对象为三年级本科生，先修课程为通信原理。课程共 48 学时，其中理论课时 40 学时，实验课时 8 学时。在课程思政建设的过程中，教师本着专业学习与价值引领并驾齐驱的原则，全面践行北京联合大学“三全育人”的教育理念。

（二）课程目标

课程的目标，包含知识、应用、整合、情感、价值和学习六个维度，每个维度都有思政元素的融合，如在应用维度，夯实基础，加强网络技术应用能力，融入的思政元素是学以致用，助力网络强国建设。

（三）课程内容

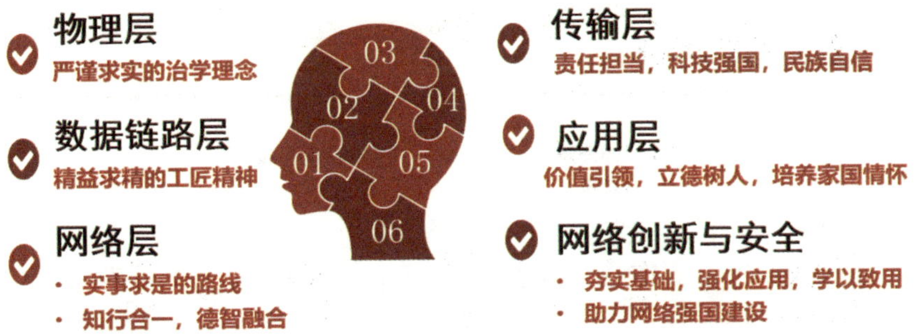

按照计算机网络的体系结构，课程内容划分为六个知识模块，分别是物理层、数据链路层、网络层、传输层、应用层及网络创新与安全。每个知识模块，不仅要落实课程目标里相应的思政元素，还要有针对性地设计思政案例。在思政案例的建设中，不做标签式说教，不生搬硬套，以教学为关键，以需求为导向，以学生为中心，以榜样为力量，并在实施时注重四度，即课程思政有高度、课程思政有深度、课程思政有广度和课程思政有温度。

（四）教学方法

教学方法主要包含四个方面，分别是启发式教学、案例引导式教学、任

务驱动式教学和讨论式教学。启发式教学，渗透做人做事的基本道理，树立社会主义核心价值观；案例引导式教学，增强校园网安全防范意识，做文明守法的网民，树立职业荣誉感；任务驱动式教学，助力网络强国建设，承载民族复兴的理想与责任；讨论式教学，培养自主学习和终身学习的能力，树立共享发展的理念。

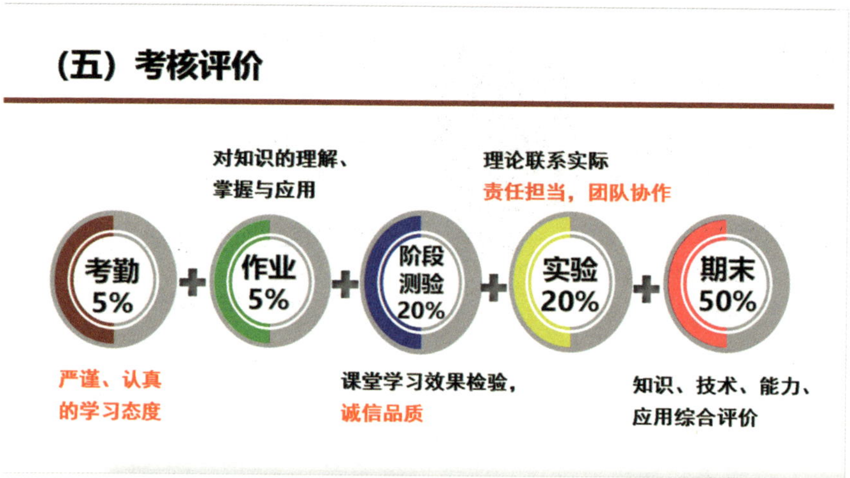

考核评价包含过程性考核和终结性考核，细分为五个部分，分别是考勤、作业、阶段测试、实验及期末考试。

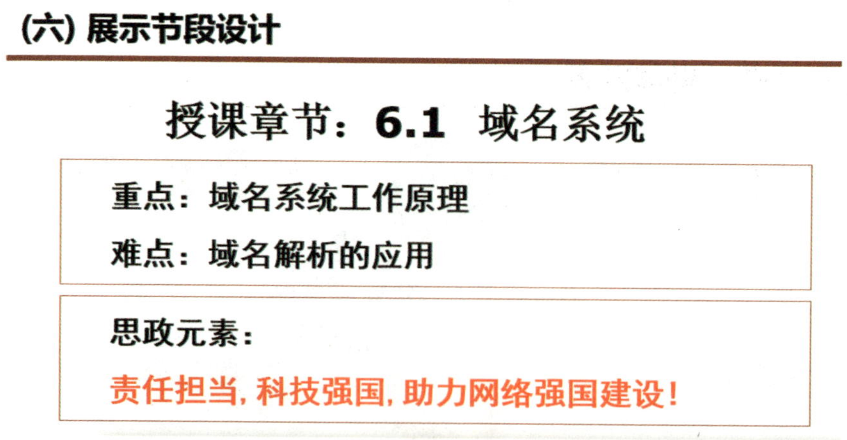

今天要展示的教学环节是第六章第一小节域名系统，重点是域名系统的工作原理，难点是域名解析的应用，融入的思政元素是使同学们明确自己的

责任担当，树立科技强国信念，助力网络强国建设。

（六）展示节段设计

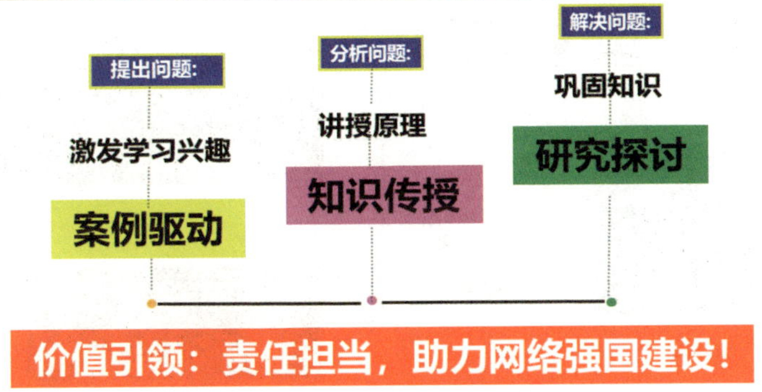

首先，案例驱动，通过俄罗斯2019年12月的防断网演习，激发学生的学习热情。其次，知识传授，讲解域名系统的工作原理。最后，研究探讨，引入一个实例，巩固课堂所学知识。在此过程中我同时遵循提出问题、分析问题和解决问题的教学策略。

二、授课环节

同学们，网络无处不在，已渗透到我们生活中的方方面面，与我们密不可分。那么，你们经历过断网吗？你们觉得什么才是断网呢？

（一）授课章节：6.1 域名系统

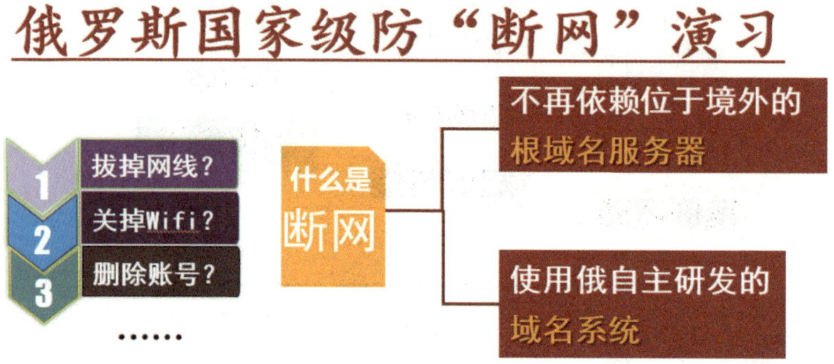

有同学说，拔掉网线，关掉 Wifi，还有同学说删除账号……这些确实是断网，但是这种断网实在是简单粗暴了点。我们从专业角度解读一下什么是断网。先来观看这样一段视频（见比赛实录 4′ 59″ ~5′ 52″），这是 2019 年 12 月 23 日，俄罗斯举行的国家级防“断网”演习。看完这个视频，我们明确一点，俄罗斯这次的断网演习，是指不再依赖位于境外的根域名服务器，使用俄政府自主研发的域名系统。那么，什么是域名服务器？什么又是域名系统呢？带着这样的问题，我们开展今天的教学。

（二）什么是域名系统

域名系统（Domain Name System，缩写为DNS）是互联网的一项服务。它作为将域名和IP地址相互映射的一个分布式数据库，能够使人们更方便地访问互联网。

先来做一个调研，疫情期间，同学们主要通过什么平台上课？慕课平台。大家是如何操作的？打开 IE 浏览器，输入 www.mooc.cn 这样一个域名就可以了。可是我们在第四章的时候明确讲过，计算机是严格基于 IP 寻址这样的寻址方式的，当我们访问网络上的任何主机，必须明确地知道它的 IP 地址是多少，按照这样的原则，谁能告诉我 MOOC 平台的 IP 地址是多少？大家都不知道。同学们没有做任何跟 IP 地址相关的操作，却能够登录 MOOC 平台，我们之所以这样做，就是因为有域名系统的存在。域名系统是互联网的一项服务。它作为将域名和 IP 地址相互映射的一个分布式数据库，能够使人们更方便地访问互联网。

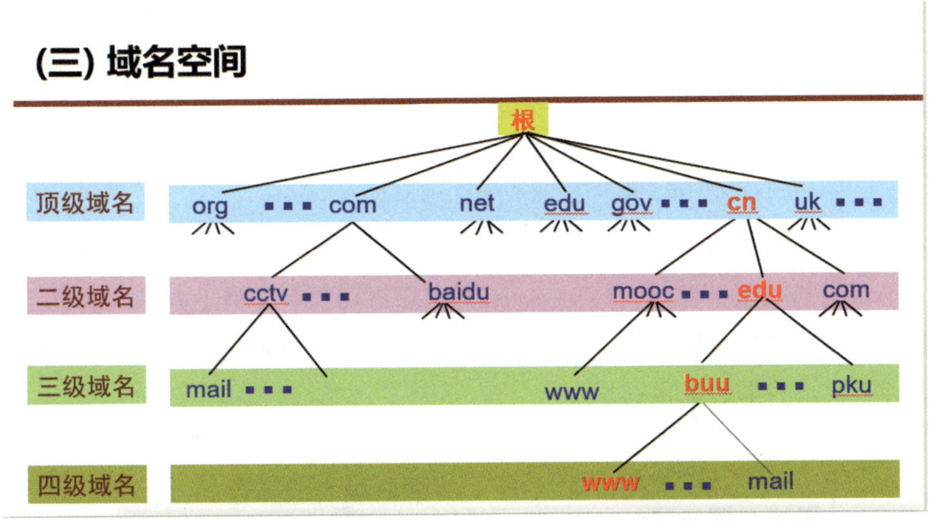

域名空间是一棵倒置的树，最上层是根，向下依次是顶级域名、二级域名、三级域名和四级域名。在上图里，我刻意用红色标注出了 www、buu、edu、cn 这些字符，就是希望同学们结合自己平时访问联大主页的过程，对域名空间这种分层次的结构有更直观的了解。

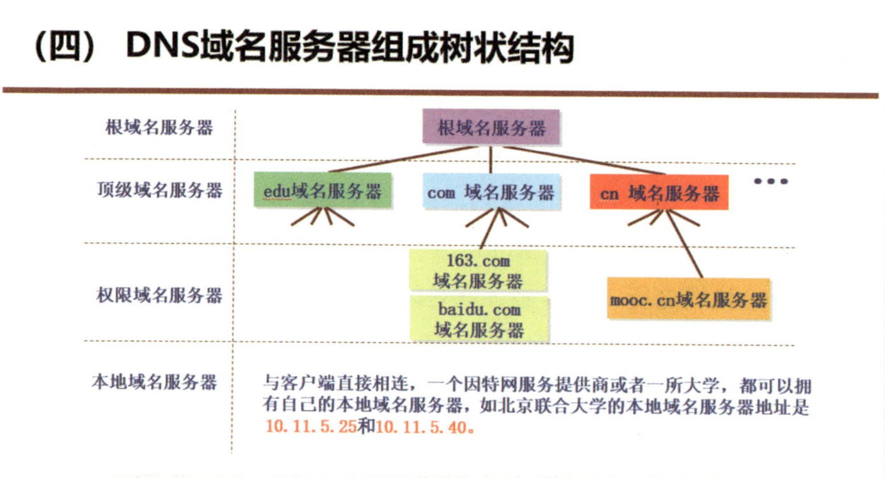

域名空间是一个逻辑概念，真正实现域名解析工作的是域名服务器。域名服务器是树状结构，最上面是根域名服务器，然后是顶级域名服务器，在这里有“com 域名服务器”，或者“cn 域名服务器”等。再向下是权限域名服务器，权限域名服务器负责一个区的域名解析，如对应于“com 域名服务器”，有“163.com 域名服务器”或者“baidu. com 域名服务器”。相似地，对应于“cn 域名服务器”，有“mooc.cn 域名服务器”等。最下方是本地域名服务器，与客户端直接相连，一个互联网服务提供者 ISP 或者一个大学，都可以拥有自己的本地域名服务器。

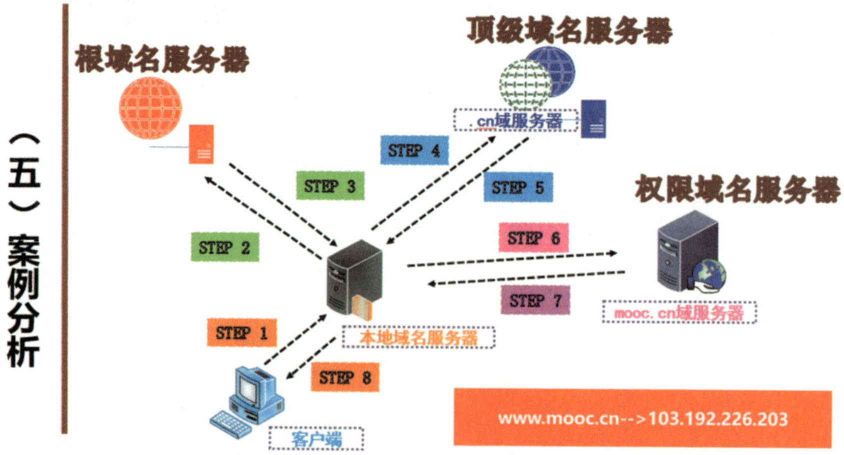

回到分析问题这个教学阶段，我们说域名系统可以实现 www.mooc.cn 与 IP 地址的映射，那么具体过程又是怎么实现的呢？请看上图。

第一步，客户端告诉本地域名服务器，我想访问 www.mooc.cn，请告诉我它的 IP 地址。

第二步，本地域名服务器在缓存里查找，没有 www.mooc.cn 的记录，联系根域名服务器，询问域名对应的 IP 地址是多少？

第三步，根域名服务器不负责解析具体的 IP 地址，但是会回答本地域名服务器，这个域名是由 .cn 顶级域名服务器管理，给了 .cn 顶级域名服务器的地址，说它应该知道答案。

第四步，本地域名服务器向 .cn 顶级域名服务器发出请求，www.mooc.cn 对应的 IP 地址是多少？

第五步，.cn 顶级域名服务器回答它，负责 mooc.cn 的权限域名服务器知道答案，我把这个权限域名服务器的地址告诉你，你去问吧。

第六步，本地域名服务器向 mooc.cn 权限域名服务器发出请求，www.mooc.cn 对应的 IP 地址是多少？

第七步，mooc.cn 权限域名服务器查询得知此域名对应的 IP 地址是 103.192.226.203，将此消息应答给本地域名服务器。

第八步，本地域名服务器将此映射关系写入缓存，以便其他主机查询，同时通知客户端。

同学们，经过这八个步骤，才实现了域名和 IP 地址的解析。通过这个例子，同学们能更好地理解这节课所学的知识。此外，我们也要认识到，根域名服务器在整个域名解析过程中有着举足轻重的作用。如果没有根域名服务器，后续的域名解析都将不复存在。

说到这，我们不得不面对一个非常严峻的问题，全球范围内共有 13 台根域名服务器，其中 10 台根域名服务器分布在美国，另外 3 台分布在英国、瑞典和日本。中国境内没有一台根域名服务器，这就让我们在技术上处于非常被动的地位，完全受制于人。一旦境外的敌对势力恶意关闭或者修改根域名服务器，中国就可能断网。那么，我们可以怎么做？又能做点什么呢？

（六）启 示

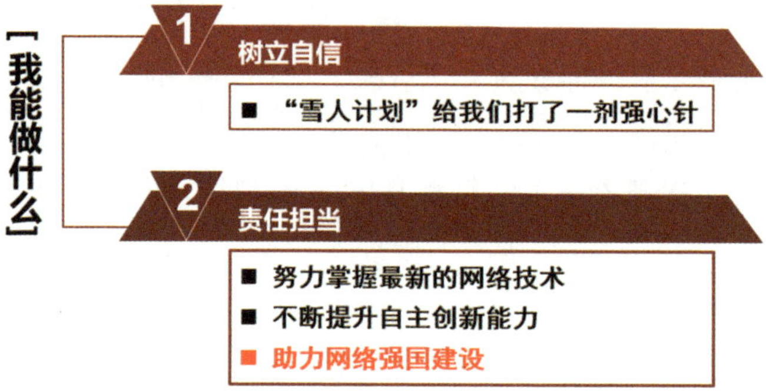

第一，我们要树立自信，中国的“雪人计划”正在如火如荼地进行，截至目前，我国已在全球 16 个国家完成了 25 台 IPv6 根服务器的架设，其中 1 台 IPv6 主根服务器和 3 台辅根服务器位于中国境内，这将极大地扭转我们被动挨打的局面，给我们打了一针强心剂。

第二，同学们要明确自己肩膀上的责任担当。要珍惜现在的学习环境，努力掌握最新的网络技术，不断提高自主创新能力，在新一代网络技术中迎头赶上，助力网络强国建设。

（七）课堂小结

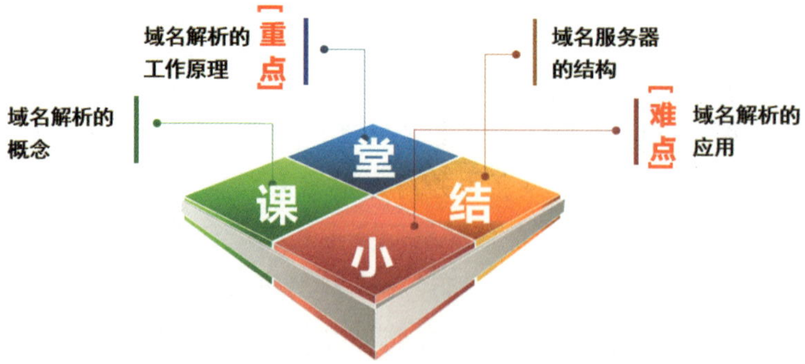

本节课讲了域名解析的概念、域名解析的工作原理、域名服务器的结构

和域名解析的应用。重点是域名解析的工作原理，难点是域名解析的应用。

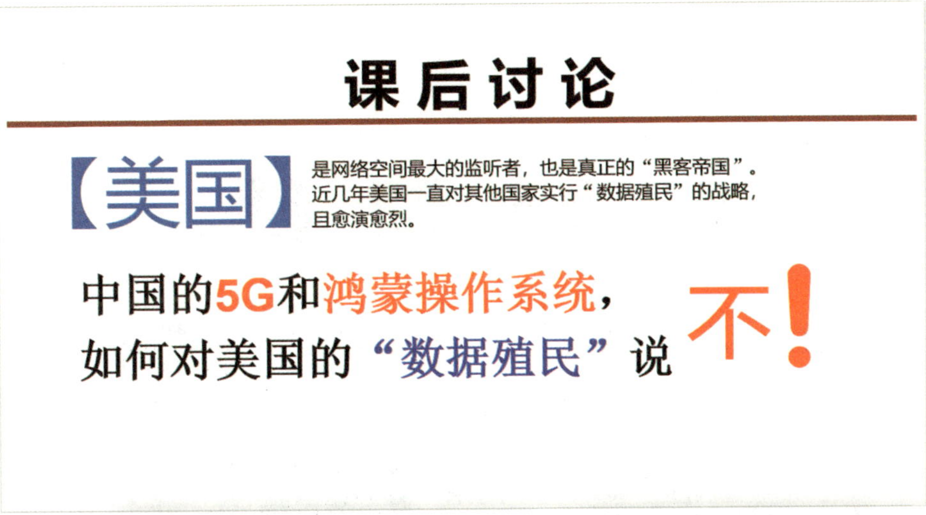

今天的课堂内容就到此为止，我想留一个作业。美国是全球网络空间最大的国家级监听者，是名副其实的“黑客帝国”，并对其他国家采取“数据殖民”战略。俄罗斯举行国家级防断网演习，是第一个从危机管理上对美国数据殖民说“不”的国家；中国凭借华为公司的5G和鸿蒙操作系统，则是第一个从技术上对美国数据殖民说“不”的国家。我希望同学通过查找资料，了解中国的5G和鸿蒙操作系统，是如何向美国的数据殖民说“不”的！

（八）参考资料

1. 《计算机网络》，谢希仁著，电子工业出版社，2017年1月第7版。
2. 计算机网络与应用，北京联合大学，陈晓丹等主讲，
中国大学MOOC：https://www.icourse163.org/course/BUU-1205957801。

我在慕课平台上传了相关学习资料，并且发布了主题讨论，欢迎同学们踊跃发言。

三、成长体会

计算机网络这门课程我讲了 13 年。这 13 年，中国网络技术迅猛发展，书本上的知识也常讲常新。我们实时补充网络新技术，从 IPv4 讲到 IPv6，从单纯的计算机网络讲到物联网，讲到 5G 时代。与此同时，中国的计算机网络技术水平，在国际上也从依赖，到参与建设，到今天开始有话语权。在信息技术这个舞台，我们从边缘走到中央，我们做到了科技兴。而科技兴则民族兴，科技强则国家强。作为一名高校教师，既要重视学术修为，又要重视自身思想道德修为，要坚持教育者先受教育，才能更好地担当起学生健康成长的指导者和引路人的责任，真正做到“学高为师，身正为范”！

研究论文

融入思政元素的计算机网络课程教学

课程思政是落实立德树人根本任务的重要举措。北京联合大学全方位推进课程思政的实践探索，加强顶层设计，为系统推进课程思政建设制订了任务书、绘好了线路图、确定了时间表。基于此，我们在计算机网络课程教学中大胆尝试，融入思政元素开展教学，重塑课程目标，完善课程内容，革新教学方法，构建多重评价体系，取得了较好的育人效果。

一、重塑课程目标

计算机网络课程是学科大类平台课程，针对大三学生开设，其预修课程为程序设计基础、操作系统、数据库原理、计算机组成原理等。后继课程为网络系统集成与维护、网络安全管理、网络应用技术等。计算机网络课程是一门重要的专业课程，也是掌握互联网应用和原理的重要课程。本课程的教学目标是让学生熟练地掌握计算机网络的工作原理和 TCP/IP 协议体系；使学生在实践环节的教学中获得一定的网络数据分析、真机设备管理维护和通信应用开发能力；学生通过本课程的学习，初步具备分析、管理、规划网络的能力，掌握 TCP/IP 网络协议的综合应用开发能力，为学习后续课程、考研、软考、厂商认证、从事网络编程和应用研究打下必要的基础。同时，通过课程思政案例的引入和思政元素的融入，体现社会主义核心价值观，培养学生良好的职业道德和情操、爱国情怀和工匠精神。在课程思政融入的过程中，本着专业学习与价值引领并驾齐驱的原则，全面践行北京联合大学“三全育人”的教育理念。课程目标细分为六个维度，分别是知识、应用、整合、价值、情感和学习。每一个维度都有思政元素的融合，并且这些思政元素都在后续的课程内容、教学方法和考核评价中得以具体落实。通过六个维度的构建，力求做到知识传授、能力培养、价值塑造和德智融合。在知识维度，掌握计算机网络的基本原理、组成及工作机制，融入的思政元素是严谨求实的治学理念；在应用维度，夯实基础，加强网络技术应用能力，融入的思政元素是学以致用，助力网络强国建设；在整合维度，专业知识融会贯通，整合知识学习与技能训练，融入的思政元素是知行合一，德智融合；在情感维度，融入的思政元素是培养家国情怀，树立责任担当；在价值维度，融入的思政元素是坚持价值引领，落实立德树人；在学习维度，培养学生自主学习和终身学习的能力，融入的思政元素是加强网络安全防范意识，做文明守法的网民，树立职业荣誉感。总之，专业教育与思想政治教育同向而行，协同推进。

二、完善课程内容

打破过去的教学章节，按照计算机网络的体系结构，将课程内容分成如下六个知识模块，分别是物理层、数据链路层、网络层、传输层、应用层、网络创新与安全。每一个知识模块，都有针对性地融入思政元素，打破思维限制，很好地解决了课程思政的三个基本问题。

（一）课程思政是方法，不是加法

课程思政开启了把思政教育融会贯通到人才培养体系的科学实践，在完善课程内容的过程中，要注意课程思政是方法，不是加法。即课程思政是高校在落实立德树人根本任务的过程中体现马克思主义指导地位、践行社会主义核心价值观的方法，是坚持用习近平新时代中国特色社会主义思想铸魂育人，实现习近平新时代中国特色社会主义思想进教材、进课堂、进头脑的方法。课程思政不是教学内容的增加或课程体系的调整，不增加课程学时，不生搬硬套，不强贴标签，不是单纯的物理相加，是一种化学反应，力求做到有意而无声、有机而无痕。

（二）课程思政不是课程的“思政化”

所谓专业课“思政化”，是指虽然在专业课中强化了思想政治教育意识和功能，但是却忽视了专业课的教学特点和教育规律，呈现出“去专业化”和“去知识化”的倾向，结果把专业课上成了一门类似思想政治理论课的课程。课程思政虽然强调把思想价值引领放在首位，但不能替代专业知识的学习，其核心是实现知识传授与价值引领的有效结合。因此，在完善课程内容的过程中，要坚持硬教学、软引导。硬教学，就是坚持专业课的知识传授。软教学，是指在专业课程的教学过程中，用心设计，用情授课，用爱育人。教师只有真正领会并理解专业教学的核心价值，才能在教学中自觉履行课程思政，不仅教好书，还能育好人。有了课程思政的专业课教学，总结起来就是：专业课有了“德育味”，任课教师挑“思政担”。

（三）挖掘思政案例

课程思政的切入点是聚焦三句话，即做人做事的基本道理、社会主义核心价值观、民族复兴的理想和责任；在实施过程中，要强练三项基本功，即挖掘课程的思政元素、有机融入课堂教学、教育者先受教育。因此，落实到课堂上，就要以教学为基础、以需求为导向、以学生为中心、以榜样为力量，将三句话和思政案例有机融合，才能较好地在教学中做到求真、触情和立德。课程思政融入教学要注重四个度，即课程思政有高度、课程思政有深度、课程思政有广度和课程思政有温度。不要简单化或者机械化地去说教，最好能够让学生因情共鸣。对于工科学生来说，他们大多数擅长使用工具和技术寻求快速解决问题的方法，缺少哲学思辨和人文素养。通过思政案例的挖掘和提取，能够比较好地将显性教育和隐性教育相结合，帮助学生跳出思维框架，从不同的视角去认识世界，从而更好地理解中国。

三、革新教学方法

好的教学需要好的设计，因为课程思政的融入，教学方法需要进一步革新，方向上旗帜鲜明，方法上润物无声。教学中以多媒体教学为主，黑板教学为辅，在课程讲述中综合运用板书、视频、动画、虚拟现实等技术，有机开展教学，提高课堂效率。具体体现在以下四个方面：一是通过启发式教学，渗透做人做事的基本道理，树立社会主义核心价值观；二是通过案例引导式教学，增强校园网安全防范意识，做文明守法的网民，树立职业荣誉感；三是通过任务驱动式教学，助力网络强国建设，承载民族复兴的理想和责任；四是通过讨论式教学，培养自主学习、终身学习的能力，树立共享发展的理念。与此同时，教学方法要具体落实到课堂行动上，教师要多动手、多动嘴、多动脚，学生要多动脑，从而进一步动心和动情。

通过分析本专业学生的学情，发现有两个显著特点：一是外地生源多，且贫困地区学生多；二是男生多。因此学生的计算机水平参差不齐。同时，本课程的课时相较以往大幅减少，在不降低课程难度的情况下，还要融入最新的技术。基于此，我们开展了大量的辅助性线上教学，如中国大学 MOOC 平台和云班课等，提供了丰富多样的有针对性的题库。

总之，通过教学方法的革新，学生的理论应用能力得到提升，在不降低考试难度的情况下，成绩逐渐提升。在教学评价环节，本课程多次被评为优秀课程。重要的是，还增加了课程育人的针对性和时效性，增强了学生的社会责任感、创新精神和实践能力。

四、构建多重评价体系

计算机网络课程的评价包含过程性考核和终结性考核。过程性考核细分为考勤、作业、阶段测试和实验操作四个部分，终结性考核是期末的闭卷考试。在过程性考核中也融入相应的思政元素，如诚信品质、团队协作等。下一步的改革思路是：尝试构建多元评价考核，除了教师评价以外，引入学生自评、小组互评和学生互评。其中教师评价包括终结性期末考试成绩和阶段测试成绩，学生自评、小组互评和学生互评主要是结合翻转课堂及线上教学。

融入思政元素后的计算机网络课程，育人效果显著提升。首先是学风好起来了，课堂到课率显著提高，课程的向心力和凝聚力增加；其次是课堂活起来了，师生互动更多，课间和课后交流次数和频率显著增加，同学们展现出更加浓厚的学习兴趣；最后能看到同学们的成长，他们从多元角度来思考和分析专业问题，并用更加宽泛的视野来思考及规划未来。

参考文献：

[1]韩宪洲．以“课程思政”推进中国特色社会主义一流大学建设[J]．中国高等教育，2018（23）．

小立课程 大作功夫

北京联合大学课程思政教学设计大赛实录

（下册）

本书编写组 ◎主 编

知识产权出版社
全国百佳图书出版单位
—北 京—

图书在版编目（CIP）数据

小立课程　大作功夫：北京联合大学课程思政教学设计大赛实录 . 下 / 本书编写组主编 . —北京：知识产权出版社，2021.10

ISBN 978-7-5130-7752-1

Ⅰ. ①小…　Ⅱ. ①本…　Ⅲ. ①高等学校—思想政治教育—教学设计—中国　Ⅳ. ①G641

中国版本图书馆 CIP 数据核字（2021）第 200707 号

内容提要

本书汇集了北京联合大学 2020 年课程思政教学设计大赛 16 位教师的获奖作品及相关研究论文。每位教师从各自所属的学科特点出发，围绕 16 门课程的目标，精心设计思想政治教育的融入点，分别从说课、教学展示、成长体会三个方面进行了陈述，将价值塑造、知识传授和能力培养三者有机融为一体，呈现了各具特色、精彩纷呈的教学设计。本书以 PPT 配合讲述文字及比赛现场的录像视频，立体化还原大赛实况。此外，每位教师结合课程特点和自身学习成长的心得，从理论研究、规律总结的角度撰写了相关研究论文，尤其在如何使思政教育达到润物无声、潜移默化、如盐入水的效果方面对于广大一线教师具有良好的示范作用和参考价值。

责任编辑：张水华　　**责任校对**：王　岩
封面设计：臧　磊　　**责任印制**：刘译文

小立课程　大作功夫（下册）

北京联合大学课程思政教学设计大赛实录

本书编写组　主编

出版发行：知识产权出版社有限责任公司　　**网　　址**：http：//www.ipph.cn
社　　址：北京市海淀区气象路 50 号院　　**邮　　编**：100081
责编电话：010-82000860 转 8389　　**责编邮箱**：miss.shuihua99@163.com
发行电话：010-82000860 转 8101/8102　　**发行传真**：010-82000893/82005070/82000270
印　　刷：天津嘉恒印务有限公司　　**经　　销**：各大网上书店、新华书店及相关专业书店
开　　本：720mm × 1000mm　1/16　　**印　　张**：10.25
版　　次：2021 年 10 月第 1 版　　**印　　次**：2021 年 10 月第 1 次印刷
字　　数：160 千字　　**总 定 价**：129.00 元（上、下册）

ISBN 978-7-5130-7752-1

数学思维与人文素养——高等数学（I）课程思政教学设计与实践

教师简介：张立新，数理部工科类数学教研室，副教授。

所授课程：高等数学

研究方向：微分方程的边值问题

曾获奖励：北京联合大学课程思政教学设计大赛一等奖；北京联合大学第四届教学优秀奖二等奖；北京联合大学优秀教师；北京联合大学教学成果奖一等奖、二等奖、三等奖；指导学生获全国大学生数学建模竞赛北京赛区一等奖。

教书育人感言："学高为师、身正为范"，作为有着二十多年教龄的高校教师，我一直在不断学习，努力提升教学和科研水平，努力成为业务精湛、学生喜爱的高素质教师。用自己的一言一行影响学生，关心关爱学生，做学生的良师益友。

比赛实录

扫描二维码观看
比赛现场实录

数列的极限

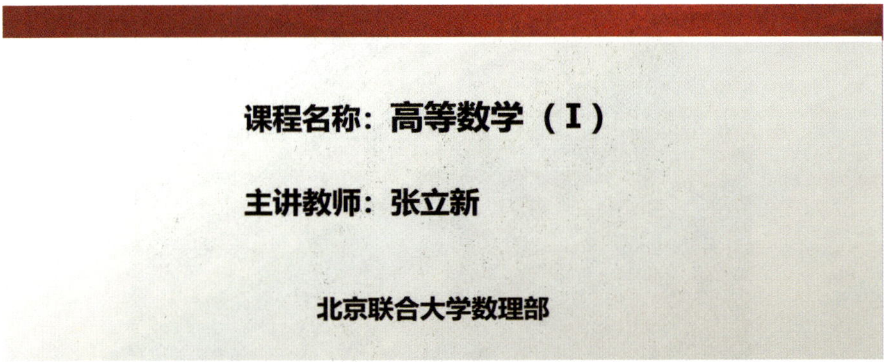

各位领导、老师、同学，下午好！我是来自校数理部的张立新，所授课程是高等数学（I）。

一、说课环节

今天我讲的内容分三个部分，第一部分说课，包括课程整体设计和展示节段设计。

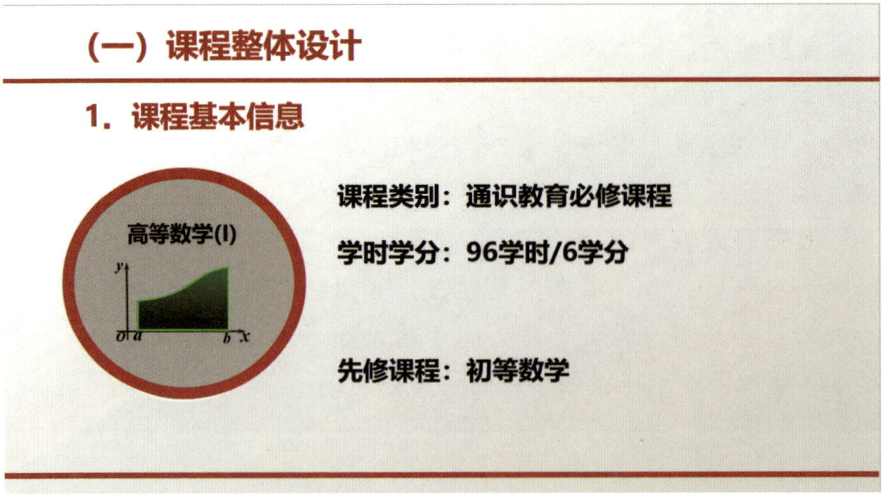

先看课程整体设计，课程基本信息：高等数学（I）是为大一新生开设的一门通识教育必修课程，共 96 学时 6 学分，适用工科类专业，先修课程是初等数学。

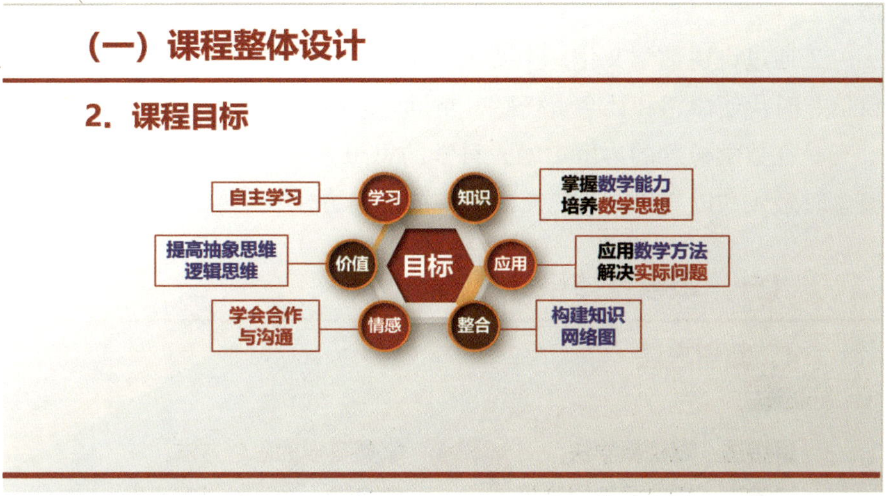

课程目标包括知识、应用、整合、情感、价值、学习六个维度。

通过本课程的学习，学生能够掌握数学能力，培养数学思想；应用数学方法解决实际问题；构建知识网络图，运用已知知识，攻克未知问题；学会与他人合作、沟通；提高抽象思维和逻辑思维能力；提升自主学习能力。

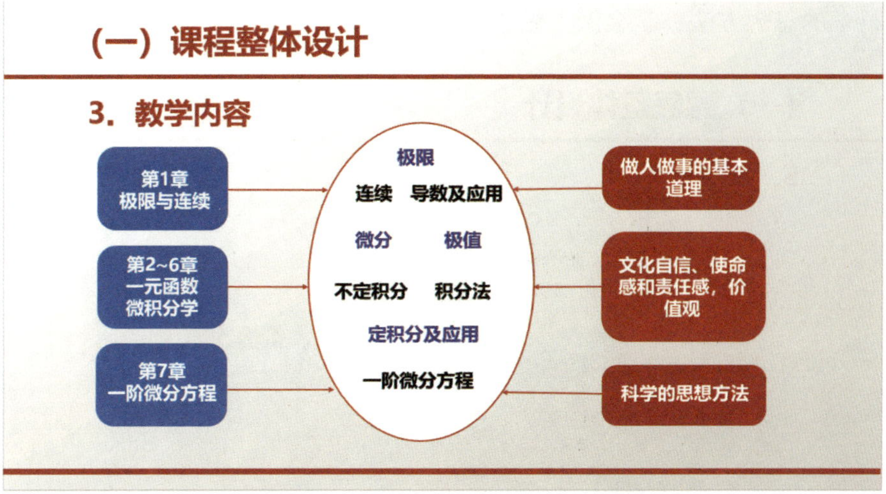

教学内容分极限与连续、一元函数微积分学、一阶微分方程 3 个模块。

中间部分是相应的知识点，根据学科特点，主要从三个方面融入设计：一是在数学知识的学习过程中融入做人做事的基本道理，如讲函数极值时告诉学生：人的一生起起落落，有低谷也有高峰，在低谷时不气馁，高峰时不骄傲。

二是通过讲述数学文化，主要是数学家的故事和数学史，增强学生的文化自信、时代使命感和社会责任感，帮助学生树立正确的价值观。

三是在数学概念的讲解中融入科学的思想方法，如讲极限、微分、定积分概念时融入“以直代曲、化繁为简”的思想方法。

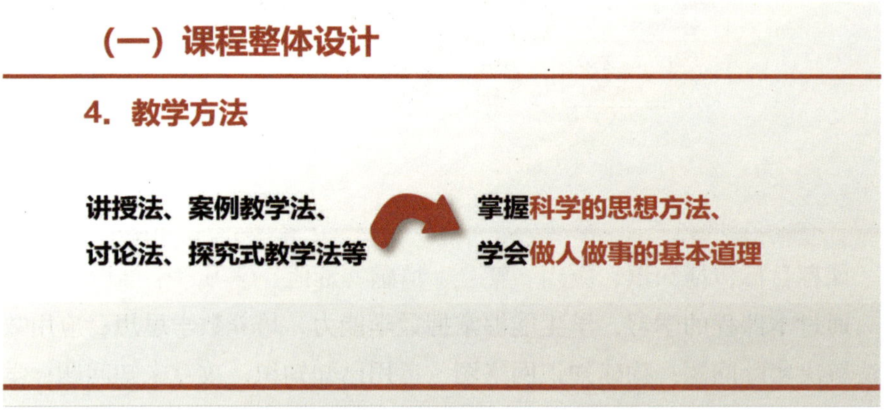

教学方法方面，通过讲授法、案例教学法、讨论法、探究法等让学生掌握科学的思想方法，学会做人做事的基本道理。

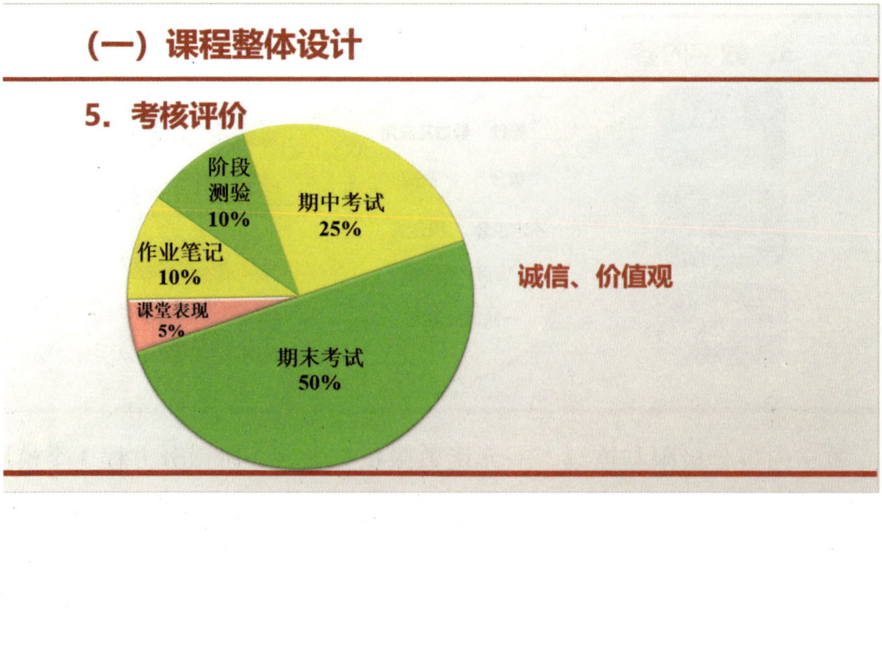

考核评价方面，本课程采用过程性考核，总评成绩中每部分所占比例如上图所示，通过考勤、作业、考试等对学生进行诚信教育，帮助学生树立正确的价值观。

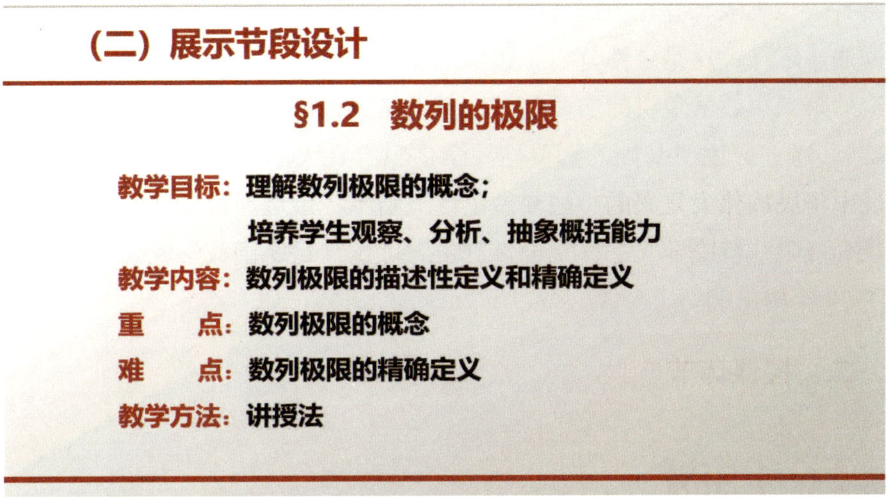

展示节段设计如下，第一章第二节数列的极限，教学目标一是理解数列极限的概念，二是培养学生观察、分析、抽象概括能力；教学内容是数列极限的描述性定义和精确定义。重点是数列极限的概念，难点是数列极限的精确定义，本节以讲授为主。

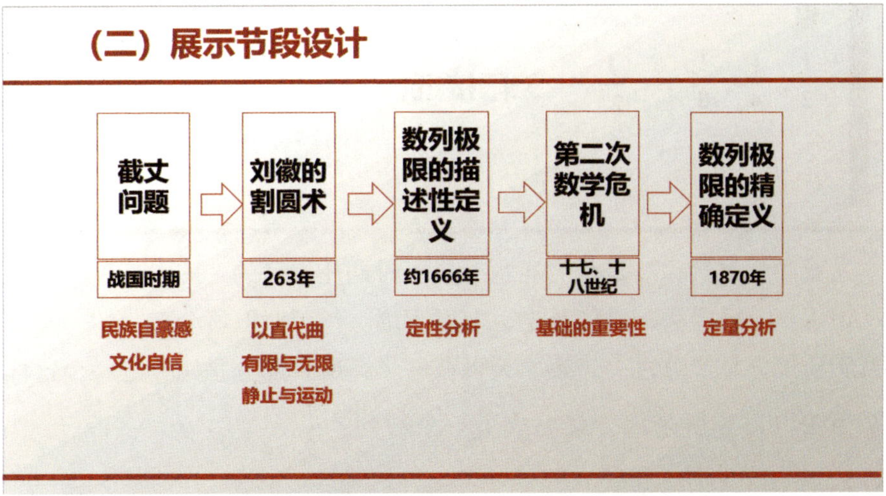

下面具体说说我的设计思路：通过引入截丈问题和刘徽的割圆术，让学

生了解两千多年前中国就有了极限思想，同时告诉学生中国对圆周率的计算长期处于世界领先地位，从而激发学生的爱国热情，增强学生的民族自豪感和文化自信。通过刘徽的割圆术让学生掌握“以直代曲”的思想方法；同时体会有限与无限、静止与运动的辩证思想。然后由特殊到一般引出数列极限的描述性定义，这是定性分析。数学上还需要定量分析，发生在十七、十八世纪的第二次数学危机的实质是“缺乏严密的极限概念作为微积分学的逻辑基础”，这充分说明基础的重要性。学生只有在大学阶段打好基础，才能为实现**中华民族伟大复兴的**中国梦做出更大贡献。最后通过具体例子归纳总结出数列极限的精确定义，这是定量分析。该定义是德国数学家魏尔斯特拉斯于 1870 年提出的。

二、授课环节

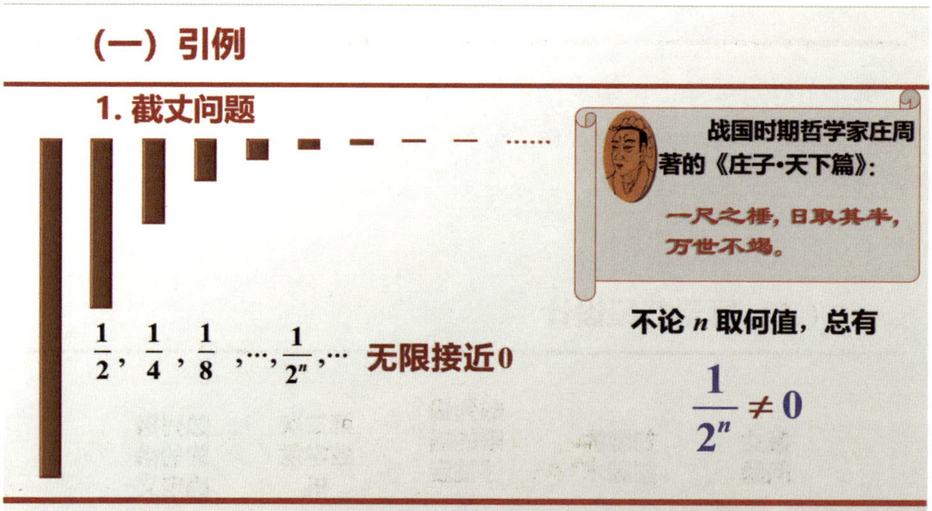

先看两个引例，一是截丈问题，战国时期庄周著的《庄子·天下篇》中有一句话：一尺之棰，日取其半，万世不竭。每天截取所余部分的一半，第一天所余部分是二分之一，第二天再截一半，所余部分是四分之一，这样一直截下去，每天所余部分就组成了一个数列：$\frac{1}{2},\frac{1}{4},\frac{1}{8},\cdots,\frac{1}{2^n},\cdots$。当 n 越来越大时，所余部分越来越小，不论 n 取何值，$\frac{1}{2^n}$ 都不等于 0，但无限接近 0。

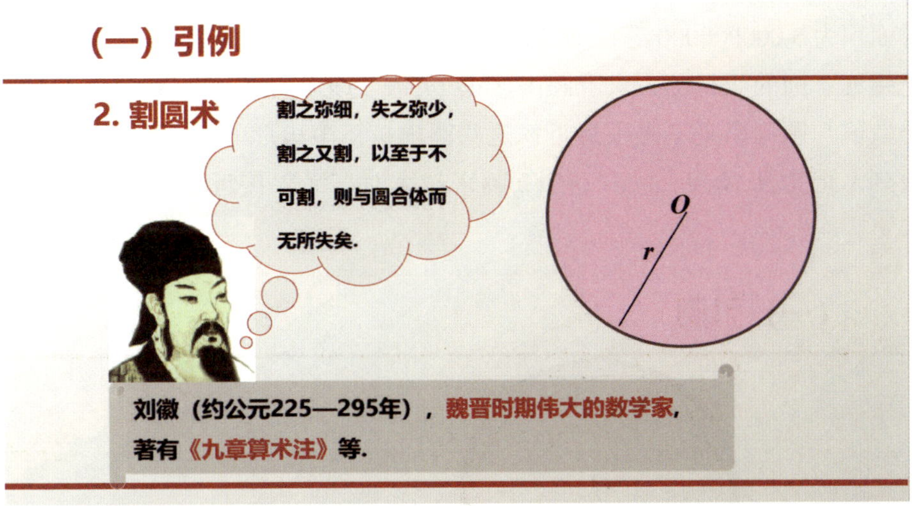

二是刘徽的割圆术，刘徽是我国魏晋时期伟大的数学家，他发明的割圆术使中国在计算圆周率方面领先其他国家 1000 多年。他在《九章算术注》中讲道“割之弥细，失之弥少，割之又割，以至于不可割，则与圆合体而无所失矣”。半径为 r 的圆的面积是未知的，割圆术就是用圆内接正多边形的面积去无限逼近圆的面积，并以此求取圆周率的方法。

（一）引例

项号	边数	内接正多边形面积
1	3	1.299038106
2	6	2.598076211
3	12	3.000000000
4	24	3.105828541
…	…	…… ……
12	6144	3.141592106
13	12288	3.141592517
14	24576	3.141592619
…	…	…… ……

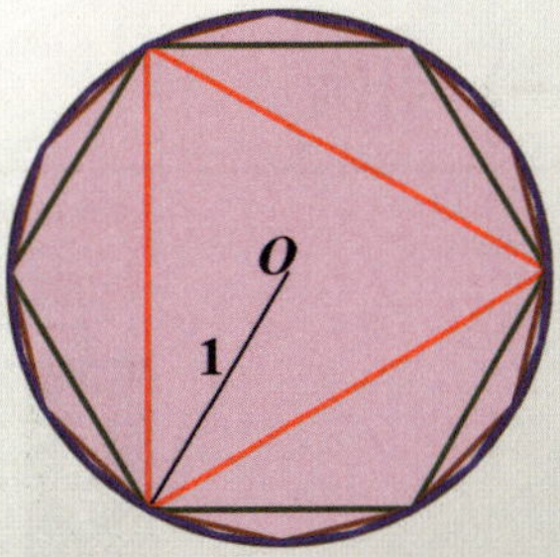

$A_1, A_2, \cdots, A_n, \cdots$ **无限接近** $\pi \cdot 1^2$

以半径为 1 的圆为例，利用中学所学知识可以求出圆内接正多边形的面积。我们一起来看动画演示（见比赛实录视频 6′39″~6′50″），圆内接正三边形的面积为 1.299038106、正六边形的面积为 2.598076211、正十二边形的面积为 3.000000000 等，随着边数越来越多，圆内接正多边形的面积越来越接近于圆的面积，大家看圆内接正 24576 边形的面积为 3.141592619，这个数值与圆周率是不是很接近？这些圆内接正多边形的面积恰好组成一个数列，记为 $A_1,A_2,\cdots,A_n,\cdots$，当 n 越来越大时，无限接近于圆的面积 $\pi\cdot 1^2$，即 π。

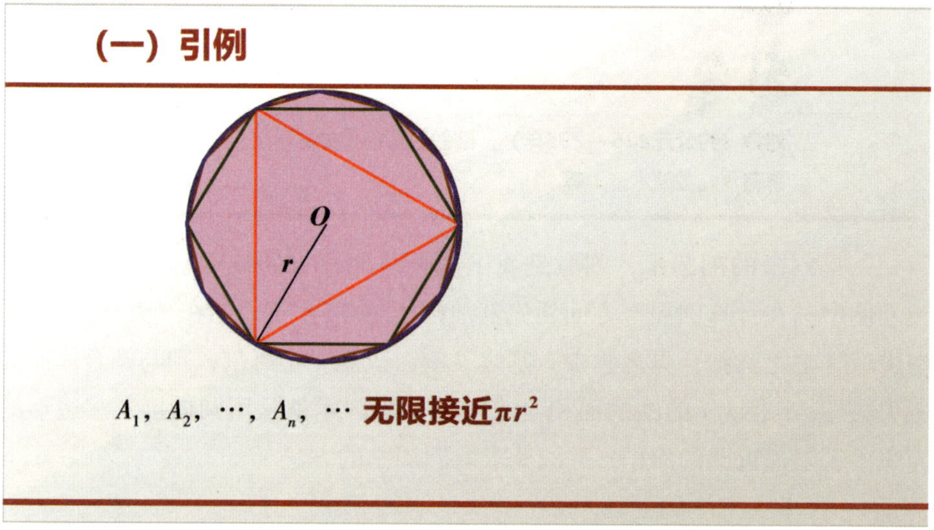

一般地，半径为 r 的圆的内接正多边形的面积无限接近于 πr^2。

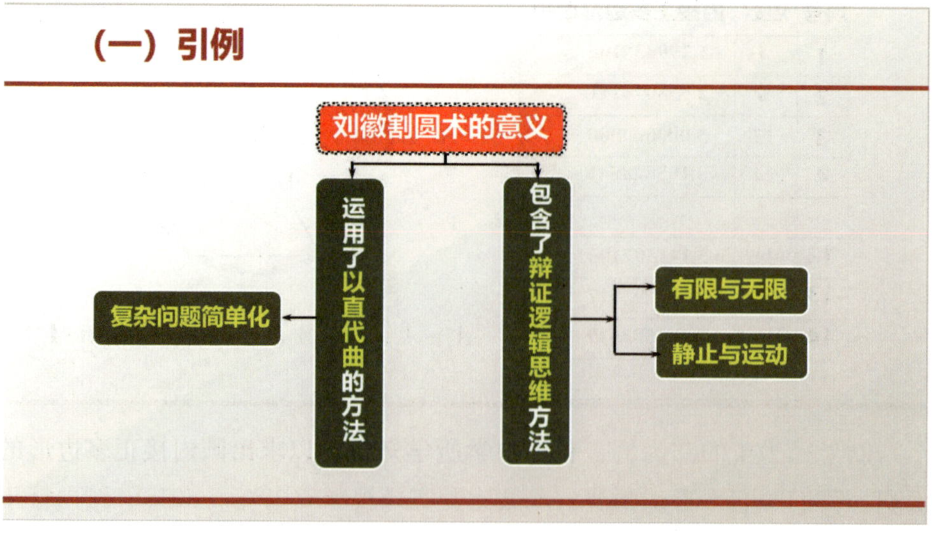

由以上可知，刘徽的割圆术运用了“以直代曲”的方法，同学们掌握这种方法，才能在遇到未知、复杂问题时，将其转化为已知、简单问题，用已知研究未知，即复杂问题简单化；此外割圆术还包含了辩证逻辑思维方法：圆的面积是个有限值，是静态的、有限的，圆内接正多边形的边数在变化，是动态的，是无限的，体现了有限与无限、静止与运动的对立统一。

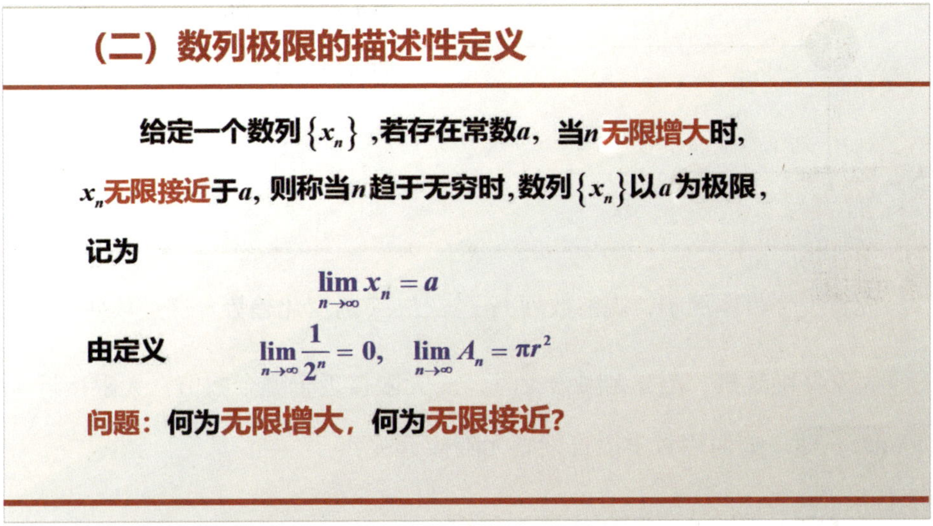

截丈问题和割圆术的共性都是刻画了数列的变化趋势，这就是数列极限。由此引入数列极限的描述性定义。给定一个数列$\{x_n\}$，若存在常数a，当n无限增大时，x_n无限接近于常数a，则称当n趋于无穷时，数列$\{x_n\}$以a为极限，记为下面的式子：$\lim\limits_{n\to\infty} x_n = a$。根据定义，引例截丈问题中数列$\left\{\frac{1}{2^n}\right\}$的极限等于多少？（大家一起回答，是0。）割圆术中圆内接正多边形的面积$\{A_n\}$的极限等于多少？等于πr^2，很好。

极限是微积分的基石，数列极限的描述性定义形象、直观，但不严谨，何为“无限增大”，何为“无限接近”？十八世纪由于极限的概念没有量化，引发了第二次数学危机，这正是基础不牢、地动山摇。同样的道理，大学是人生打基础的重要阶段，同学们要珍惜时光，学好本领，才能担负起实现民族复兴的使命和责任。下面我们就一起来学习数列极限的精确定义。

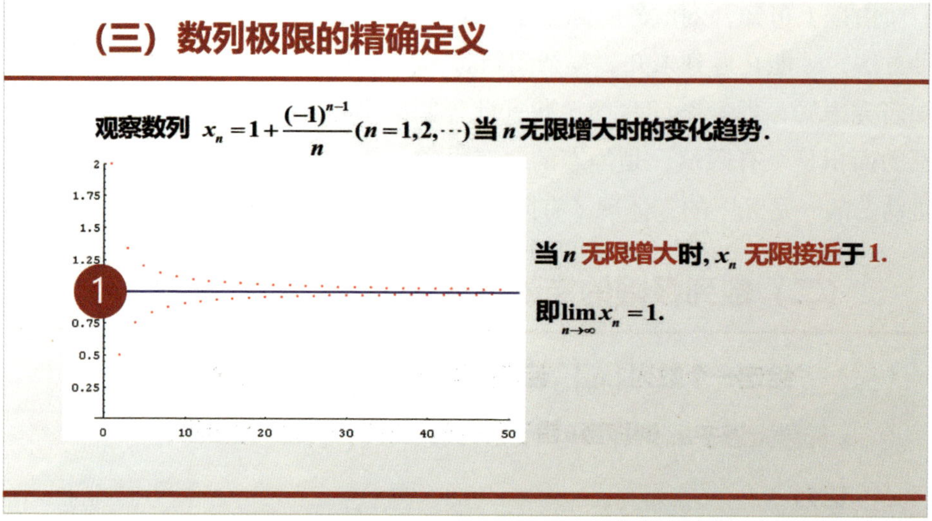

先看一个具体例子，观察数列 $\left\{1 + \frac{(-1)^{n-1}}{n}\right\}$ 的变化趋势。这是数列的散点图，大家仔细观察，当 n 无限增大时，x_n 无限接近于哪个数值？无限接近 1，即 $\lim_{n \to \infty} x_n = 1$ 。如何用数学语言刻画无限接近呢？

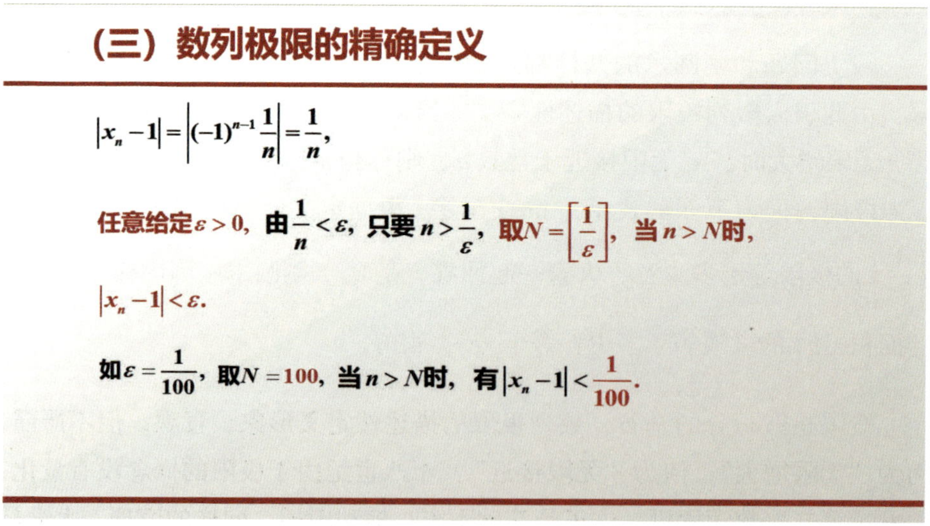

接近可以用距离来度量，无限接近就是 x_n 与 1 的距离要任意小，即 $|x_n-1|=\frac{1}{n}$ 要任意小，任意给定的小正数 ε，有 $|x_n-1|<\varepsilon$； n 无限增大呢？就是要找一个正整数 N，使 $n>N$。由 $\frac{1}{n}<\varepsilon$，只要 $n>\frac{1}{\varepsilon}$，而 $\frac{1}{\varepsilon}$ 不一定是整数，取 $N=\left[\frac{1}{\varepsilon}\right]$，当 $n>N$ 时，这样就对无限增大、无限接近数量化了。任意给定 $\varepsilon>0$，总能找到正整数 N，当 $n>N$ 时，有 $|x_n-1|<\varepsilon$。如 $\varepsilon=\frac{1}{100}$，取 $N=100$，当 $n>N$ 时，有 $|x_n-1|<\frac{1}{100}$。请大家思考：$N=101$，可不可以？$N=102$ 呢？都可以，说明 N 不唯一。

（三）数列极限的精确定义

$\varepsilon-N$ 定义：

$\lim\limits_{n\to\infty}x_n=a$ $\Leftrightarrow$ **任意给定 $\varepsilon>0$，存在正整数 N，当 $n>N$ 时，$|x_n-a|<\varepsilon$.**

注：

1.不等式 $|x_n-a|<\varepsilon$ 刻画了 x_n 与 a 的无限接近。

2.N 与任意给定的正数 ε 有关，且不唯一。

一般地，有数列极限的 $\varepsilon-N$ 定义即精确定义：任意给定的正数 ε，存在正整数 N，当 $n>N$ 时，有 $|x_n-a|<\varepsilon$。数列极限的精确定义是本节的难点。

由定义给出两点注解：一是不等式 $|x_n-a|<\varepsilon$ 刻画了 x_n 与 a 的无限接近，ε 表示接近程度；二是由刚才的例子知道，N 与任意给定的正数 ε 有关，且不唯一。

（四）教学小结

1. $\lim\limits_{n\to\infty} x_n = a$（定性、定量）。

2. 体会**有限与无限**的辩证思想，学会**以直代曲**的方法。

把这节内容小结一下，本节从定性、定量两个方面分别给出了数列极限的描述性定义和精确定义，同学们要体会有限与无限的辩证思想和学会以直代曲，即复杂问题简单化的思想方法。

（五）作业与拓展

作业：

1. 用$\varepsilon - N$定义证明：$\lim\limits_{n\to\infty}\dfrac{1}{2^n}=0$.

2. 科赫(Koch)曲线，也称雪花曲线，证明：它具有**无穷大**的周长，而所围的面积却是**有限**的。

3. 寻找来源于生活、科技中数列极限的例子。

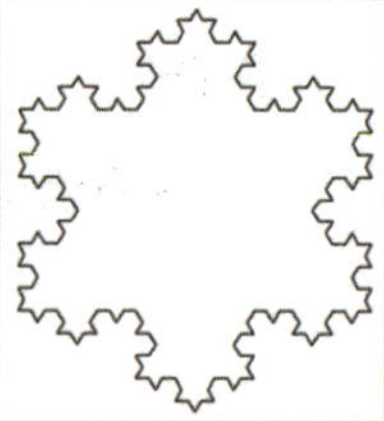

参考资料：

中国大学MOOC高等数学（www.icourses.cn）

网络学堂（http://elearning.buu.edu.cn/main.html）

作业有 3 个题目，第 3 题下节课要进行分组汇报。课后同学们可以进入中国大学 MOOC 和网络学堂学习数列极限的相关知识。

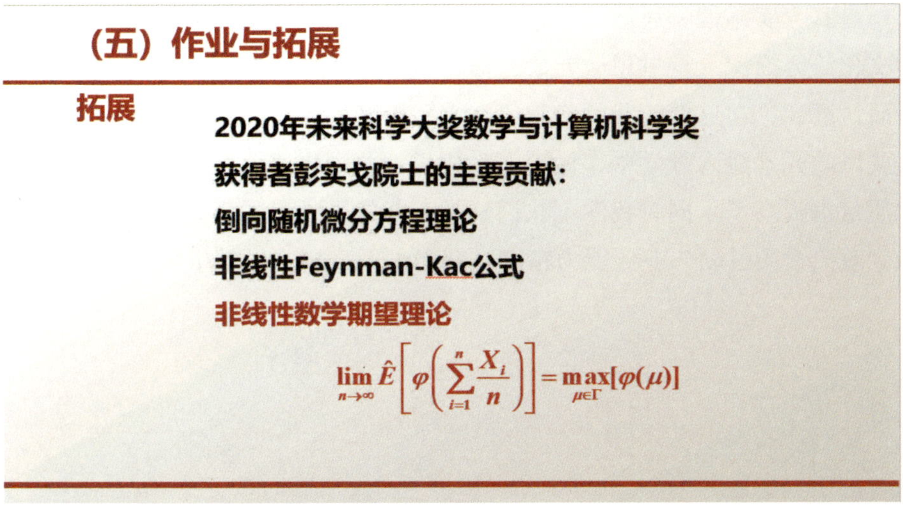

极限是基础，在很多理论中都有应用。山东大学彭实戈院士获得2020年未来科学大奖，他在倒向随机微分方程理论、非线性Feynman–Kac公式、非线性数学期望理论中做出了原创性贡献，像非线性数学期望理论中用到了数列极限，如 $\lim_{n\to\infty}\hat{E}\left[\varphi\left(\sum_{i=1}^{n}\frac{X_i}{n}\right)\right]=\max_{\mu\in\Gamma}[\varphi(\mu)]$，感兴趣的同学可查阅相关文献。

三、成长体会

自联大实施课程思政 3 年来，我根据学科特点，从数学知识、概念、数学文化等方面深入挖掘思政元素，作为教研室主任，带领教研室其他老师进行研讨磨课，在这期间我的教学研究水平得到提高；在课堂上我有意识地将这些思政元素融入教学中，做到教学相长、共同进步，执教能力提高了，教学质量也提高了。同时我深刻认识到教育者先受教育的重要性，通过学习要做到政治素质过硬、业务能力精湛、育人水平高超，做学生的榜样。

研究论文

高等数学课程思政建设研究

一、引言

习近平总书记在2016年12月的全国高校思想政治工作会议上指出，“要坚持把立德树人作为中心环节，把思想政治工作贯穿教学全过程，实现全程育人、全方位育人，要用好课堂教学这个主渠道，思想政治理论课要坚持在改进中加强，其他各门课都要守好一段渠、种好责任田，使各类课程与思想政治理论课同向同行，形成协同效应”。在2018年全国高等学校本科教育工作会议上，教育部部长陈宝生再次强调“高校要明确所有课程的育人要素和责任，推动每一位专业课老师制定开展课程思政教学设计，做到课程门门有思政，教师人人讲育人”。我深深认识到课程思政融入所有课程的重要性和迫切性，对高等数学这门课程如何融入课程思政做了一些思考和研究。

二、高等数学开展课程思政的必要性

高等数学是一门公共基础课，2020年5月教育部实施的《高等学校课程思政建设指导纲要》中对公共基础课程的课程思政教学体系提出了如下要求：要重点建设一批提高大学生思想道德修养、人文素质，培养科学精神、宪法法治意识、国家安全意识和认知能力的课程，注重在潜移默化中坚定学生理想信念、厚植爱国主义情怀、加强品德修养、增长知识见识、培养奋斗精神，提升学生综合素质。

高等数学是联大面向大学一年级本科生开设的一门通识教育必修课程，课时量大，学习时间长。大一新生刚刚进入大学，比较迷茫，非常需要教师的引导，此时将思想政治教育融入高等数学课程中能促进学生形成良好的世界观、价值观和人生观，因此在高等数学课程中进行课程思政非常有必要。

三、挖掘高等数学知识中的课程思政元素

根据高等数学的学科特点，深入挖掘高等数学知识中的思想政治教育元素，如辩证唯物主义思想、科学的思想方法、数学文化、做人做事的道理等。

（一）挖掘高等数学知识中的数学文化

在高等数学的课堂教学中融入数学文化和数学家的故事，不仅使学生了解更多的数学发展史，而且能够促进科学素质教育与人文素质教育的结合，帮助学生树立正确的价值观、人生观，培养学生的爱国情怀，更好地引导学生成长。

讲函数极值时，可以为学生介绍华罗庚与优选法。华罗庚是中国解析数论、矩阵几何学、典型群、自守函数论与多元复变函数论等多方面研究的创始人和开拓者，也是中国在世界上较有影响力的数学家之一。1950 年华罗庚放弃美国优越的生活条件和良好的研究环境，克服重重困难回到祖国，投身我国数学科学研究事业。他在归国途中写下了《致中国全体留美学生的公开信》，信中写道："为了抉择真理，我们应当回去；为了国家民族，我们应当回去；为了为人民服务，我们也应当回去；就是为了个人的出路，也应当早日回去，建立我们工作的基础，为我们伟大祖国的建设和发展而奋斗！"

再如讲数列极限时，介绍我国魏晋时期伟大的数学家刘徽，他用割圆术将圆周率精确到小数点后 3 位，南北朝时期的祖冲之在刘徽研究的基础上，将圆周率精确到小数点后 7 位，这一成就领先世界其他国家 1000 多年。讲述这样的事例，可以增强学生的民族自豪感和文化自信。

（二）挖掘高等数学知识中的科学思想方法

研究和创新需要掌握一定的科学思想方法，主要有由特殊到一般、未知转化为已知、化繁为简、化难为易、归纳、类比等。

先举一个由特殊到一般的例子。微分中值定理是导数应用的理论基础，在讲微分中值定理时，先讲罗尔定理，函数 $f(x)$ 满足：（1）$[a,\ b]$ 上连

续，（2）(a, b) 内可导，（3）$f(a)=f(b)$，则至少存在一点 $\xi \in (a, b)$，使得 $f'(\xi)=0$。学生可以通过几何图形得到这个结论，其几何解释为连续曲线 $y=f(x)$ 除端点外处处具有不垂直于 x 轴的切线，曲线上至少有一点过该点的切线是水平的。接下来让学生思考，去掉罗尔定理中的第三个条件，会得到什么结论呢？几何上仍然有曲线上至少有一点过该点的切线平行于曲线的两个端点的连线，即这两条直线的斜率相等，于是就有了拉格朗日中值定理，函数 $f(x)$ 满足：（1）$[a, b]$ 上连续；（2）(a, b) 内可导，则至少存在一点 $\xi \in (a, b)$，使得 $f'(\xi)=\dfrac{f(b)-f(a)}{b-a}$ 成立。然后把拉格朗日中值定理的结论 $f'(\xi)=\dfrac{f(b)-f(a)}{b-a}$ 改写为 $\dfrac{f'(\xi)}{x'\big|_{x=\xi}}=\dfrac{f(b)-f(a)}{b-a}$，将 x 换成一般的函数 $F(x)$，于是就得到柯西中值定理，若函数 $f(x)$ 和 $F(x)$ 满足：（1）$[a, b]$ 上连续；（2）(a, b) 内可导；（3）对任一 $x \in (a, b)$，$F'(x) \neq 0$，则至少存在一点 $\xi \in (a, b)$，使得 $\dfrac{f'(\xi)}{F'(\xi)}=\dfrac{f(b)-f(a)}{F(b)-F(a)}$ 成立。由此可以看出，这三个中值定理具有如下关系：拉格朗日中值定理既是罗尔定理的推广，又是柯西中值定理的特殊情形，而罗尔定理是拉格朗日中值定理的特殊情形，柯西中值定理是拉格朗日中值定理的推广，如下图所示。

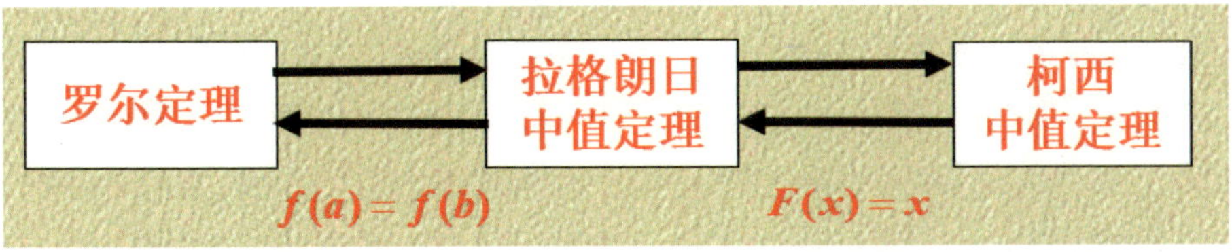

讲不定积分的第二类换元积分法之前，先让学生做下面 3 道题目：

（1）$\displaystyle\int \frac{1}{\sqrt{x}}\mathrm{d}x$；

（2）$\displaystyle\int \frac{1}{\sqrt{x+1}}\mathrm{d}x$；

（3）$\displaystyle\int \frac{1}{1+\sqrt{x}}\mathrm{d}x$。

第 1 题直接利用基本积分公式可写出答案，第 2 题可以用凑微分法解决，第 3 题学生感到有些困难，不知如何做，这时要引导学生发现问题的难点在哪里，难点在于根式，于是令 $\sqrt{x}=t$，这样求不定积分 $\displaystyle\int \frac{1}{1+\sqrt{x}}\mathrm{d}x$ 就转化为求不定积分$\int\frac{2t}{1+t}\mathrm{d}t$，而$\int\frac{2t}{1+t}\mathrm{d}t$是可以利用已学知识解决的，这样就把未知问题转化为已知问题，用已知研究未知。同时告诉学生，在我们以后的学习和生活中会遇到各种各样的问题和困难，不要被困难和问题吓倒，学会通过分析问题将未知转化为已知、化难为易，直到问题和困难解决。

讲二重积分时，如何求曲顶柱体的体积？运用类比的思想方法，与定积分作比较，类似于求曲边梯形的面积，通过分割、近似、求和、取极限四步得到曲顶柱体的体积，从而引出二重积分的概念。二重积分与定积分一样，也是一个和式的极限，被积函数由一元变成二元，积分范围由区间变成平面上的区域。积分范围可以推广到空间上的区域、曲线、曲面，相应得到三重积分、曲线积分、曲面积分。

（三）挖掘高等数学知识中蕴含的辩证唯物主义思想

高等数学的研究对象是函数，是变量，处处充满了矛盾，蕴含着丰富的辩证唯物主义思想，如静止与运动，有限与无限，常量与变量，均匀与不均匀，不变与变，直与曲，量变与质变等，这些矛盾渗透到了微积分的每个概念中。如刘徽割圆术是利用圆内接正多边形的面积近似代替圆的面积，随着圆内接正多边形的边数逐渐增加，其面积越来越接近于圆面积，这里采用以直代曲的方法，蕴含了“有限与无限”“运动与静止”“直与曲”等辩证唯物主义思想。如在讲定积分的概念时，如何求曲边梯形的面积呢？首先将曲边梯形分成一些小的曲边梯形，然后用已知的矩形面积代替小的曲边梯形的面积，从而求出曲边梯形的面积，这里蕴含了“直与曲”“不变与变”的辩证唯物主义思想。再如我们都知道有限个数相加，和一定存在，而在讲无穷级数时会遇到“无穷多个数相加”的问题，方法是从级数前n项的和出发，观察它们的变化趋势，根据极限存在和不存在来定义无穷级数收敛和发散，蕴含了“有限与无限”“量变与质变”的辩证唯物主义思想。

（四）挖掘高等数学知识中蕴含的做人做事的道理

高等数学知识中蕴含着丰富的人生哲理，能带给我们一些人生启示。如有限个无穷小的和仍然是无穷小，而无穷个无穷小的和不一定是无穷小，这个性质说明了由量变到质变的道理，告诉学生每天努力一点点，一定会有质的飞跃。

再如函数连续性，是指当自变量变化很小时，因变量的变化也很小，在实际生活中有很多例子，如植物的生长、气温的变化等。这个概念告诉我们，为了实现自己的理想目标，一定要脚踏实地，不要好高骛远、急于求成。

四、结语

教师要深刻领会课程思政教育理念，牢固树立育人意识，把思想价值引领贯穿于教学全过程和各环节。挖掘和充实思想政治教育资源，积累素材，精心设计教学方案，自觉将课程思政融入课堂教学中，努力做到春风化雨、润物无声。在高等数学教学中实现知识传授与价值引领的有机统一，使学生在接受知识的同时受到思想政治教育，从而培养造就社会主义合格建设者和接班人。

参考文献：

[1]谢小莉，薛海连，吴养会. 农林院校高等数学“课程思政”建设探索与实践：以西北农林科技大学为例[J]. 黑龙江教育，2020（11）：30–32.

[2]秦厚荣，徐海蓉. 大学数学课程思政的“触点”和教学体系建设[J]. 中国大学教学，2019（9）：61–64.

[3]王松，王小明. 辩证唯物主义思想融入高等数学课程思政[J]. 现代职业教育，2019（27）：69–71.

以传播技能践行责任担当——音视频节目制作课程思政教学设计与实践

教师简介：王春美，应用文理学院新闻学专业，副教授。

所授课程：音视频节目制作、媒介经营与管理、音频广告

研究方向：视听传播、媒介运营

曾获奖励：北京市优秀毕业论文指导教师；第十二届全国大学生广告艺术大赛北京赛区优秀指导教师；应用文理学院课程思政教学设计大赛一等奖；北京联合大学课程思政教学设计大赛二等奖；北京高校第十一届教学基本功比赛论文三等奖；校级教学成果奖三等奖；北京联合大学课程思政优秀教师。所授音视频节目制作课程被评为北京联合大学教学创新课程、课程思政精品课程。指导的学生作品获全国大学生广告艺术大赛一等奖、二等奖。

教书育人感言：用真心、真情对待每一次课堂，用自身持续不断的提升带动学生成长，力争当好引路人、燃灯者，成为有理想信念、有道德情操、有扎实学识和有仁爱之心的“四有”好老师！

比赛实录

扫描二维码观看
比赛现场实录

新闻节目的选题原则

各位老师、同学，大家好，我是新闻学专业的王春美。接下来向大家介绍音视频节目制作这门课的课程思政设计。

一、说课环节

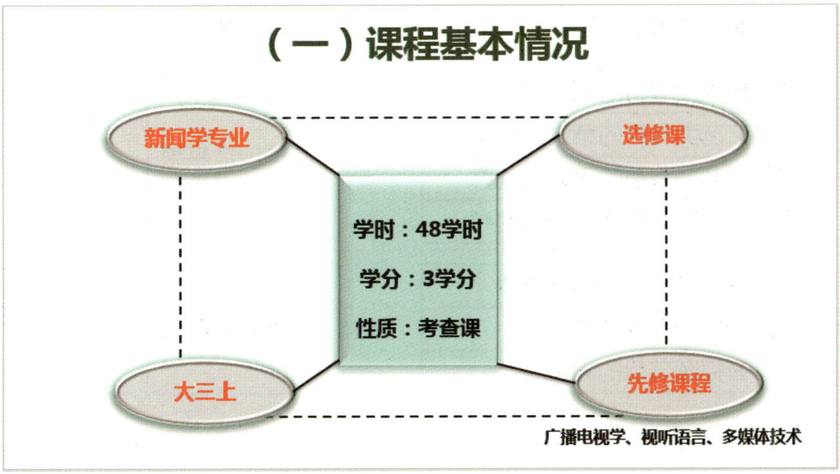

音视频节目制作是新闻学专业的选修课，开设在大三的上学期，先修课程为广播电视学、视听语言、多媒体技术等。

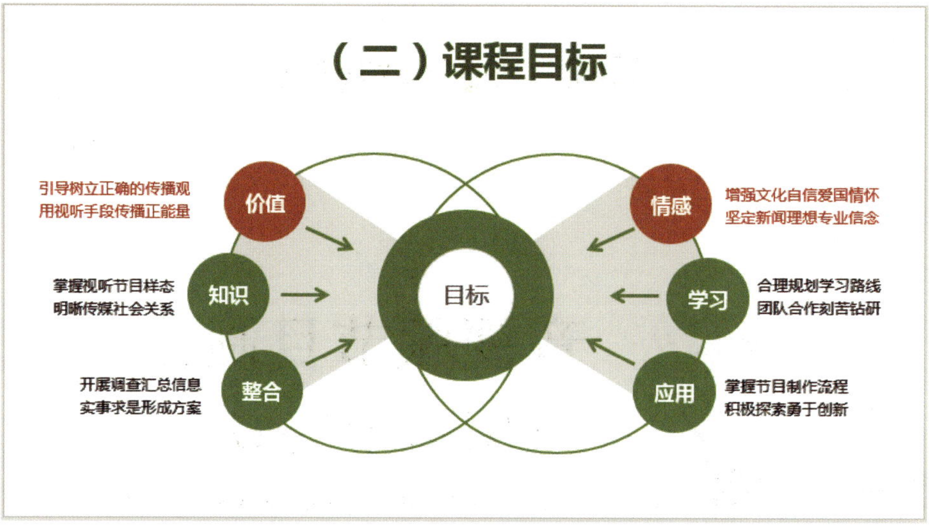

我们从六个维度建构课程目标，突出情感和价值的引领功能。在价值层面，希望通过本门课程的学习，同学们能够树立正确的传播观，能够用视听手段传播正能量。在情感层面，重点培养同学们的文化自信、爱国情怀，增强对所学专业的热爱，成为有高度社会责任感的高素质新闻传播人才。

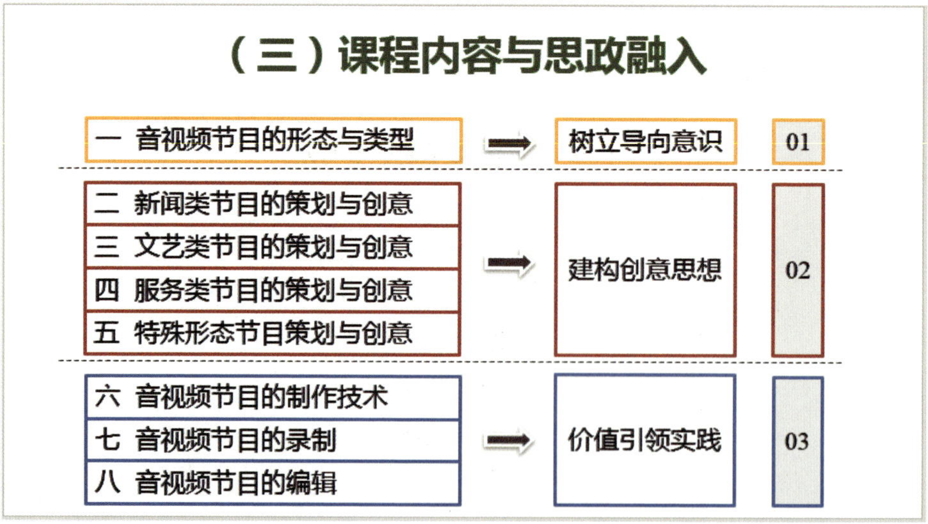

教学内容一共分为八个单元，在整个逻辑架构上，是从节目的形态与类

型切入，进而讲解不同类型节目的策划与创意，接下来会进行具体节目的编辑与制作内容讲解。按照“导入—展开—深化”这样一条主线，教学内容的思政设计将从三方面展开。

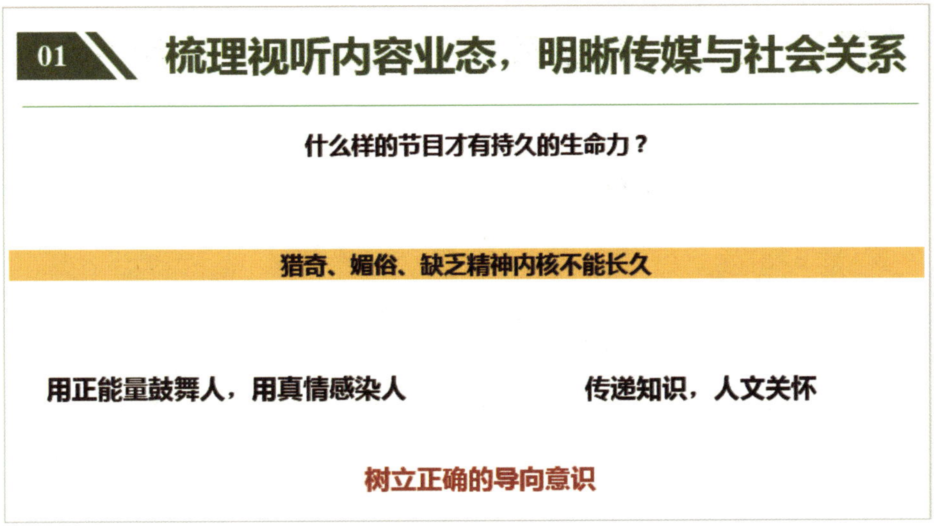

首先，在内容导入阶段，通过对不同类型视听节目样态的对比，让同学们认识到，媚俗、猎奇、缺乏精神内核的节目是不能长久的，只有那些有正能量、有真情感、蕴含着深厚文化底蕴的节目才能长盛不衰，引导同学们树立正确的导向意识。

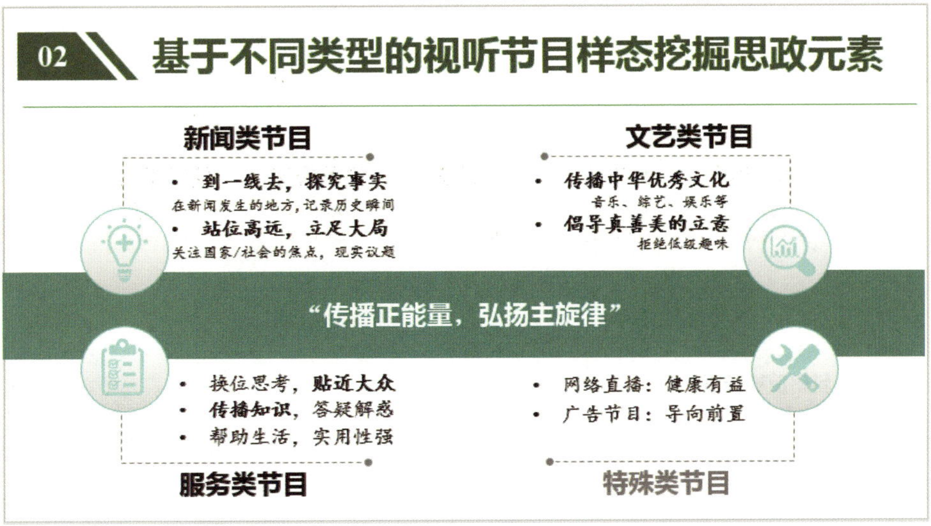

其次，在内容的展开阶段，基于不同类型的视听节目样态，去挖掘差异化的思政元素，建构创意思想。比如新闻类节目要关注大局、探究事实，文艺类节目应倡导真善美，传播中华优秀传统文化。

最后，在创作实践的重点环节进行思想和价值引领，引导同学们从节目鉴赏开始，了解节目立意高低，选择有现实意义的主题，经过周密思考，讲好故事，传递情感。

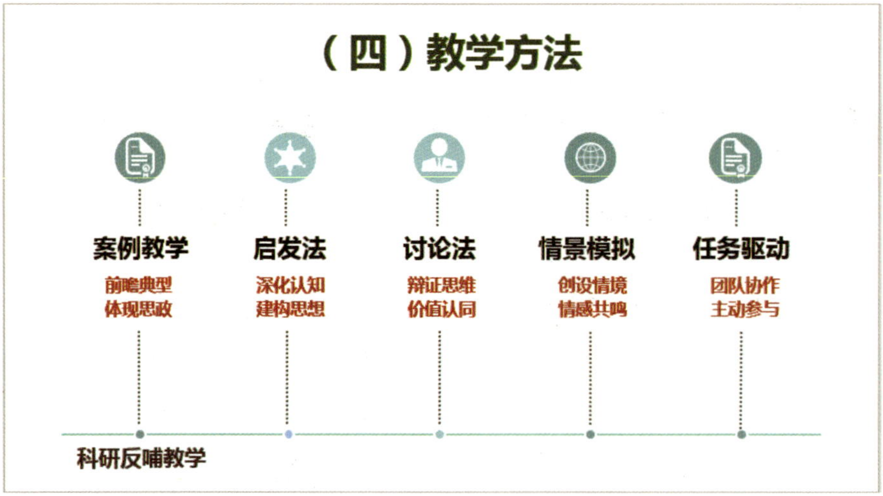

在教学方法上，我会综合运用多种手段开展教学，比如案例教学法，会利用日常科研过程中发掘到的比较典型、有前瞻性、能够体现思政元素的案

例进行知识点的讲解。使用启发法、讨论法，通过不断抛出问题深化同学们对问题的认知，建构思想，达成价值认同。

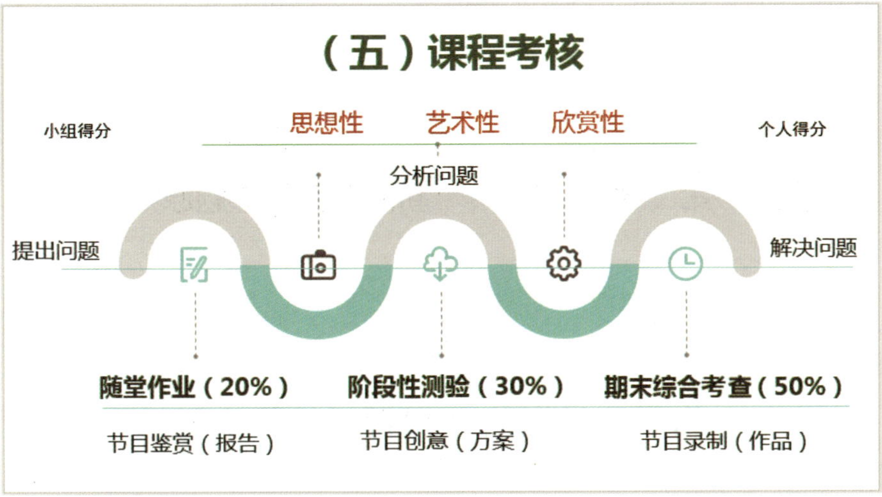

课程的考核，是将过程性评价与终结性评价相结合，各占一半比例，重点考查同学们提出问题、分析问题和解决问题的能力。考查的对象包括大家提交的节目鉴赏报告、节目创意方案和节目录制成品。对小组作品的评价主要从思想性、艺术性、欣赏性三个维度进行打分，个人得分会依据同学在小组作业中的贡献进行评价，以考查大家团队合作的能力。

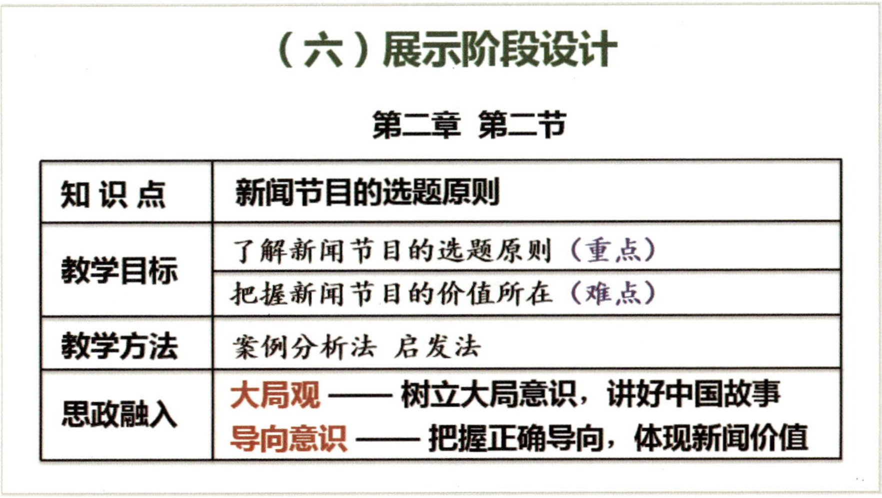

（六）展示阶段设计

第二章 第二节

知 识 点	新闻节目的选题原则
教学目标	了解新闻节目的选题原则（重点） 把握新闻节目的价值所在（难点）
教学方法	案例分析法 启发法
思政融入	大局观——树立大局意识，讲好中国故事 导向意识——把握正确导向，体现新闻价值

今天的教学展示阶段，我要讲解的是第二章第二节“新闻节目的选题原

则”。希望通过这一小节的学习，同学们能够了解新闻节目的选题原则，掌握新闻节目的价值所在。我会将思政元素全面融入教学目标、教学内容和方法当中，主要挖掘的是“大局观”和“导向意识”这两个点。

二、授课环节

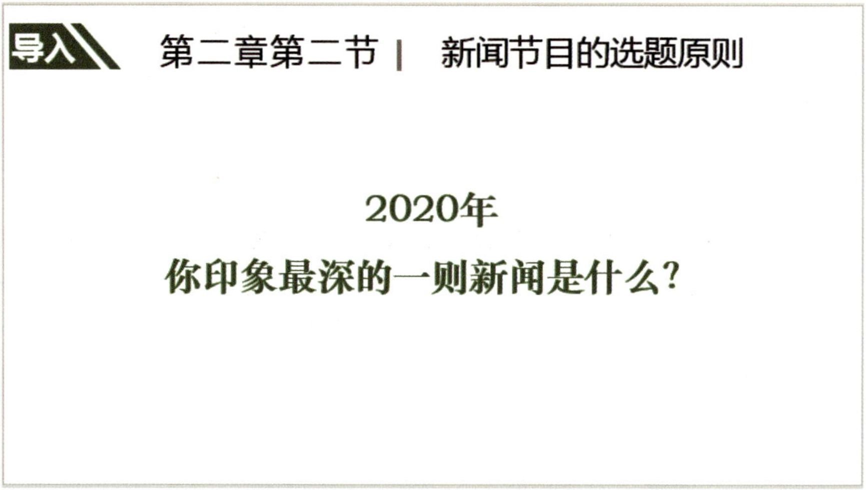

同学们，大家好！今天是2020年10月23日，再有一个多月我们的2020年就要过去了。如果现在问你这样一个问题——2020年你印象最深的一则新闻是什么？你脑海里会是什么答案呢？

在这一年，我们看到了我们的国家动用最优质的医疗资源去抢救每个人的生命，看到了医护人员舍小家顾大家的忘我精神，我们还看到了普通人“案板上是生活，案板下是希望”的奋斗故事，看到了与我们在座的同学们年龄相仿的18~22岁的消防官兵在抗洪一线的奋力救援……每个人都有自己的2020年记忆。

这些记忆之所以能够形成，离不开工作在传媒一线的新闻从业者，他们选择好一个个主题，做好一期期节目，推动我们年度记忆的形成。

今天，我们就从一些典型的案例切入，来看看如何把握新闻节目的选题。

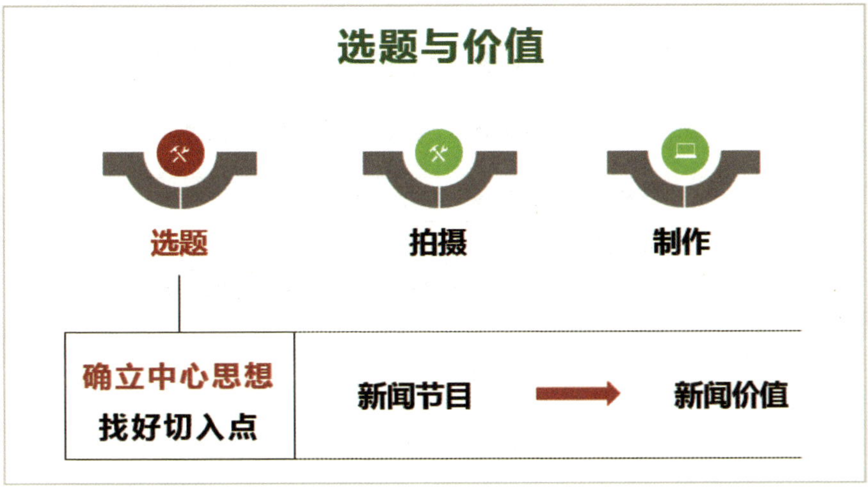

选题是我们开展节目制作的第一个流程。有再多的素材、再好的剪辑功底，如果没有好的主题立意，很多工作也是白费力气的。选题的目的是确立中心思想，找好切入点。对于新闻节目而言，一定要追求新闻价值。那么，什么是新闻价值呢？我们一起来回顾一下，大家在大二的时候已经学习过。

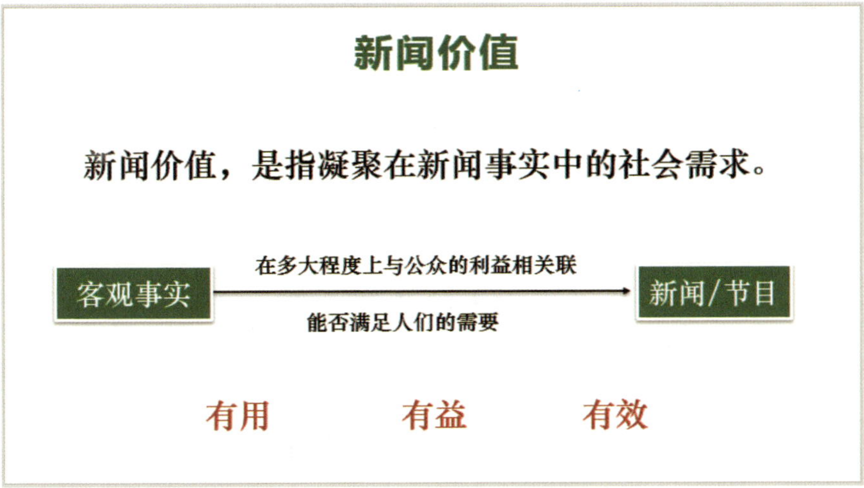

新闻价值，是指凝聚在新闻事实中的社会需求。一个客观存在的事实或事件，能否成为新闻，被报道、被传播，主要取决于两点：第一，它在多大程度上与公众的利益相关；第二，它能否满足人们的需要。现在公认的“现代新闻价值”的三要素是“有用、有益和有效”。那么，如果让同学们制作新闻节目，在选题的时候，如何把握这三个要素呢？

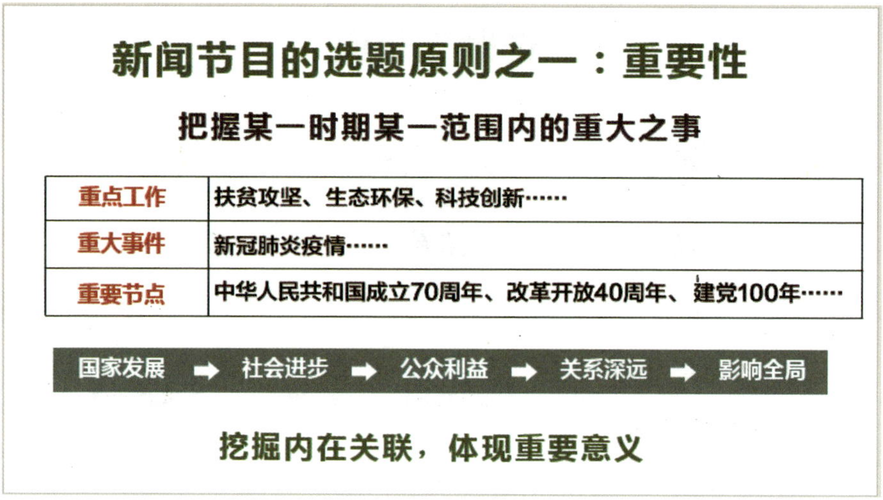

首先，我们来看一下新闻节目选题的第一个原则：重要性。

“重要性”往往与一段时间、一定范围内的大事相关，通常表现为我们国家或某个区域的重点工作，比如 2020 年是我们全面奔小康的扶贫攻坚之年，我们的生态环保、科技创新等，都是重点工作。还有，重大事件，像新冠肺炎疫情就是非常典型的重大事件。另外，还有重要时间节点，比如 2019 年是我们中华人民共和国成立 70 周年、2018 年是改革开放 40 年、2021 年是建党百年等。我们所要做的就是挖掘节目对象与重点工作、重大事件、重要时间节点之间的内在关联，体现新闻节目选题的普遍价值和重要意义。

比如，“大连小伙”蒋文强是这次疫情期间我们大家都非常熟悉的一个人物。他的经历充满转折，他去医院做志愿者是迫不得已的选择，他对疫情是真的害怕和恐惧，上岗第二天就不想干了。但是，他的可贵之处在于“转变”，通过持续不断地观察和体验，他认识到病情是可以治愈、可以控制的，从而放下了心理包袱。包括央视在内的很多媒体专门制作了以他为主题的新闻节目，一方面是讲他的特别经历，另一方面也是更深的用意则是引导群体心理。我们知道，疫情发生后，出现了医院保洁人员一天内集体辞职的现象，中央指导组的专家也提到，比疫情本身更可怕的是恐慌。此时推出这样一期节目，把握了重大事件之下的重点工作，能很好地起到引导群体心理、建立抗疫信心的作用。

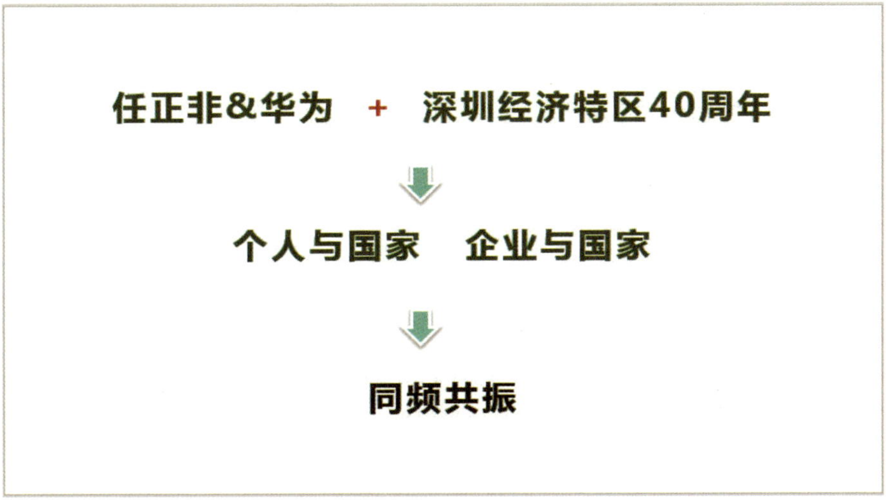

再如，华为总裁任正非，我们经常在媒体上看到他，关于他的创业故事、奋斗经历也知道了不少。如果再去做一档节目，去讲任正非的创业经历或者华为这家企业的成长，就显得平淡和普通了。但是，如果把任正非的创业经历放在 2020 年恰逢深圳经济特区建立 40 周年的背景下，把个人的奋斗与特区建设联系起来，挖掘个人与国家、企业与国家之间的同频共振，这样新闻节目的选题高度就不一样了。

如果把刚才的第一个选题原则“重要性”概括为要有大视野、大格局，接下来我们做选题的时候，还要接地气。新闻节目选题的第二个原则是“贴近性”。

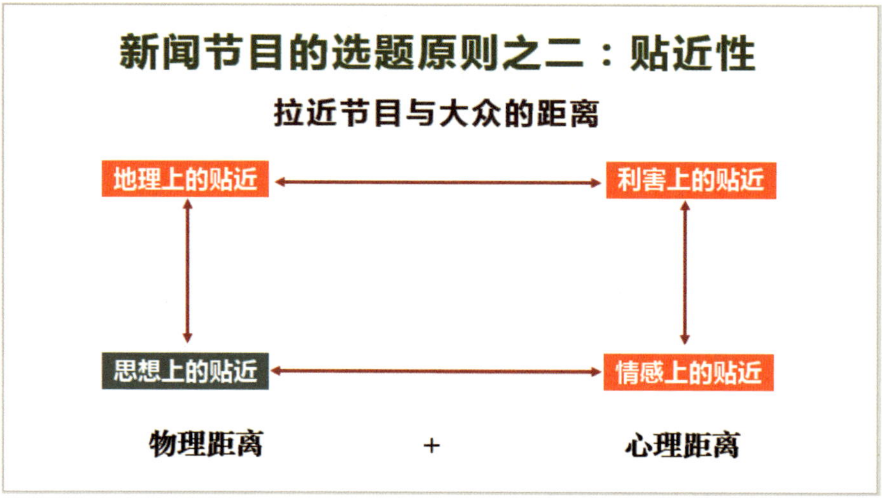

生活的时空性决定了我们每个人往往更愿意关注与自己距离比较近的事物，这种距离既包括物理上的距离，也包括心理上的距离。我们在设计新闻节目选题的时候，要想办法拉近节目与大众之间的距离。通常来说，把握“贴近性”有四个方法。

第一是“地理上的贴近”，比如说9月29日我给大家留的课堂作业“最近几日你印象最深的一则新闻”，我们班上的一位同学提到，她印象最深的是国庆节前中央召开的第三次新疆工作会议，因为她来自新疆，所以比较关注与自己家乡相关的新闻。这就是新闻的地理贴近性的表现。比如，最近青岛出现了新的疫情病例，如果做一档新闻节目，主题是谈北京市民应该注意什么，这就是把握地理上的贴近。

第二是“利害关系上的接近”，比如王子娇和王靖雯两位同学关注到“新生儿信息被贩卖”的新闻，他们由此联想到，我们每个人的信息到底该怎样保护呢？这样的关注点体现了新闻与受众之间的“利害关系上的贴近”。

第三是“情感上的贴近”，这在同学们的作业中也有体现。我们至少有三位同学共同提到，他们印象最深的是9月27日第七批在韩中国人民志愿军烈士遗骸回国的新闻节目，大家说看了相关的新闻后，有比较深的触动。

除了这三点，还有一个是“思想上的贴近”，这个不太好理解——新闻如何体现思想呢？我们来看一则短视频（见比赛实录视频 12′30″~13′10″），大家思考一下。

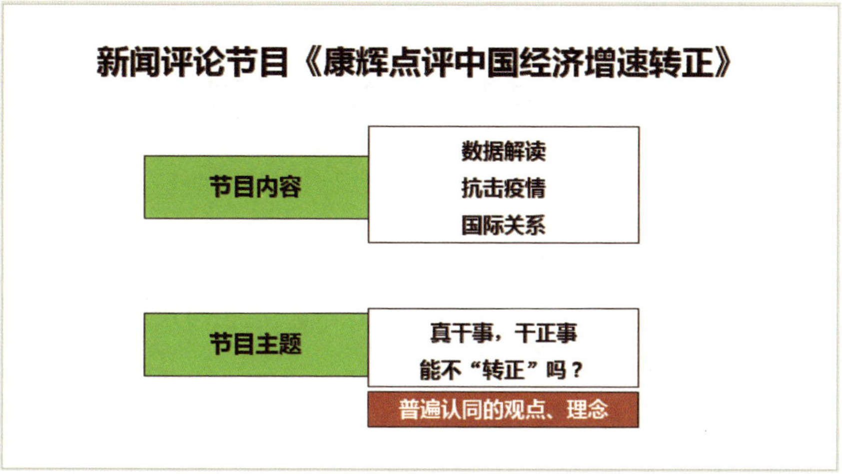

这是一则短视频新闻评论节目，标题叫《康辉点评中国经济增速转正》，节目的内容主要是解读我们国家上半年的经济数据，当然其中还提到了抗击疫情，甚至与国际关系相关，但是它的结尾是用一句话来点题的，提出了“真干事，干正事，能不‘转正’吗？”这样一个大众普遍认同的观点和理念，拉近了一则比较生硬的新闻与受众之间的距离，做到了“思想上的贴近”。

我们在做新闻节目选题的时候，还要把握的一个原则是“时新性”。

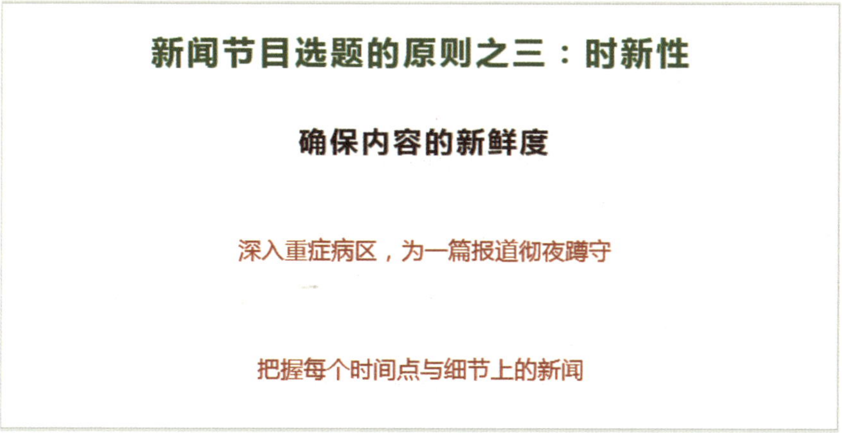

时新性又叫“时效性”，它是新闻的生命力所在，强调要确保内容的新鲜度。在 2020 年的新冠疫情中，很多记者为了一篇报道彻夜蹲守重症监护室门外，为的就是能够及早、尽快地完成报道，把他们观察到的生动细节、感人故事记录下来，传播出去。

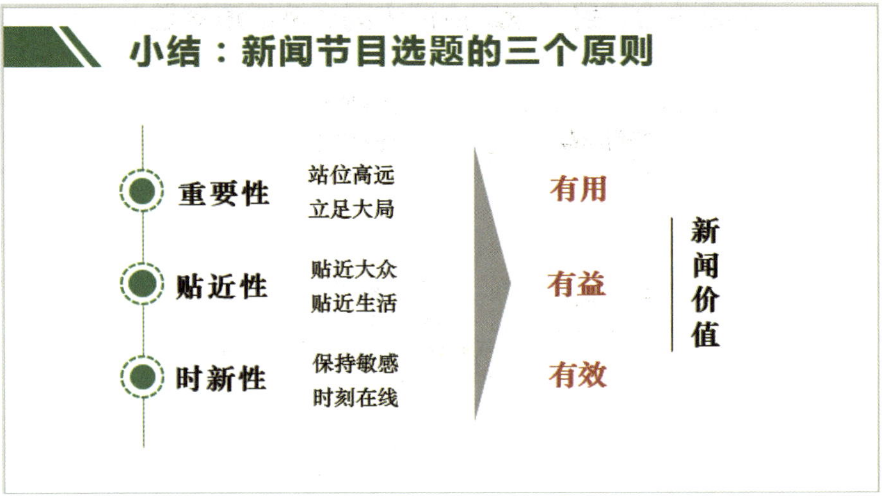

总结一下，新闻节目选题的三个原则：第一，“重要性”，要站位高远，立足大局，把握节目对象与重点工作、重大事件之间的内在关联，体现重要意义；第二，“贴近性”，尽可能拉近选题与受众之间的距离，贴近生活；第三，时新性，保持敏感，时刻在线。

做到这三点，我们才能让节目选题做到“有用、有益、有效”，也才可能确保我们做出来的节目能够体现新闻价值。

课堂作业

观看2020年中国新闻奖特别奖作品《新中国密码：15665，611612！》，思考两个问题：

1. 该节目是如何确立选题的？
2. 是如何以小见大呈现主题的？

要求：小组讨论，突出观点，提交云班课。

参考地址： https://xhpfmapi.zhongguowangshi.com/vh512/share/6533428

好，来看一下这堂课的课堂作业。请同学们观看最新的 2020 年中国新闻奖特别奖作品《新中国密码》，思考两个问题：第一，这档节目是如何确立选题的？第二，它是如何以小见大呈现主题的？请大家以小组的形式完成，把观点发到云班课。相关参考文献我已发到云班课上。

参考文献

- 滕敦斋. 新闻力量与责任担当——中国新闻奖作品启示[J]. 青年记者，2019(11).
- 刘保全. 第二十九届中国新闻奖精品赏析[J]. 当代传播，2020(1).
- 郭明杰. 如何打造精品主旋律短视频——以中国新闻奖获奖融媒体短视频作品为例[J]. 传媒，2019(9).
- 第七届“好记者讲好故事”，http://www.xinhuanet.com/politics/jxdqjhjzjhgs/index.htm

三、成长体会

讲授音视频节目制作这门课大致经历了两个阶段。

在第一个阶段，我围绕着“怎样创作节目”这个核心，想把一些知识、经验串成体系，尽可能系统地教给学生，培养他们的动手实操能力。

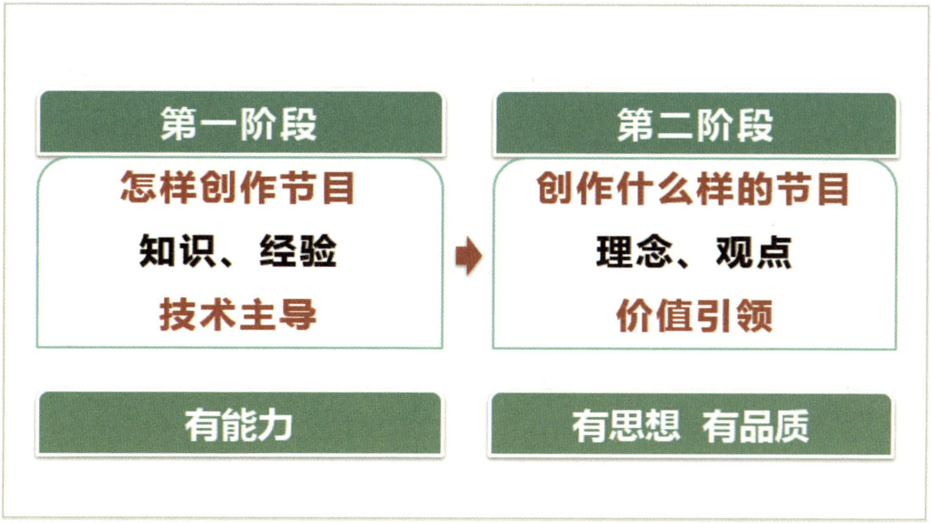

接触到课程思政之后，我意识到，仅仅有一些技能还是不够的，如何教会学生去观察一些社会现象，并且提炼出来，“以什么样的态度创作节目”“创作什么样的节目”也是非常重要的，于是我把一些观点、理念融入教学中去，进行思想和价值引领。

通过这个改变，我感觉课堂教学有了主心骨、有了抓手，增加了内涵，深化了与同学之间的情感共鸣。

我希望通过持续不断的努力，让学生不仅成为“有能力”的人，也成为“有思想”“有品质”的人！

研究论文

思政元素挖掘与融入专业课程的实践思考——以视听内容创作类课程为例

课程思政的建设具有深远意义，它能够将理想信念教育有机融入课堂，使学生在学习知识技能的同时提升品德修养。但是，恰切的思政元素挖掘往往是日常教学中经常碰到的一个难点。如何立足人才培养目标，结合学科专业特点，从课程的定位与任务出发，寻找到与课程内容高度契合的思政元素，并充分落实到教学过程中去，考验着教师对立德树人理念的理解程度和对教学体系的设计把控能力。本研究以视听内容创作类课程为例，从思想准备、体系设计、转化方式等方面，对思政元素挖掘与融入专业课程的路径进行探析。

一、思想准备：领会精神内涵，强化育人意识

课程思政的根本任务是寓价值观引导于知识传授和能力培养之中，将显性教育与隐性教育相结合，落实立德树人目标，其关键在于教师的育人意识。只有“教育者先受教育”，提升自身的认识水平，才能为课程思政奠定坚实的思想基础。

学习文件，领会精神，是开展课程思政的必要一步。系统学习习近平总书记关于教育的重要论述、中央关于加强高校思想政治工作的意见以及推进课程思政建设的纲要等，有助于把握新时代高校“三全育人”的科学内涵和“立德树人”的使命内涵。在此基础上，有必要结合所在地区和学校的工作部署和推进方案，了解工作重点、方向和阶段性任务。尤为重要的是，站在时代高度，从社会发展和国家需要的角度，深入思考所在行业对高素质人才的内在需求，真正领会理想信念教育、道德素养教育在专业人才培养中的重要地位，形成课程思政的思想自觉。

作为新闻传播事业的重要组成部分，视听内容创作在反映社会现实、记录时代进步、传播中国声音和凝聚民族力量等方面发挥着重要作用。在深入推进音视频节目制作课程的课程思政之前，课程团队在领会上述文件精神的基础上，针对性地学习了习总书记关于新闻舆论工作的重要讲话精神，特别是“围绕中心，服务大局”“牢牢坚持正确舆论导向”“正面宣传为主”“做党和人民信赖的新闻工作者”“增强‘四力’（脚力、眼力、脑力、笔力）”等重要论述以及纪念五四运动100周年等重要讲话，从中确立课程思政的基本方位和出发点。结合课程所在的新闻学专业特色，通过进一步的调查研究，学习先进经验，向周围教师取经，对“立德树人”的认识有了从入耳、入脑到入心的全新升华，开阔了课程思政建设的思路和视野。

二、体系设计：凝聚教学目标，贯通知识要点

每一门课程都蕴含着丰富的思政元素，但这些思政资源不是直接显露在课程内容之中，而是蕴含在各个知识点的背后、隐含在科学理论的深处，需要教师主动去发掘、加工和利用。思政元素的挖掘建立在对课程内容与社会发展的内在关系梳理中，建立在对课程知识点的充分掌握之上，建立在教学活动的组织开展之中，可以从基础理论、知识要点、教学案例、研讨活动、应用实践中多角度、全方位寻找。

（一）深化教学目标，突出价值引领

专业课程的教学目标往往从知识与技能、过程与方法、情感与态度等方面进行建构，不同目标之间的内在关联有时得不到清晰的梳理，不利于课程思政的体系化建设和深入推进。音视频节目制作基于对所在专业、所在行业以及校情学情的深入调研，确立了“学为中心，价值引领”的教学理念，并对不同维度的教学目标进行了重新梳理，明确了各个指标之间的内在关系。主要体现在，突出情感和价值两个目标的引领功能，同时，知识、学习、整合、应用四个指标对情感和价值形成有力支撑；六个维度的指标相辅相成，对本门课程所承载的毕业要求指标点形成有力对接，突显思政元素在教学目标中的重要地位。

（二）明晰社会功能，导入基础理论

每一门课程都有其独特的社会功能，有必要在对历史与现实的梳理中，明晰课程与社会之间的内在联系，做好基础理论知识的导入，建构好思政元素的融入逻辑。例如，在音频广告课程绪论中，基于不同社会进程中广告所发挥的作用，对广告与社会的关系进行了界定，提出“除了承担沟通产销、促进销售的经济功能，广告还承担着抑恶扬善的教育功能，具有陶冶情操的文化功能、推进交流的传播功能甚至贯彻路线政策方针的政治功能”，由此在课程导论环节，引导学生客观、全面、辩证地看待广告。音视频节目制作课程则在一开课就带领同学展开对“内容为王的时代，什么样的内容才能真正‘称王’”的讨论，在对视听内容业态的梳理中明晰视听传媒与社会的关系，让同学们认识到视听节目制作和生产的同时，也在传播着每个人的价值观，要有社会责任感，自觉学习、领会，并传递积极、主流的价值观，牢固树立导向意识，利用视听手段传播正能量，弘扬主旋律。也就是，从课程一开始，就引导同学们树立正确的“导向”意识。

（三）基于知识要点，挖掘思政元素

任何一门专业课程的出现都来源于社会对教育的需求，有着深厚的现实土壤。思政元素蕴藏在丰富的知识要点当中，在教学重点、难点、理论、案例中都能找到较好的思政切入点。音视频节目制作课程根据本课所涉及的不同类型的视听内容样态，挖掘出差异化的思政元素。比如，新闻类节目的制作着重强调两点：一是站位高远，关注大局，能够从国家和社会需要的角度找准话题，引导舆论；二是要有调查研究意识，能够到一线去，在新闻发生的地方探究事实。对于文艺类节目，着重强调洞察精神文化需求，挖掘中华优秀传统文化，讲出有灵魂的故事，传递人文精神。服务类节目与人们衣食住行相关，在这一类节目的制作过程中，引导同学们学会换位思考，让节目真正地贴近大众，能够传播知识，答疑解惑。基于这样的思路，结合不同章节的知识要点、授课案例，课程挖掘到丰富的思政元素，建构起立体化的思政元素矩阵。再如，音频广告课程针对公益广告与商业广告的属性差异，根

据两种不同的广告形态，对教学内容进行了差异化设计。一方面将公益广告作为独立单元，突出其在课堂中的价值引领功能；另一方面引导学生创作有思想高度、文化品位与人文关怀的商业广告。

三、融入方式：建立赋能机制，驱动自主学习

适切的教学设计应能营造氛围和环境，使学生无须借助外在强化物就可以自主开展学习。挖掘出来的思政元素要想真正“融”入教学过程中，需要讲究方式和方法，不仅要找好时机，更要关注学生的心理状态，运用同学们喜闻乐见的话语或活动，建设活跃课堂，激发情感共鸣，发挥隐性教育功能。

（一）尊重个体差异，激发学习动机

课程思政要达到如盐在水的境界，必须尊重教育教学规律，注重研究学生的认知水平、学习能力以及自身素质，在适当增加课程广度、深度的同时，应注重提升课堂的“温度”，考虑学生的个性特点与个体差异，尊重每个学生的兴趣专长，鼓励其发挥潜能。音视频节目制作课程基于开课伊始对学生个体的调研，掌握每位学生的学习基础，为每位学生规划学习路线，赋予学生目标选择权，根据自身特长和意愿，选择预期成果，极大地激发了学生的内在学习动机。同学们通过自由组合，形成一个个特色鲜明的“节目制作室”团队，在团队中担任不同角色，共同完成学习任务，极大地提高了团队协作能力，也提升了成果质量和水平。

（二）精细设计课堂，深化问题认知

做好充分的课前准备，对每次课程进行切割设计，按照“课前导入”“课中讲解”“课程回顾”的主线，对教学过程进行精细设置和安排，充分考虑思政元素融入的情境和方式，使思政元素与知识要点高度契合，达到信息双向流通、学生深度领会、情感形成共鸣的效果。丰富而生动的案例是辅助教学的必要手段，结合每堂课的重点和难点，甄选最新鲜、最具代表性的案例，与高度凝练的思政元素结合，通过发起话题，邀请学生进行课堂讨论或分析，形成积极的价值主张。比如，2019 年 10 月，结合过去不久的庆

祝中华人民共和国成立70周年活动，在课堂上发起对“开国大典影像”与“国庆阅兵直播”的对比讨论，学生深深感受到“小我”与“大我”之间的紧密相连，除了感念国家强大、慨叹过往不易之外，也从侧面认识到自己所学知识的重要价值。启发讨论是深化课程思政的重要手段，通过在课堂上不断抛出问题，引导学生发表观点，有助于深化对核心问题的思想认同，让同学们在讨论中引发思考并深刻理解。

（三）创建特色实践，探索思想落地

课程思政是随课程教学进行的思想政治教育，而不是“课程＋思政”的教学，课程思政应有机、自然、贴切地实施。音视频节目制作课程结合课程特色，创建了从节目鉴赏到方案创作再到录制编辑环环相扣的特色实验项目，在创作实践的重点环节进行思想和价值的引领。比如，在节目鉴赏环节，通过不同案例的对比，引导学生观察不同节目的现实意义，分析节目立意的高低；在选题讨论环节，通过多次反复讨论，引导学生关注有现实意义的社会话题，确保选题有积极向上的出发点。近两年来，课程借助特色实验项目、学科竞赛及社会实践等活动，探索理想信念教育的转化落地。学生们围绕孝老爱亲、爱岗敬业、弘扬传统文化、文明风尚等主题创作了上百则公益广告，围绕北京非遗、北京中轴线等主题创作了一批优秀的视听作品，并在国家级、市级学科竞赛中获得奖项。

四、结语

思政元素能否深入挖掘并巧妙融入专业课程的教学内容与教学组织中去，考验着专业课教师对“立德树人”的认识水平和育人能力。作为教育工作者，除了要有扎实的知识功底、过硬的教学能力，还要有勤勉的学习态度和与时俱进的思维视野，通过不断提升自身政治素质，掌握学术前沿动态，提高与学生沟通交流的能力，提高情感陶冶、理想教育的能力，才能在日常教学和学生指导工作中润物无声地实现育人育心。

参考文献：

[1]李树涛．课程思政建设要充分发挥教师作用[N]．光明日报，2020-06-16.

[2]王春美．基于高素质人才培养的课程思政设计与创新：以《音频广告为例》[J]．新闻知识，2019（10）：57.

[3]王春美．基于OBE理念的新闻实践课程教学设计与改革：以《音视频节目制作》为例[J]．传媒，2020（2）上：83-84.

[4]张方方．课程思政要站在时代的高度[N]．光明日报，2020-07-14.

基于本土案例与思政特色的教学创新
——IT项目管理课程思政教学设计与实践

教师简介：孙洁，信息管理与信息系统专业，副教授。

所授课程：IT 项目管理

研究方向：大数据、知识管理

曾获奖励：北京联合大学十佳党员、优秀教师、“双师”型素质教师；北京市高校青年教师社会调研项目一等奖；北京联合大学第三届中青年教师执教能力比赛一等奖、第七届青年教师教学基本功比赛二等奖、第三届北京联合大学课程思政教学设计大赛二等奖；北京联合大学商务学院优秀共产党员、“三全育人”先进个人；暑期社会实践优秀指导教师、“三创赛”市级获奖指导教师、市级优秀毕业论文指导教师。

教书育人感言：常怀赤子之心、践行为师之道。

比赛实录

扫描二维码观看
比赛现场实录

追求价值还是约束？——IT项目管理铁三角

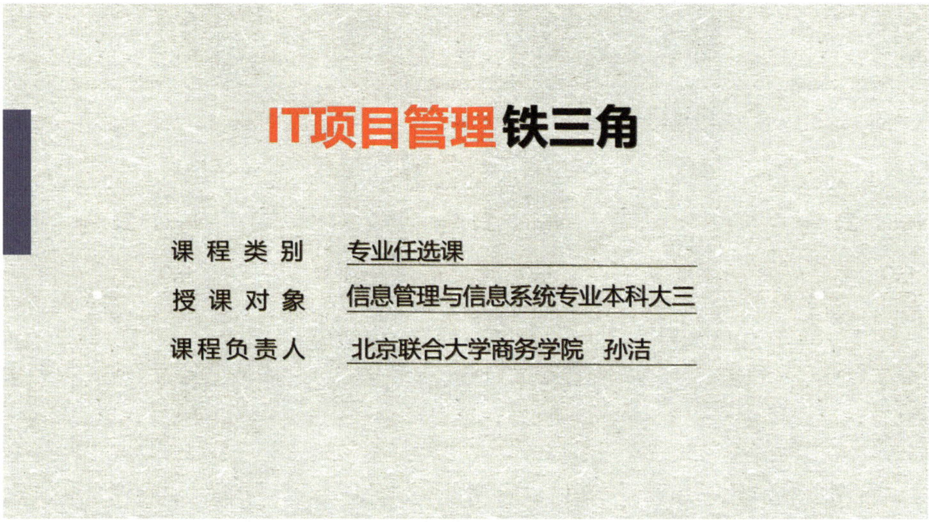

各位老师、同学们，大家好！我是来自商务学院信管专业的教师孙洁，今天讲述的课程是 IT 项目管理。

一、说课环节

课程整体设计思路是从宏观层面 IT 项目的宏大背景，过渡到中观层面项目管理的重要价值，最后落地到微观层面——如何成为一名优秀的项目管理者，以“中国发展需要创新、创新需要项目驱动、项目成功需要管理增值、管理需要人才支撑”为逻辑贯穿每一堂课，实现融价值引领、知识传授、能力培养为一体的育人目标。

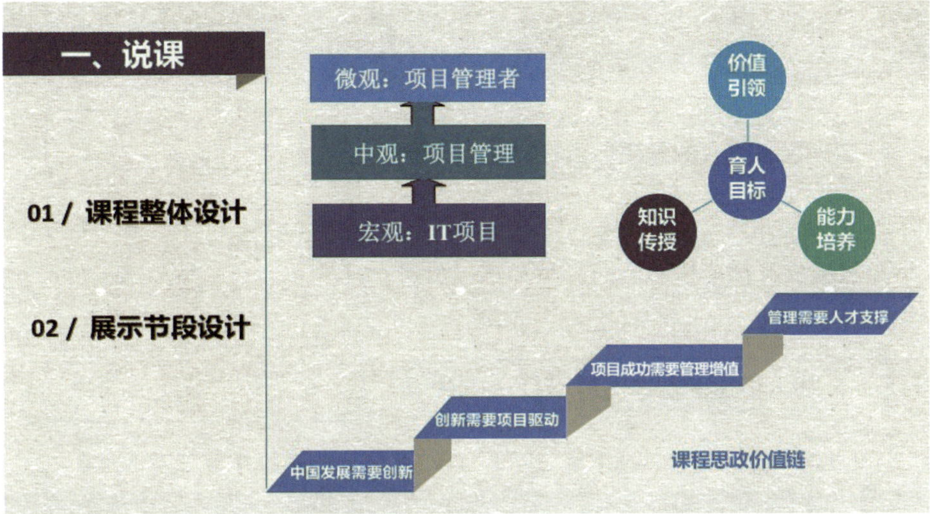

课程大纲从六个维度梳理了教学目标。

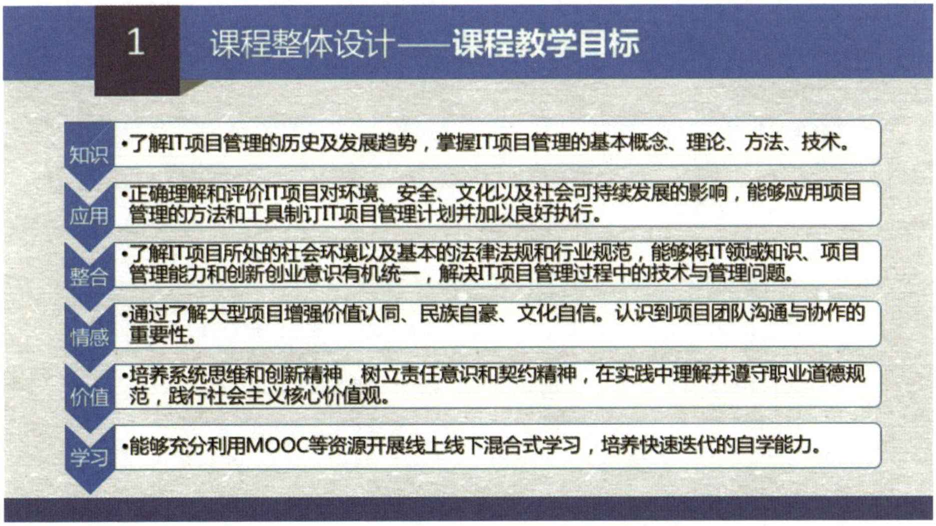

在传授专业知识的同时，引导学生明了做人做事的基本道理、树立正确的价值观、担当实现民族复兴的理想和责任，把专业上的精进、个人职业发展和国家民族的前途命运联系起来，积极思考、努力实践，培养具有社会责任、国际视野、创新精神的 IT 项目管理人才。

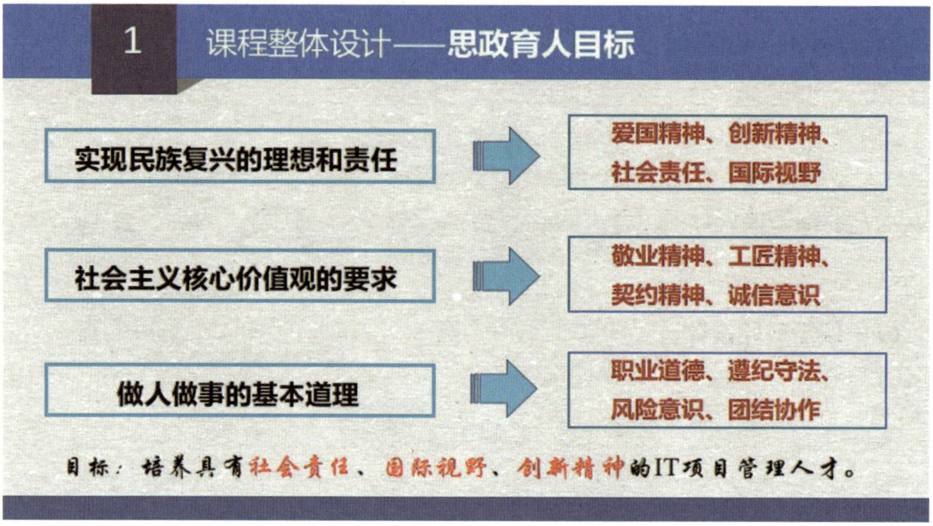

在教学内容设计上，分为理论、案例和应用三部分，针对每个章节的重难点知识设计了思政元素的融入点，提炼育人目标，满足专业思政的要求。

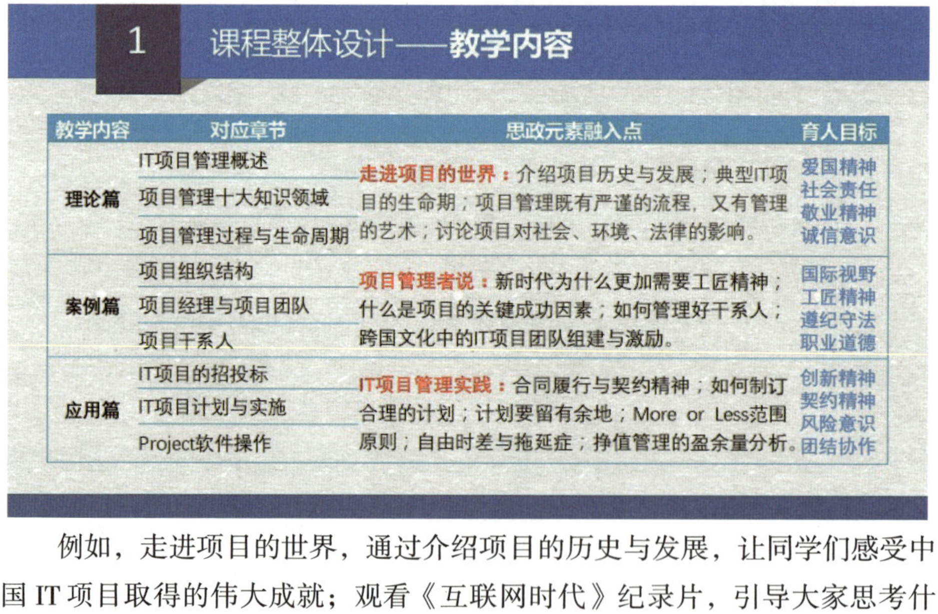

教学内容	对应章节	思政元素融入点	育人目标
理论篇	IT项目管理概述 项目管理十大知识领域 项目管理过程与生命周期	走进项目的世界：介绍项目历史与发展；典型IT项目的生命周期；项目管理既有严谨的流程，又有管理的艺术；讨论项目对社会、环境、法律的影响。	爱国精神 社会责任 敬业精神 诚信意识
案例篇	项目组织结构 项目经理与项目团队 项目干系人	项目管理者说：新时代为什么更加需要工匠精神；什么是项目的关键成功因素；如何管理好干系人；跨国文化中的IT项目团队组建与激励。	国际视野 工匠精神 遵纪守法 职业道德
应用篇	IT项目的招投标 IT项目计划与实施 Project软件操作	IT项目管理实践：合同履行与契约精神；如何制订合理的计划；计划要留有余地；More or Less范围原则；自由时差与拖延症；挣值管理的盈余量分析。	创新精神 契约精神 风险意识 团结协作

例如，走进项目的世界，通过介绍项目的历史与发展，让同学们感受中国 IT 项目取得的伟大成就；观看《互联网时代》纪录片，引导大家思考什么是新时代的工匠精神。只有将中华五千年文明积累的项目经验同新时代科技创新结合起来，才能实现中华民族的伟大复兴。

项目管理者说，一类是名人说，通过搜集整理国内外项目的名人名言，让学生在名家名说中感悟项目管理的精髓，体会项目管理的价值；另一类是实践者说，邀请火神山医院建设的亲历者、武汉中建三局的项目经理分享项目建设经历，鼓励同学们努力学好专业知识和技能，将来成为祖国的建设者。邀请毕业校友回校分享职业经历，和大家探讨 IT 项目经理应该具备的职业道德和专业素养。通过这些活动启发学生思考，达到育人目标。

在教学方法上，作为学校首批创新课程，我们采取了线上线下混合式教

学，采用 SPOC+ 翻转课堂形式，每周定期在 MOOC 平台发布学习清单，引导学生自主学习并查阅相关资料。通过企业微信直播课对重难点知识进行讲解，结合案例分析进行小组讨论。采用情境教学及任务驱动式方法，成立虚拟公司，组建项目团队，每个学生在项目中扮演一个角色，并模拟一个真实 IT 项目从选择、启动、计划、实施到收尾的整个生命周期，既使学生的专业知识技能得到应用，也融入职业生涯设计，培养社会责任和团队协作意识。

在考核方式上注重过程性考核和多维度评价，全面考查学生的综合素质与能力。

展示节段选取的是第一章概论的第二节“IT 项目管理铁三角”，挖掘的思政元素包含爱国敬业、无私奉献、技术创新、职业道德和思辨精神。

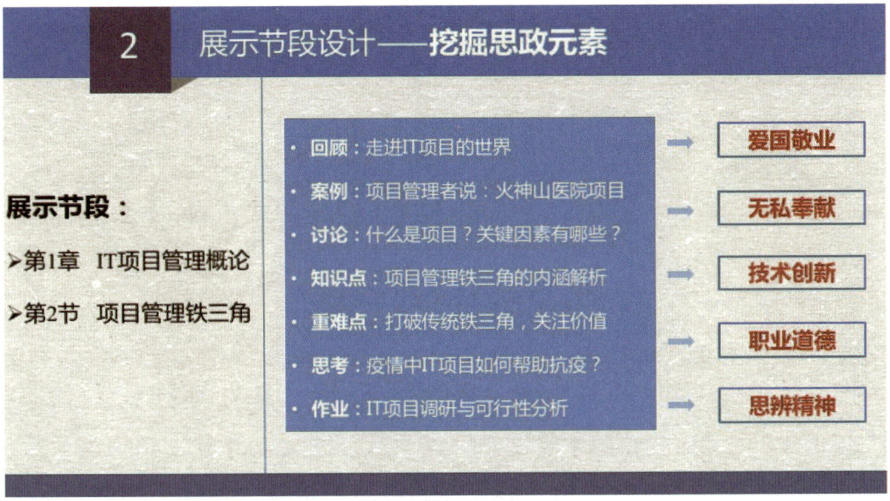

通过复习与回顾、案例引入、核心知识点讲解、重难点小结、课后练习与反馈，将思政元素融入教学过程。

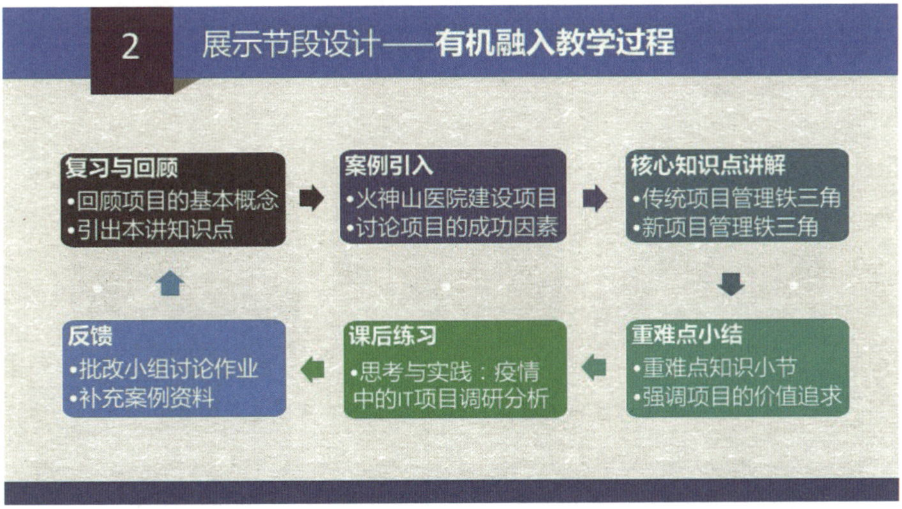

二、教学展示

下面是我的教学展示——项目管理铁三角。

同学们，大家好，上一节课，我们学习了什么是 IT 项目和项目管理的十大知识领域，我们走进 IT 项目的世界，从百度无人驾驶，到华为云手机，再到北斗导航卫星。中国创造取得了举世瞩目的成就，而这一切创新都是以项目的形式进行的。有效的项目管理可以为企业、社会乃至国家创造巨大的财富。

从上次课的讨论中，我们知道了，项目管理十大领域最核心的三个因素是范围、时间、成本。项目经理需要明确项目范围，跟踪项目时间，做好成本控制。那么，到底什么是成功的项目？项目经理最关注的因素有哪些呢？下面，我们先来看一个案例。

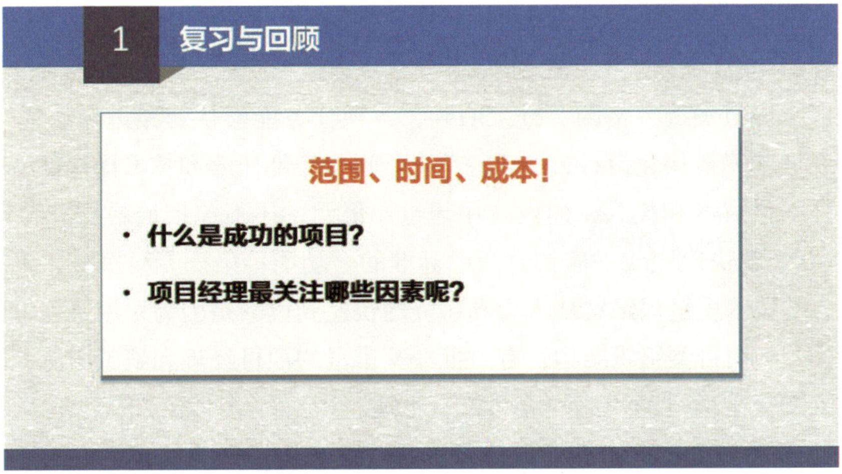

2020 年春节，新冠肺炎疫情暴发，火神山医院建设项目关系到成百上千名患者的生命。从除夕开始准备到完工，仅仅用了十天时间。2020 年 2 月 2 日上午，在千万云监工的注视下，火神山医院顺利交付使用。那一刻，全世界都在为中国速度点赞。时间紧、任务重，如何又快又好地完成这样艰巨的任务呢？有人说，是社会主义国家集中力量办大事的制度优势；有人说，是因为国力的强盛和中国制造的崛起；还有人说，是源于我们不计成本不惜代价救治患者的决心和 7500 多名建设者没日没夜的奋战。这些都对，这场与病毒争分夺秒的赛跑记录了每一位项目参与者的汗水与智慧，当然也离不开有效的项目管理。我们从项目的角度来分析一下，火神山医院顺利建成到底靠什么？

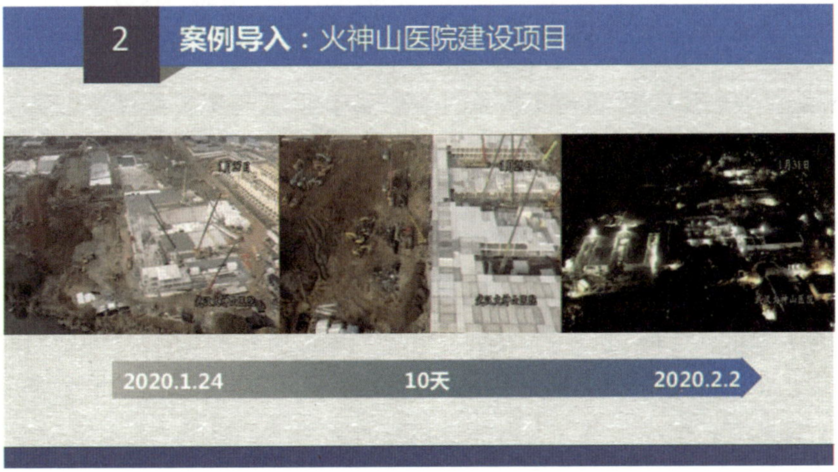

首先，有一个明确的项目目标：用十天安全、快速、有效地建成一座至少可容纳 1000 张床位的新冠肺炎疫情专科诊疗医院。其次，虽然项目参与者众多，但范围边界清晰、分工明确，各项任务能够快速跟进和迭代反馈；采用 BIM 技术模块化设计，一天一节点，通过工期压缩和技术优化保障项目进度；不惜成本和投入，建设费用超过 5 亿元，还不包括捐赠物资设备等；短短 10 天就快速建成一座符合三甲标准的全功能传染病专科医院，离不开强有力的技术质量保障；从人力到物资的快速到位，是因为采用了项目组合管理模式和项目型组织结构，有一批经验丰富的项目经理和施工团队，能够适应大型复杂项目的快速响应和统一管理。当然，更少不了依靠 5G、云计算等 IT 技术建立起来的包含临床信息化、远程协同会诊等核心应用在内的信息系统的支持，在最短时间内完成了基建与 IT 系统的配套稳定运行。某种意义上，火神山医院的奇迹也是 IT 项目管理的成功。

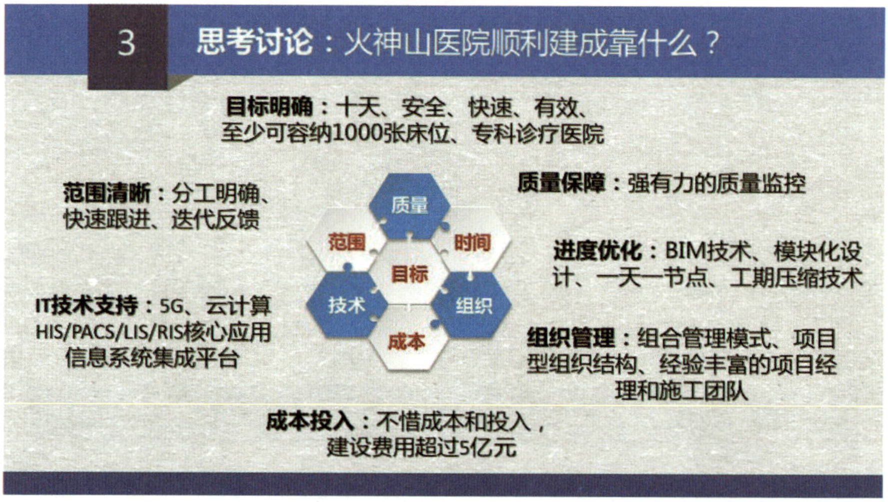

那么如何评价一个 IT 项目是否成功呢？有人会脱口而出：在既定的预算内，按时向客户交付满足范围的产品或服务。也就是我们之前所说的，范围、时间、成本，是项目管理中最基础的三个要素，也是项目中最先被管理起来的三个方面，因此被称作项目管理的铁三角，这是项目管理非常经典的一个基础理论。下面我们先来分析一下传统铁三角有哪些特点。其一，关联性。这三个因素是相互影响、相互制约的，一旦其中一个因素发生了变化，一定会影响其他两个因素。有时需要牺牲时间去满足范围，有时又需要投入更多成本去达成时间。其二，稳定性。提到三角，大家自然会想到它是所有几何图形中最稳定的结构。因此，项目并不需要追求某一方面的最优，只需要达到三个关键维度的平衡，有时甚至还需要做出取舍。例如，刚才火神山医院案例中，我们几乎是不惜成本，一切以时间和范围优先。其三，动态性。这个三角形不是静止不变的，尤其是 IT 项目，需要随着目标和需求的变化灵活调整。

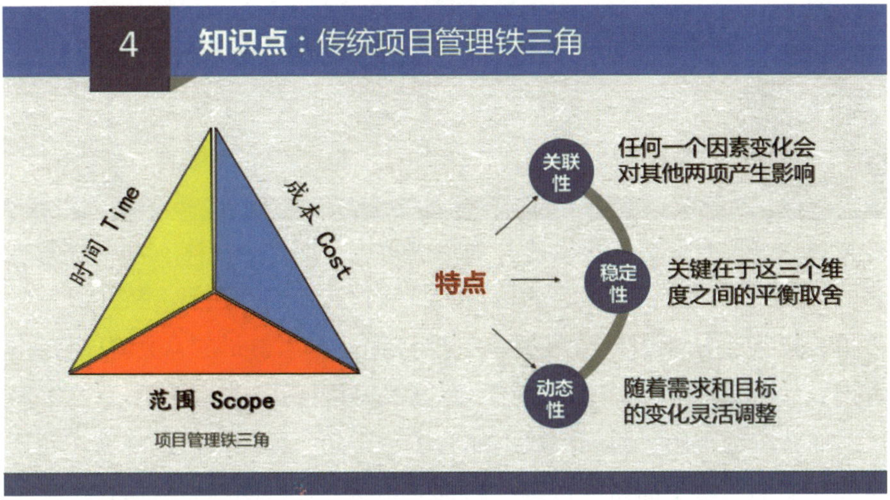

好，解读完传统的铁三角，我们再回到最初的问题上来。只要管理好项目三角，项目就一定成功，干系人一定满意吗？范围、时间、成本，究竟是项目管理的终极目标，还是项目实施的约束条件？其实，传统铁三角有一个隐含的假设：就是大家认为只要在既定的范围、时间和成本内完成项目，目标自然就达成了。这是一个看似合理的假设。然而，试想一下：一种是规定的时间和预算内完成了全部预期功能，但产品没人用，市场没反应。就像我们手机应用商店里超过 50% 的 App 基本没有被用户下载使用过。还有一种是工期超了点，预算也超了点，产品功能还做了多次调整，但推向市场后用户反映不错，为企业带来了利润。那么这两种情况，你会如何选择呢？换句话说，究竟什么是衡量项目成功的终极标准？没错，就是项目的价值。项目为企业、组织、社会，为客户或最终用户带来的价值贡献。价值必须是项目管理的主导因素，如果值得，即便稍有超支或延期也未尝不可。如果不值得，那么再好的管理也失去了意义。

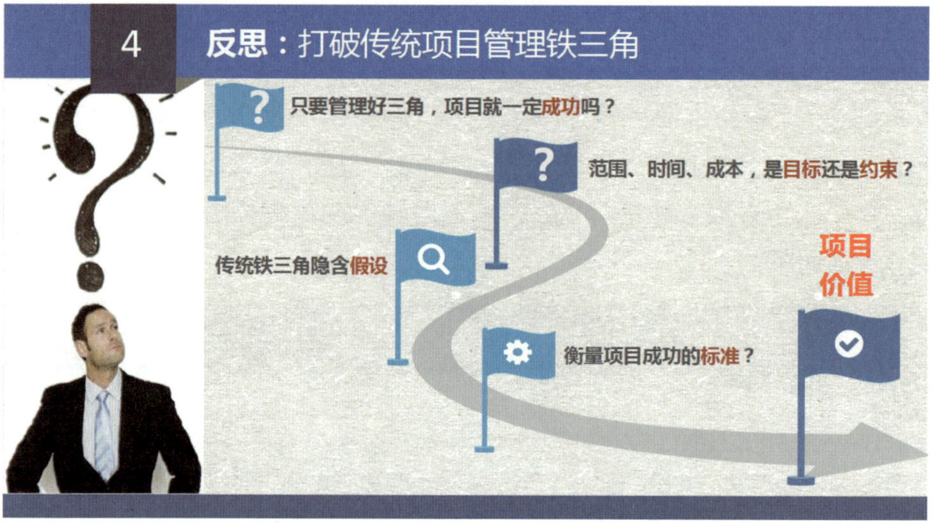

传统铁三角有时会误导大家片面追求范围、时间、成本，却往往忽视了项目的真实需求，也就是项目的价值。打破铁三角的办法是，关注真正的用户价值，提高产品或服务的质量。IT 项目管理专家 Jim 在《敏捷项目管理》中针对这个问题提出了新的 IT 项目管理铁三角：引入价值和质量两个新的维度，而传统的范围、时间、成本缩为了一个角，即约束。传统铁三角回答的是如何做的问题，而新的铁三角回答的是做什么的问题。对做什么保持关注，不会失去目标；对如何做保持关注，会帮助我们持续改进。

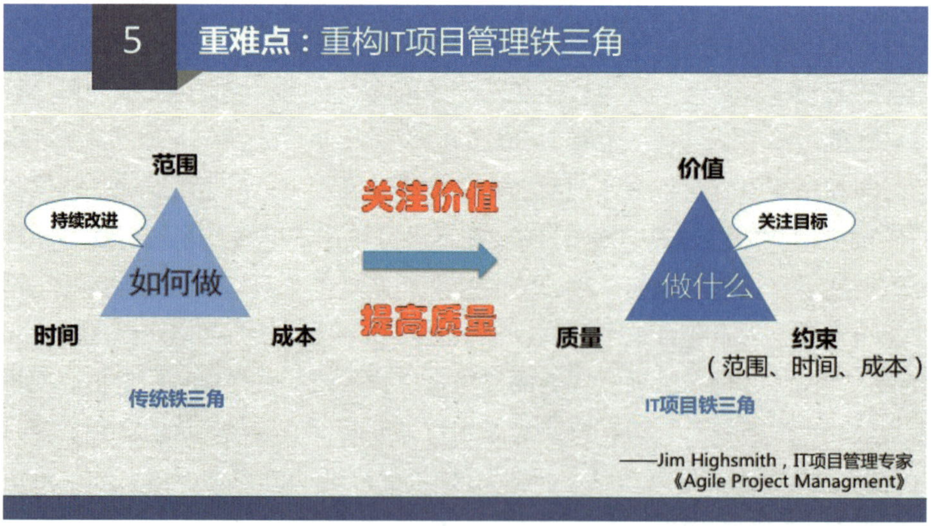

最后我们小结一下，新的 IT 项目管理铁三角是在特定的约束条件下，通过交付高质量的产品或服务，实现价值最大化。（1）价值——是产品或服务给用户带来的新价值，可能是市场份额的增加，也可能是技术创新带来的新机会等。（2）质量——通过可靠、适应性强的产品或服务为用户持续不断地交付价值。现实中质量往往是最容易被忽略却最不应该被牺牲的，IT 项目不关注质量问题可能给后期用户使用带来负面影响。（3）约束——传统铁三角的范围、时间、成本是管理的对象而不是目标，是项目的约束而不是结果。追求价值最大化应该是每一个 IT 项目的最终目标，也是所有项目经理决策的重要依据。项目管理既是科学又是艺术；既有严谨的流程，又有管理的创新。作为一名项目管理者，我们要正确地做事，更要做正确的事。就像在这次疫情中，人民至上，生命至上，才是我们的终极目标。

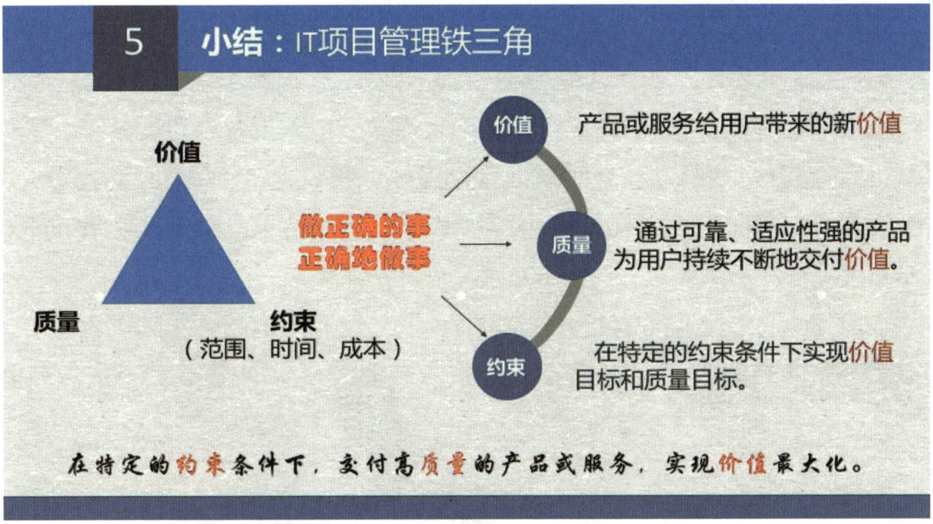

好，这节课我们学习了 IT 项目管理铁三角。请大家思考：在这次新冠疫情中产生了哪些新的 IT 项目？这些项目是如何帮助抗疫的？以小组为单位组建项目团队，并且从中选择一个小型 IT 项目进行初步调研和可行性分析，下次课请各组用思维导图工具展示项目。

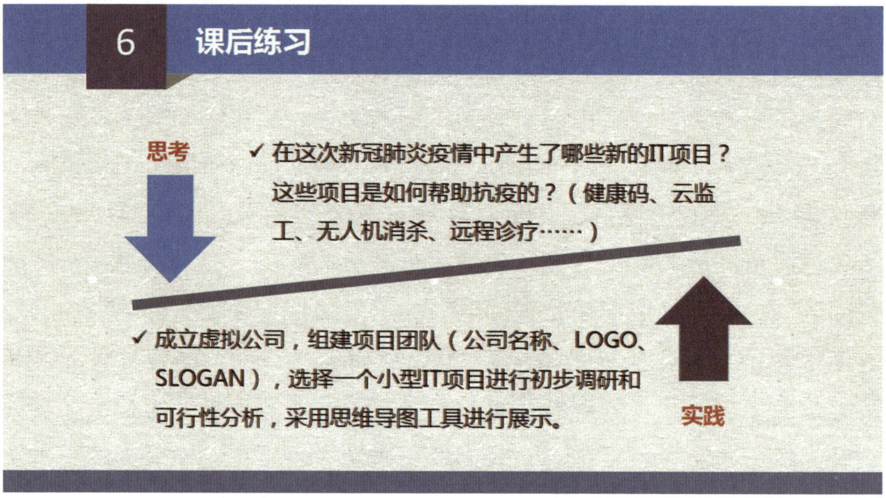

三、成长体会

开展课程思政以来，从慢慢摸索到不断实践、总结、提升，从有意识地挖掘思政元素到“润物细无声”地融入课堂，再到教育者先受教育，“学、思、悟、践”付诸行动，课程思政帮助专业课程找到了“灵魂”。思政元素的挖掘须因事而化、因时而进、因势而新，这次疫情本身就是一堂最好的思政课。

2020 年上半年我在湖北隔离，于是进行“云端”教学，而我授课的班

级正好也有 5 个湖北籍的学生。我的亲友里有火神山医院、雷神山医院的建设者，也有抗疫一线的医生、护士，他们没日没夜、无私无畏的精神深深感染着我。我想把身边的这些人和事讲给所有学生们听。一个国家、一个民族需要正确的价值观作为引领，而教师要在课堂中、在平时的一点一滴中把这种价值观传递给我们的学生，传递给未来的建设者和接班人。

当然，我也收获了更多惊喜和感动，武汉籍学生在疫情期间作为志愿者接送医护人员上下班；有人加入了雷火志愿团队，利用互联网为求助者搭起绿色救援通道；还有人参加了新冠疫情数据可视化分析大赛。

在最终课程答辩环节，很多小组选择了与疫情相关的 IT 项目，如为武汉红十字会开发的应急医疗物资调配系统、为方便社区居民疫情期间看病的医疗服务 App 等。以德育人，以行带人，育人先育己、做好引路人，和大家共勉，谢谢。

研究论文

因势利导用好抗疫元素　思政育人打造创新课程

习总书记在全国高校思想政治工作会议上强调：做好高校思想政治工作，要因事而化、因时而进、因势而新。我们高校教师要遵循思想政治工作规律，遵循教书育人规律，遵循学生成长规律，不断提高工作能力和水平。

2020年新年伊始，新冠肺炎疫情暴发，湖北武汉封城。作为一名被隔离在湖北地区的一线教师，面对突如其来的疫情需要克服更多困难，如何开展线上教学、怎样推进课程思政、如何充分挖掘这场疫情防控阻击战中的思政元素，经历这次疫情本身就是一堂最好的思政课。停课不停学，工作不断线，这次“云端”教学既是联大师生开展创新课程教学改革、提升在线教学能力的一次机会，也是落实“三全育人”、推动课程思政的最好实践。

一、课程思政整体设计思路

在湖北隔离期间，全国各地医疗团队陆续驰援湖北各地，各个兄弟省市送来捐赠的各种物资。我的亲友里有火神山医院、雷神山医院的建设者，也有抗疫一线的医生护士，他们无私无畏、勇敢担当的精神深深感染着我。我想把身边的这些人和事转化为思政元素，融入我的课堂，讲给学生们听。让学生们从这里感受国家集中力量办大事的制度优势，体会火神山医院、雷神山医院建设的中国速度，学习抗疫一线人员冲锋在前的先进事迹和奉献精神，厚植家国情怀，坚定民族自信，增强使命担当。

IT项目管理课程整体设计思路是从宏观层面中国古代到近现代项目的宏大叙事，过渡到中观层面项目管理的重要价值，最后落地到微观层面如何成为一名优秀的项目管理者，以“中国发展需要创新、创新需要项目驱动、项目成功需要管理增值、管理需要人才支撑”为逻辑贯穿每一堂课，实现价值引领、知识传授、能力培养为一体的育人目标。在传授专业知识的同时，引导学生明白做人做事的基本道理、树立正确的价值观、担当实现民族复兴的理想和责任，帮助学生树立价值认同、民族自豪、文化自信，把专业上的精进、个人职业前途和国家民族的前途命运联系起来，积极思考、努力实践、规划人生，最终将专业知识技能与思政教育有机融合，培养具有社会责任、国际视野、创新精神的项目管理人才。

思政元素包括爱国精神、文化自信、工匠精神、创新精神、敬业精神、契约精神、职业道德、风险意识、团结协作。打通思政元素与专业知识技能之间的壁垒，构建“顶天立地”的课程思政价值链，将思政寓于知识，用知识承载思政。在教学内容的设计上，针对每个章节的重难点知识设计了思政元素的融入点，提炼育人目标，以满足专业人才培养的要求。

（一）走进IT项目的世界

在导论中介绍项目的历史与发展，描述项目化的世界，从百度无人驾驶、华为云手机，到北斗导航卫星，让学生感受项目的魅力和中国取得的伟大成就。只有将中华五千年文明积累的项目经验同新时代科技创新驱动发展结合起来，才能实现中华民族的伟大复兴。

在项目管理十大知识领域的介绍中，首先分析项目的关键成功因素，通过火神山医院建设项目的案例、北斗导航卫星成功发射的事例，让学生了解项目管理既有严谨的流程，又有管理的艺术；既要有创新意识，也要有风险意识；项目管理水平的高低是决定企业乃至国家战略计划成败的重要因素。

在实践环节，让学生思考 IT 技术是如何服务社会的，引导学生思考和辨析：哪些 IT 项目有助于抗疫；“熊猫烧香”病毒设计者所承担的法律后果；众多“钓鱼”网站对社会和人民带来的巨大危害；项目招投标与合同管理中的契约精神等。让学生明白技术只有在法律道德的约束下才能发挥价值。

（二）项目管理者说

名人说：搜集国内外项目管理名人名言，按照不同章节和项目管理知识领域进行分类整理，课前作为参考资料提供给学生，让其在名家名言中感悟项目管理的精髓，体会项目管理的价值。

实践者说：邀请武汉中建三局的项目经理分享项目建设经历，鼓励学生努力学好专业知识，掌握项目管理技能，将来成为祖国的建设者。观看《港珠澳大桥》纪录片，项目总负责人林鸣说“要用中国人自己的勇气和智慧，去攻克世界级难题，在‘唯一’中创造‘第一’”，由此引导同学们思考什么是新时代的工匠精神。邀请毕业校友分享职业经历，讨论 IT 项目经理应该具备的职业道德和专业素养。

二、挖掘抗疫元素有机融入课堂

以 IT 项目管理课程是概论第二节项目管理铁三角为例。

（一）挖掘抗疫思政元素

爱国精神：“走进项目的世界”回顾 IT 项目发展的历史与趋势，火神山医院建设项目从开始准备到完工，仅仅用了十天时间，全世界都在为中国速度点赞，让学生体会中国发展的巨大成就，激发爱国热情。

敬业精神：“项目管理者说”通过火神山医院建设项目的真实案例和亲历者的讲述，让学生体会项目人员克服一切困难、团结协作完成项目目标的敬业精神。

创新意识：通过案例分析点出项目的本质是创新，一切创新都是以项目的形式进行的，而项目管理水平的高低是决定企业乃至国家战略计划成败的重要因素。在选题时引导学生思考疫情中出现了哪些 IT 创新项目，什么样的项目是有价值的，培养创新意识。

职业道德：在实践环节，让学生结合当前疫情和 IT 领域选择创新项目模拟，在项目的社会可行性分析中讨论其对社会、环境、法律的影响，在项目实际调研中，思考 IT 技术是如何服务社会的，养成爱岗敬业的优良品德。

风险意识：利用项目的关键成功因素对 IT 项目失败案例进行原因分析，让学生体会项目风险管理的重要性，尤其是项目管理者需要培养和具备风险意识。

思辨精神：辨析传统的项目铁三角是目标还是约束，引导学生思考，要正确地做事，更要做正确的事。

（二）有机融入教学过程

第一，复习环节先回顾 IT 项目和项目管理十大知识领域。走进 IT 项目的世界，从百度无人驾驶，到华为云手机，再到北斗导航卫星。中国创造取得了举世瞩目的成就，而这一切创新都是以项目的形式进行的。有效的项目管理可以为企业、社会乃至国家创造巨大的财富。

第二，案例引出本节知识点，到底什么是成功的项目，项目的关键成功因素有哪些，项目经理最关注的维度又是什么。介绍新冠肺炎疫情期间火神山医院建设项目的案例，从案例中引出并讨论项目的关键要素。项目管理最重要的三个因素是：范围、时间、成本。项目经理需要明确项目范围，跟踪项目进度，做好成本控制。同时，通过“项目管理者说”火神山医院建设的亲历者——中建三局的项目经理的介绍，让学生感受项目人员忘我付出的职业精神和中国集中力量办大事的制度自信。

第三，知识点讲解，介绍项目管理铁三角，项目管理中最基础的三个要素——范围、时间、成本，也被称作项目管理的铁三角，它是项目管理非常经典的一个基础理论。重点解析铁三角的三个特征：①关联性，这三个要素是相互影响制约的，一旦其中一个因素发生了变化，其他两个因素一定会受到影响。②稳定性，真正成功的项目并不是追求某一个方面的最优，而是需要达到三个关键维度的平衡，有时甚至需要做出取舍。③动态性，对于项目的这个三角关系我们要用动态的眼光来看待。

第四，反思：只要管理好传统铁三角，项目就一定成功吗？范围、时间、成本，究竟是项目追求的终极目标，还是项目实施的约束条件？通过分析传统铁三角的隐含假设和项目管理现实中的问题，引出新的项目管理铁三角，即价值、质量、约束。打破铁三角的方法是，关注真正的用户价值，提高产品质量。传统铁三角回答的是如何做的问题，而新的铁三角回答的是做什么。对做什么保持关注，不会失去目标；而对如何做保持关注，会得到持续改进。

第五，总结重难点知识，对新项目管理铁三角进一步解读，作为一名项目管理者，我们要正确地做事，更要做正确的事。引导学生进一步讨论和思考：在这次新冠肺炎疫情中产生了哪些新的IT项目？这些项目是如何帮助抗疫的？实践方面，让学生课后成立虚拟公司，组建项目团队，并选择一个小型IT项目进行初步调研，进行项目可行性分析和思维导图展示。

三、收获与反思

2020年9月全国抗击新冠肺炎疫情表彰大会上习近平总书记发表了重要讲话，“中国的抗疫斗争，充分展现了中国精神、中国力量、中国担当”。中国抗疫故事为课程思政提供了鲜活生动的素材，我们要用好这本活教材，讲好抗疫故事。

在最终课程答辩环节，多个小组选择了与疫情相关的IT项目，如应急医疗物资调配系统的研发、社区医疗服务App、VR旅游体验平台、校园智能车运输项目等。通过模拟创业企业，调研项目的实际需求，完成小型IT项目计划与实施，加强了理论联系实际的能力，也培养了学生的创新精神和社会责任感。有同学在课程反馈中提道：“看了大型IT项目的视频，我真切感受到祖国的强大，而这些都是通过一个个项目去实现的，我辈当学好本领，躬身入局。”“通过案例分析，我明白了技术也有两面性，既可以造福社会，也可能危害社会，我们要做技术的主人而不是奴隶。”“我不仅学到了知识，还明确了未来的职业方向，要成为一名优秀的项目经理。”更有湖北籍的学生在疫情期间主动接送医护人员上下班，作为志愿者以实际行动接力抗疫。

“纸上得来终觉浅，绝知此事要躬行。”作为一名教师，要育人先育己，“润物细无声”，做好引路人。教书育人是我们的初心，立德树人就是我们的使命。一个国家、一个民族需要正确的价值观作为引领，而教师要在课堂中把这种价值观传递给未来的建设者和接班人。从有意识地挖掘思政元素，到“润物细无声”地融入课堂，再到“学、思、悟、践”的付诸行动，课程思政帮助专业课程找到了“灵魂”，是实现价值引领的最好途径。

弘扬中国精神——思想道德修养与法律基础课程思政教学设计与实践

教师简介：何妍，马克思主义理论专业，副教授。

所授课程：思想道德修养与法律基础

研究方向：思想政治教育

曾获奖励：获得教育部马工程“精彩一课”、湖南省高校学习贯彻党的十九大精神“名师示范课堂”二等奖、湖南省委宣传部“习近平讲话精神进校园”微宣讲优胜奖、北京联合大学第三届课程思政教学设计大赛二等奖等奖励；获得湖南省高校“思想政治理论课教学能手”“北京联合大学课程思政优秀教师”等称号。

教书育人感言：从事高校思想政治理论课教学18年，作为一名高校的思政课教师，我的职责就是引领时代新人扣好人生第一粒扣子，与学生一同闻时代之声、习德法之道、补精神之钙、强担当之魄，让思政课不仅有深度，更有温度。

比赛实录

扫描二维码观看
比赛现场实录

中国精神是兴国强国之魂

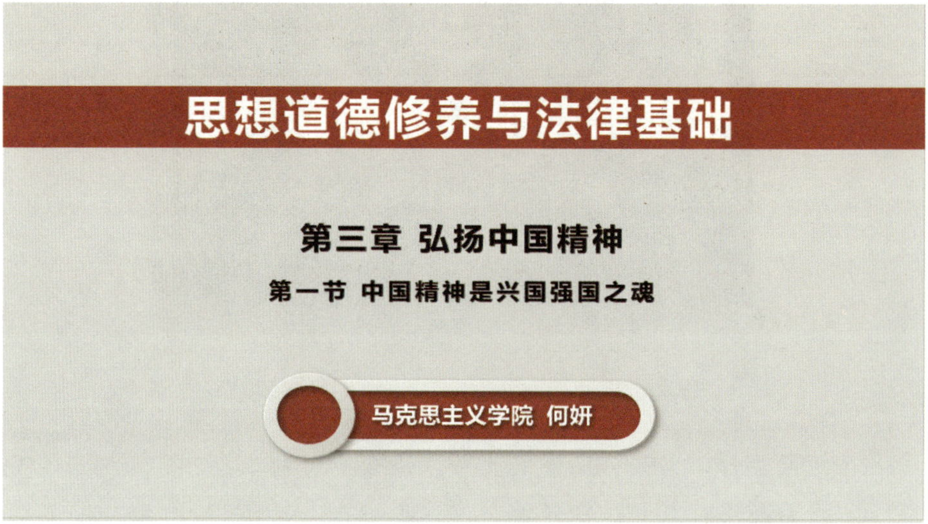

各位老师、各位同学们，大家好！我是来自马克思主义学院的何妍，我今天跟大家分享的内容是思想道德修养与法律基础课程中的第三章第一节“中国精神是兴国强国之魂”，下面我们就一起来学习这个内容。

一、说课环节

首先，我将进行第一部分的展示，对这一课程进行说课。我将从以下七个方面来进行说课。

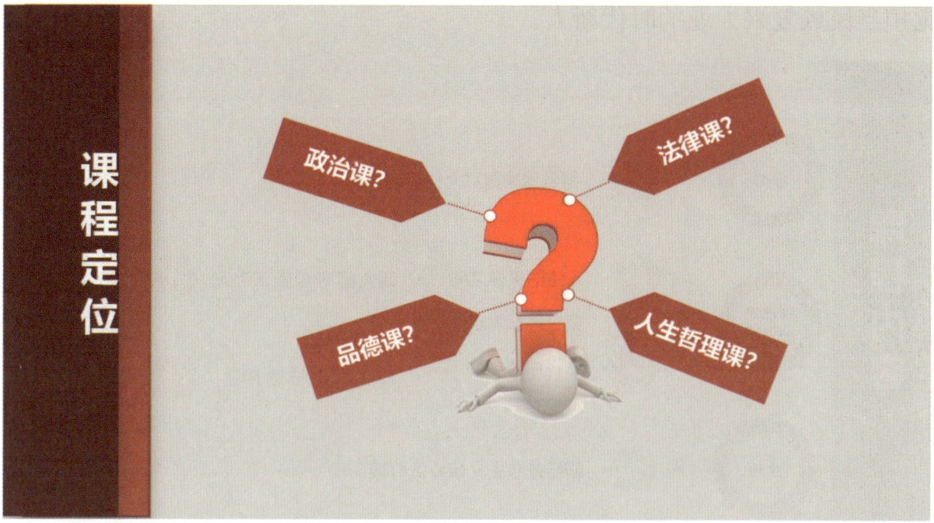

第一，课程定位。思想道德修养与法律基础到底是一门什么样的课程呢？它是政治课，品德课，人生哲理课，还是法律课？同学们，你们的回答是什么呢？我刚听到有同学说都是。没错，但它又不完全等同于这四门课。

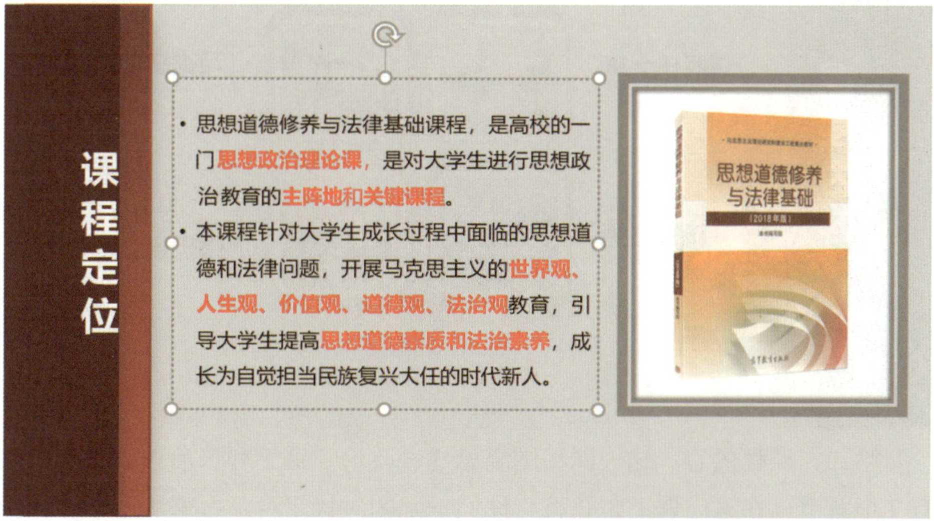

思想道德修养与法律基础课程是一门高校思想政治理论课程；是对大学生进行思想政治教育的主阵地和关键课程。它针对大学生成长过程中面临的思想道德和法律问题，有效地开展马克思主义的世界观、人生观、价值观、道德观及法治观教育，引导大学生提高思想道德素质与法律素养，成长为自

觉担当民族复兴大业的时代新人。

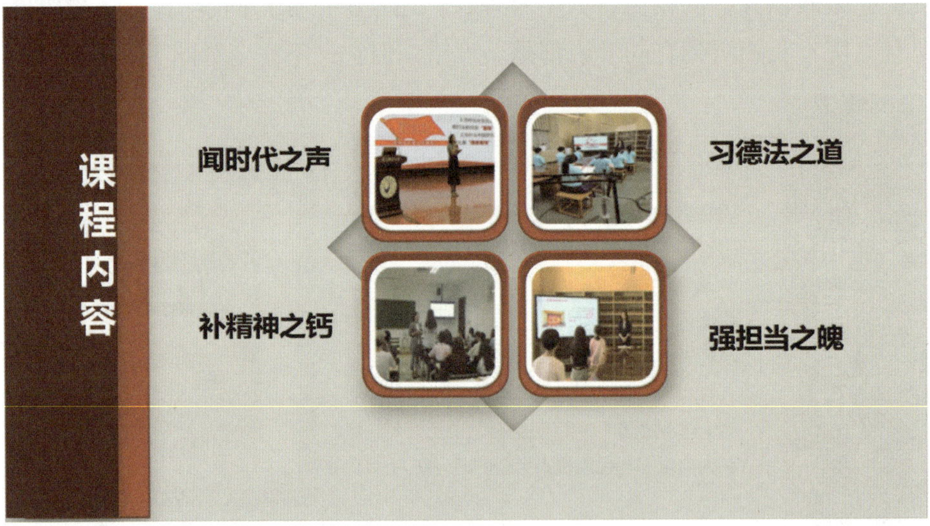

第二，课程内容。这一课程围绕思想、政治、道德和法治教育主题，共有 7 个章节。在这门课上，我将与你们一起闻时代之声、习德法之道、补精神之钙、强担当之魄。

第三，课程目标。通过本课程的学习，学生可以达到知识、应用、整合、情感、价值和学习这六大课程目标。通过这六大目标，使学生提高自身的思想道德修养和法治素养，坚定理想、增强本领、勇于担当，为新时代贡献青春力量。

第四，学情分析。当前学生学习课程的总体情况，呈现为动力不足、思维活跃、视野开阔等特点。针对这些特点，我们在开展课程思政的过程中，可以通过互动教学、紧跟时事和鼓励学生大胆提问来实现以趣激思、以实证思和以疑引思。

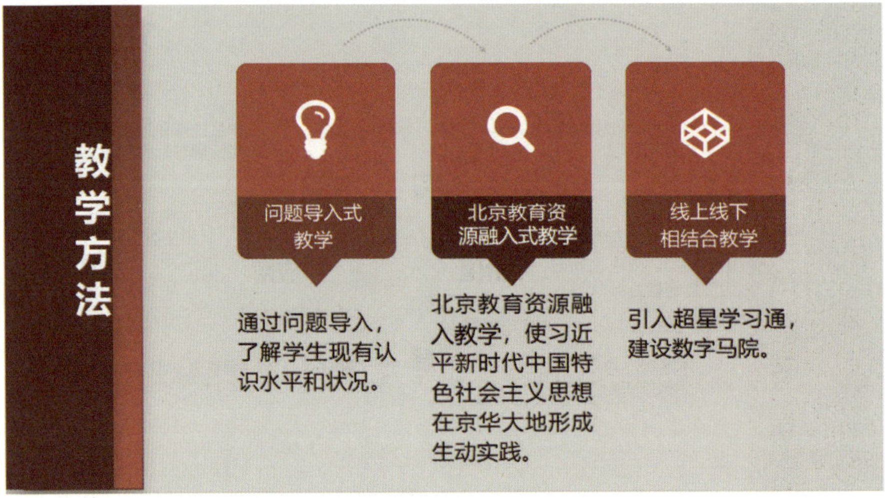

第五，教学方法。我们不断摸索，逐渐形成了马克思主义学院（以下简称“马院”）的教学特色。如问题导入式教学，通过问题导入，了解学生的认识水平；北京教育资源融入式教学，是把北京教育资源融入教学之中，使习近平新时代中国特色社会主义思想在京华大地形成生动实践；线上线下相结合教学，则是引入超星学习通，积极开展数字马院的建设。

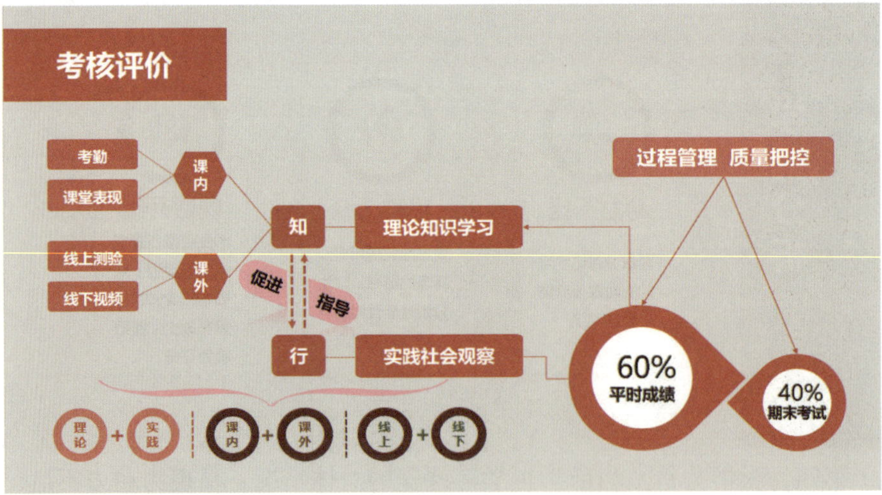

第六，考核评价。通过理论＋实践、课内＋课外、线上＋线下共同进行考核。

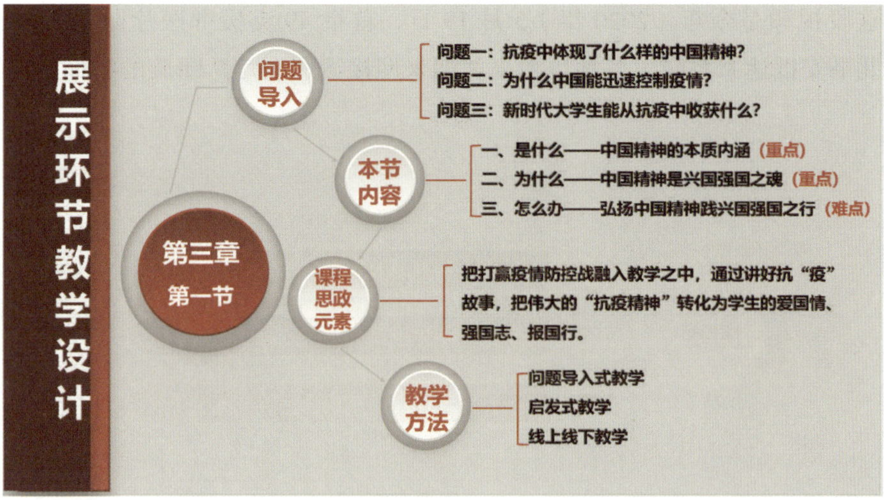

第七，教学设计。我从三个问题入手，把打赢疫情防控战融入教学之中，通过讲好抗“疫”故事，把伟大的“抗疫精神”转化为学生的爱国情、强国志、报国行，激励他们为实现中华民族的伟大复兴贡献自己的青春力量。

下面，开始我的教学展示。

我今天展示的部分是第三章第一节“中国精神是兴国强国之魂”中的“是什么”和“为什么”两个内容。

二、授课环节

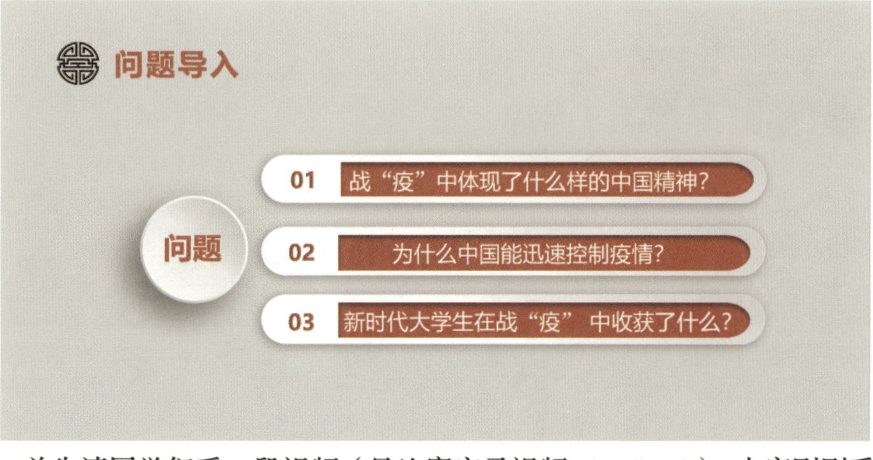

首先请同学们看一段视频（见比赛实录视频 3′54″~4′）。大家刚刚看到

的这段视频是今年（2020年）3月19日，首批49支援鄂医疗队3787人从湖北平安抵达家乡时，各地以最高礼遇来迎接援鄂医疗队凯旋的画面。

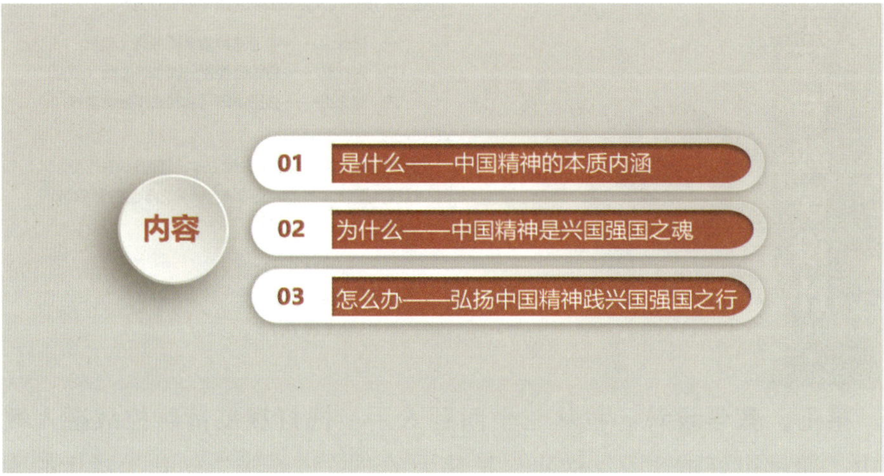

2020年年初，一场猝不及防的疫情席卷中华大地，面对这次疫情，我们不禁发问：战“疫”中体现了什么样的中国精神？为什么中国能迅速控制疫情？新时代大学生可以从这次战“疫”中收获什么？

下面，我们以战“疫”为例，围绕中国精神讲三个内容：第一，是什么——中国精神的本质内涵；第二，为什么——中国精神是兴国强国之魂；第三，怎么办——弘扬中国精神践兴国强国之行。通过对这三个内容的理解来回答提出的三个问题。今天我们先来学习第一个和第二个内容。

1. 是什么——中国精神的本质内涵

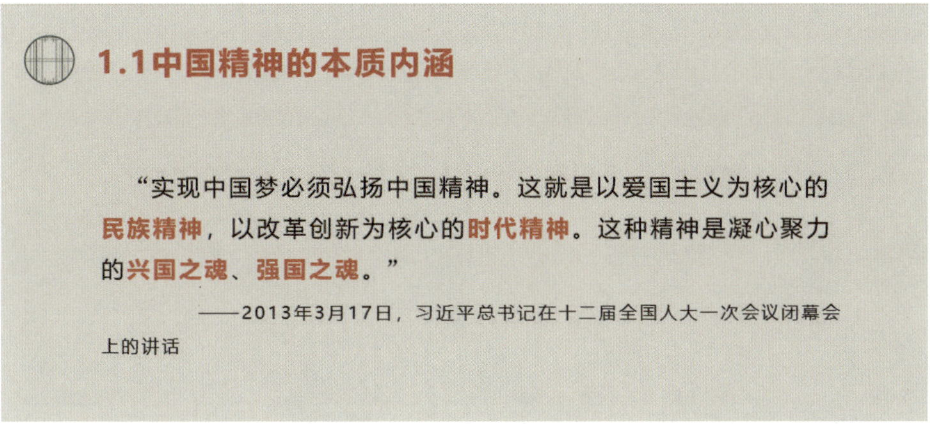

关于中国精神的本质内涵，习近平总书记指出：“实现中国梦必须弘扬中国精神。这就是以爱国主义为核心的民族精神，以改革创新为核心的时代精神。这种精神是凝心聚力的兴国之魂、强国之魂。”这几句话高度概括了中国精神的本质内涵。中国精神是民族精神和时代精神的“合奏曲”。

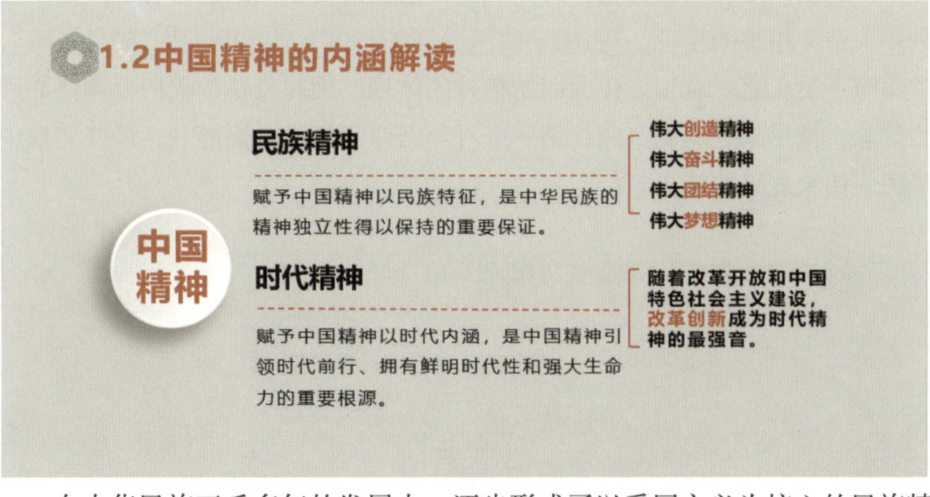

在中华民族五千多年的发展中，逐步形成了以爱国主义为核心的民族精神，这就是伟大的创造精神、伟大的奋斗精神、伟大的团结精神和伟大的梦想精神。如果说民族精神就是兴国之魂，时代精神就是强国之魂，随着改革开放的不断深入和中国特色社会主义建设的不断发展，改革创新则成为时代精神的最强音。

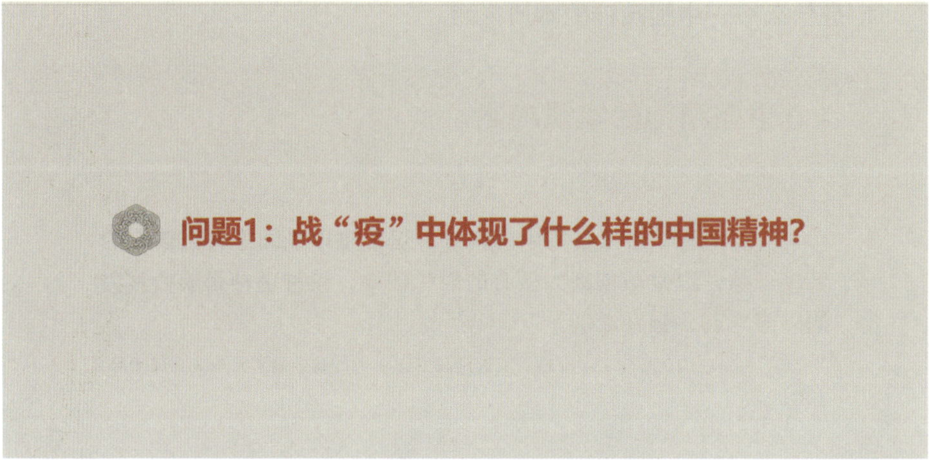

这次战“疫”中体现了什么样的中国精神？这次战“疫”中，中国精神就体现在每一个中国人身上。它闪耀在中南海深夜的灯光里、回荡在钟南山院士的铿锵话语里、聚焦在朱海秀护目镜下的黑眼圈里……如 10 个昼夜火神山医院拔地而起，许多企业跨界生产抗疫物资，国家需要什么，我们就造什么。这些都是伟大创造精神的体现。而这次疫情期间的逆行者们，他们都是伟大奋斗精神的模范。“封闭一座城，守护一国人。”用一己“隔离屏障”，护山河手足无恙。这正是伟大团结精神的体现。面对疫情，我们要满怀必胜的信念，携手战胜病魔，迎接第一个百年奋斗目标的全面胜利，最终实现中华民族伟大复兴的梦想。

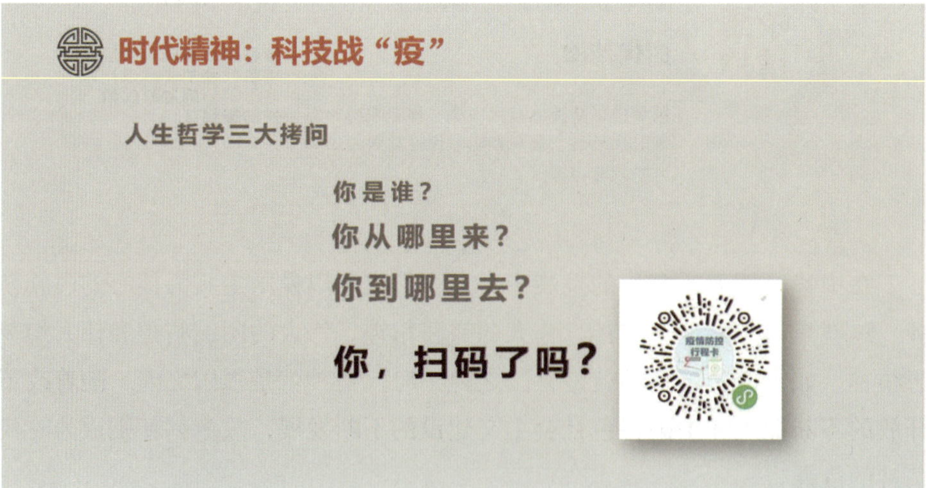

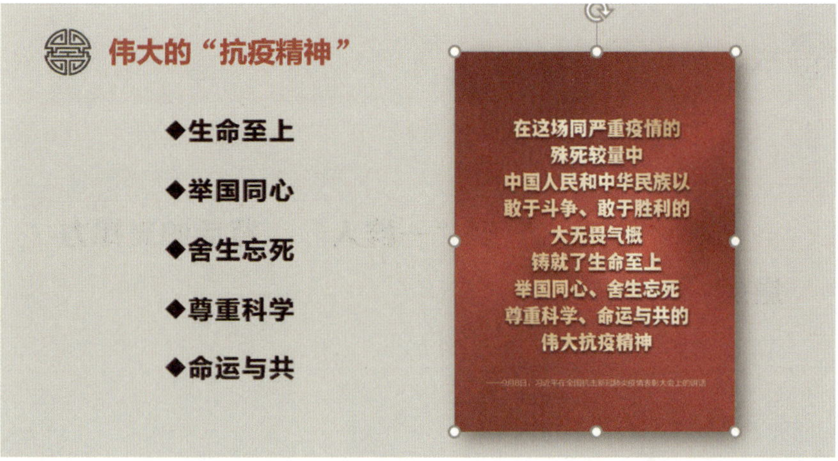

伟大时代呼唤伟大精神，在这次战**“疫”**中，改革创新也成**为战“疫”胜利的关键**。比如，在疫情期间，很多城市进出都会迎来三大哲学考问。“你是谁？”“你从哪里来？”“你到哪里去？”但这三个问题在中国，千言万语汇成一句话，“你扫码了吗？”比起2003年的抗击“非典”“用生命守护生命”，这一次，我们用高科技来守护生命。科技战**“疫”**无处不在。再如，无人机巡逻、5G远程会诊，还有大数据成为分析北京疫情的“神器”，**这些都为抗“疫”战士输送暖心又硬核的科技力量**。

这些抗“疫”中的民族精神和时代精神共同形成了伟大的抗疫精神。2020年9月，在全国抗疫表彰大会上，习近平总书记概括了伟大的抗疫精神，这就是“生命至上”“举国同心”“舍生忘死”“尊重科学”和“命运与共”。

2. 为什么——中国精神是兴国强国之魂

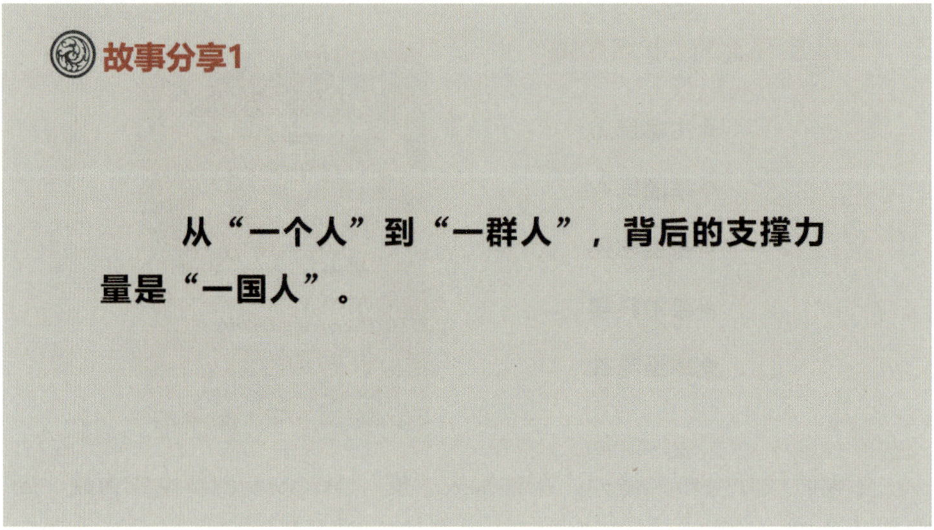

回答了第一个问题，下面我们来回答第二个问题。为什么中国能迅速控制疫情？原因固然有很多，但一个重要原因就是中国人民在党的领导下充分发扬了中国精神，中国精神是兴国强国之魂。为了让同学们更好地理解中国精神是兴国强国之魂，我先给大家分享两个战“疫”故事。

一个普普通通的快递小哥，如何能变身成一群神通广大的“哆啦A梦”？第一个故事就是关于快递小哥汪勇的。疫情期间，他偶然进入一个微信群，叫作金银潭医院医护人员需求群。疫情暴发后，他牵头建起了医护服务群，从日常的出行、用餐，到修眼镜、买拖鞋，只要医护人员有需要，他们都会想方设法搞定。汪勇和他的志愿者团队将温暖聚拢，照亮着逆行的医务人员。从“一个人”到“一群人”，背后的支撑力量是“一国人”。在中华大地上还有许多像汪勇一样的“哆啦A梦”，在危机时刻创造了一个又一个奇迹。

这个故事反映的是在危难时刻每一个中国人自发地凝聚在一起，就像无数个汪勇那样的平凡的英雄。中国人的凝心聚力还表现为党中央发挥指挥棒的作用，将全社会的力量进行高效的协调组织，就像我们要讲的第二个故事。

同学们，这些火神山医院的“工地网红”你们还记得吗？“叉酱”（跑来跑去的小叉车）、“小黄”（黄色挖掘机），还有“白居易”（白色板房）等，这些新晋“网红”的产生也源于这场疫情。

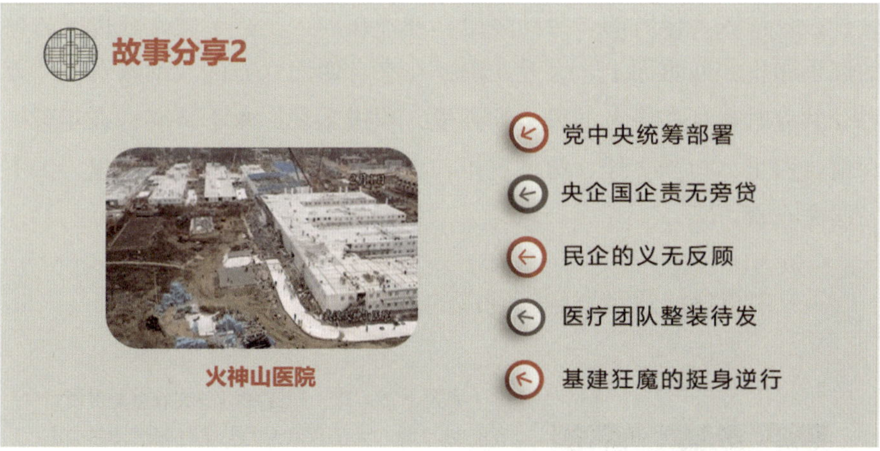

为了和时间赛跑，中国的建筑工人们通宵施工。如果给你十天的时间，你能做成什么事情？看完一本书、追完一部剧，每个人的答案不尽相同。但中国用了 10 天在一片荒无人烟的空地之上，建成了占地 3.4 万平方米、拥有 1000 张床位的传染病医院。中国式的速度与激情无不让世界称赞，这个速度与激情的背后是举国之力的支援，是全社会全行业的凝心聚力。有央企国企的责无旁贷，有广大民企的义无反顾，有医疗团队的整装待发以及千千万万的基建狂魔化身为超人的样子挺身逆行。

这两个故事就体现出中国精神是兴国强国之魂，这种魂能够凝心聚力，能够为战胜一切困难提升勇气和信心。具体来看，体现在以下几个方面。

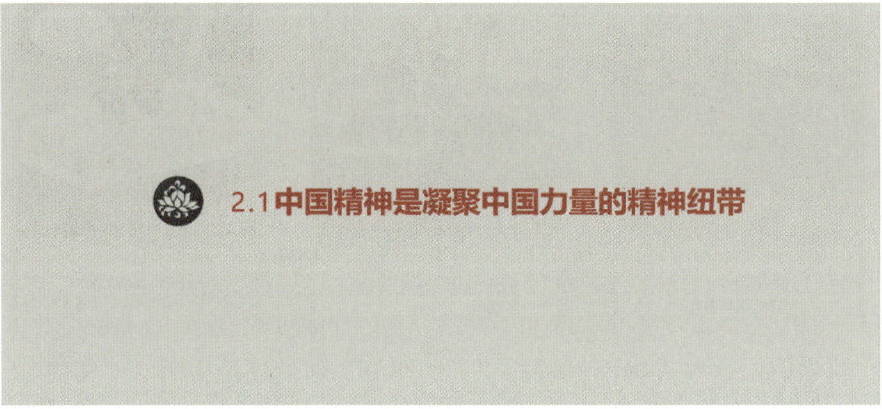

第一，中国精神是凝聚中国力量的精神纽带。这种力量：在军人的坚定脚步里，闻令而动、雷厉风行；在科研人员的合力攻关里，全力以赴、争分夺秒；在社区工作者的一身药袋里，冲锋在前、不辞辛劳；在援汉队员按下的红手印里，迎难而上、大爱无疆；在来自四面八方的救助物资里，万众一心、共克时艰；在患者的舞步歌声里，积极乐观、永不言弃；在年青一代的深情告白里，担当责任、勇挑重担；更在全国人民的安静守护里，天下兴亡、匹夫有责。

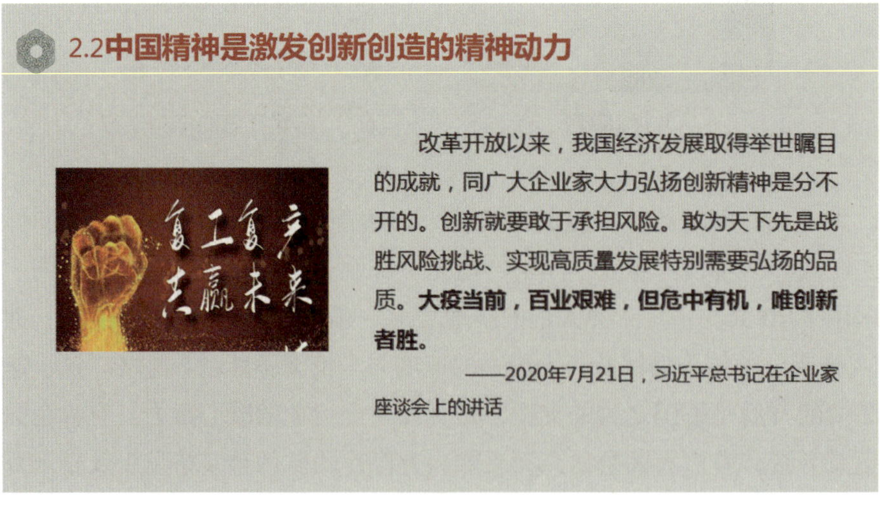

第二，中国精神是激发创新创造的精神动力。实现梦想、应对挑战、创造未来，动力从哪里来？只能从发展中来、从改革中来、从创新中来。中国精神是激发创新创造的精神动力。

第三，中国精神是推进复兴伟业的精神定力。现阶段如何集中精力抓好“六稳”“六保”，推进民族的复兴大业，还是要靠中国精神之魂凝聚的精神定力。

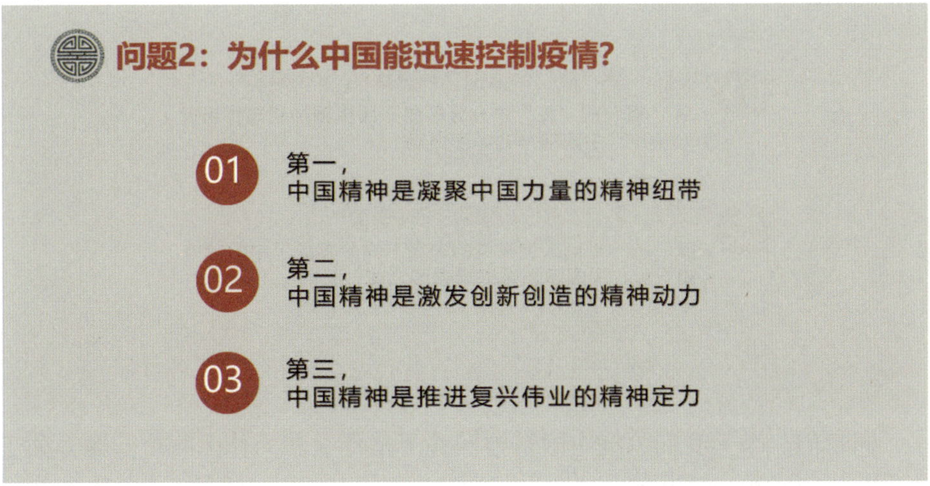

正是这种凝聚中国力量的精神纽带、激发创新创造的精神动力、推进复

兴伟业的精神定力，共同彰显了中国精神的兴国强国之魂。这也是对第二个问题的最有力的回答。

课后给大家布置一个作业，请大家打开学习通观看视频，以身边的抗疫故事为例，谈一谈让你感动的中国精神。最后再给你们推荐 2 本课外书。

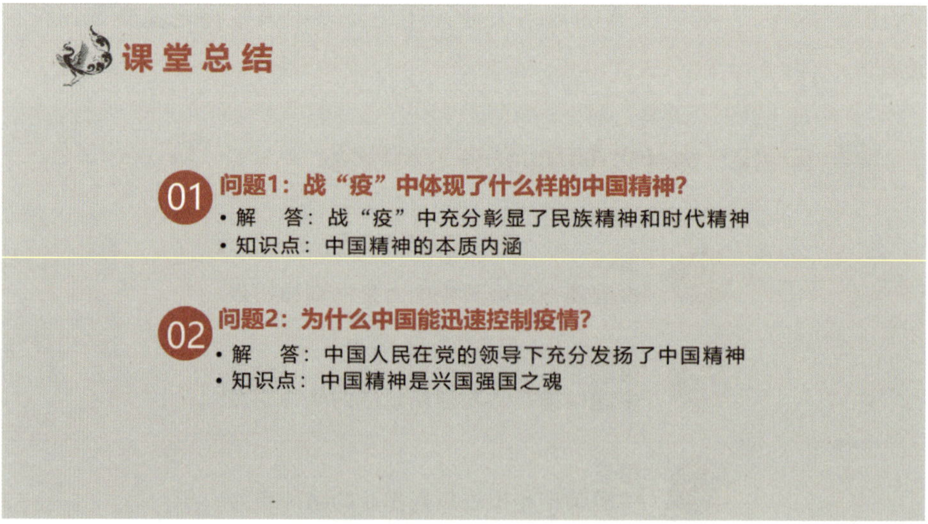

同学们，今天我们围绕中国精神回答了是什么和为什么两个问题，关于怎么办的问题我们下节课再来学习。

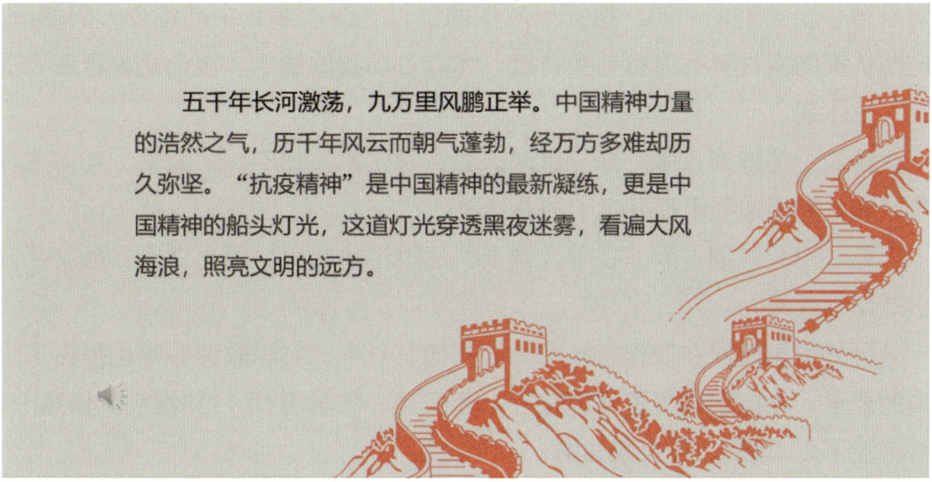

五千年长河激荡，九万里风鹏正举。中国精神力量的浩然之气，历千年风云而朝气蓬勃，经万方多难却历久弥坚。“战疫精神”是中国精神的最新凝练，更是中国精神的船头灯光，这道灯光穿透黑夜迷雾，看遍大风海浪，照亮文明的远方。愿山河无恙，人间值得！

三、成长体会

我的教学展示完毕，下面我将谈一谈我的心得体会。如果说专业课程讲课程思政叫作润物细无声，而我们就是讲思政课的，我们更要掷地有声地讲好思政课。如何掷地有声讲好思政课，我用三个关键词谈一谈我的体会。

第一个关键词：源。挖掘思政课的素材之源。如我在准备今天的课时，这些抗疫的素材只有先打动我自己，才能打动我的学生。这也是教育者先受教育的体现。

第二个关键词：术。探寻思政课的教学之术。如专题式教学、互动式教学，充分利用这些术提升学生的获得感。

第三个关键词：效。在思政课上，通过讲出味来，悟出道来，最后提升思政课的效果。

另外，思政课在课程思政水涨船高的背景下，对思政课教师也提出了更高的要求。在探索课程思政的路上，我还是一名学习者。“路漫漫其修远兮，吾将上下而求索”，与大家共勉。

研究论文

讲好“北京故事”：探索思政课的“源”“术”“效”

习近平总书记在《思政课是落实立德树人根本任务的关键课程》一文中指出：“推动思想政治理论课改革创新，要不断增强思政课的思想性、理论性和亲和力、针对性。”**要让思政课有温度、内容有亲和力，讲故事的方式能很好地传递情感，可以让高校的思政课堂变得立体生动起来。**北京是一个有故事的城市，文化资源非常丰富，是都城文化领域的集大成者，如古都文化带、运河文化带、长城文化带和西山文化带，以及北京的红色文化、京味文化和新时代创新文化。立足“北京故事”与思政课教学的有机结合，探索思政课的“源”“术”“效”，从而有力地回答讲什么、怎么讲、讲得效果如何几个问题，使习近平新时代中国特色社会主义思想在京华大地落地生根，并形成生动实践。本文以思想道德修养与法律基础课程（以下简称基础课）为例，把讲好“北京故事”融入基础课教学之中，积极探索思政课的“源”“术”“效”。

一、讲好“北京故事”：挖掘思政课的素材之“源”

讲好“北京故事”，做好首都文化这篇“大文章”，必须以培育和弘扬社会主义核心价值观为引领，大力挖掘、收集、整理“北京故事”，为思政课教学提供丰富的教学素材源泉。这是讲好“北京故事”、把最具北京味道的故事融入思政课教学实践的前提和基础，也是我们对思政课上讲什么的一种探索。

（一）挖掘整理北京壮丽七十年故事

北京七十年的发展成就可以折射出中华人民共和国七十年的光辉历程，挖掘北京壮丽七十年中的创新、协调、绿色、开放、共享发展的故事，能够为思政课提供丰富的教学素材之“源”。如京津冀协同发展、首都城市战略定位、“回天地区”社区精细化治理、大兴国际机场的建设等故事，通过挖掘这些“北京故事”，让学生体会故事蕴含的思想观念、人文精神和道德规范，通过故事达到理解、领悟教材观点的内涵及意义，通过故事加深对理论内容的融会贯通。

（二）挖掘整理北京红色文化故事

北京红色资源丰富厚重，拥有 18 家全国爱国主义教育示范基地，15 家全国红色旅游经典景区，166 家市级爱国主义教育示范基地（截至 2018 年 11 月）。**每一处红色遗址、每一件红色文物的背后，都蕴含着传奇的红色故事，承载着伟大的革命情怀，**蕴藏着坚定的革命信念，体现了厚重的文化底蕴，浓缩了中国共产党的精神价值。**深度挖掘好北京红色文化的素材之“源”，整理成红色文化故事，让这些故事在思政课课堂上实现红色资源的价值转化，既可以让学生铭记历史，也可以更好地传承和弘扬革命传统和革命道德。**在基础课课堂上，通过“北京故事”**把历史转化为课程、把史料转化为教材、把现场转化为课堂，让北京红色文化得以代代传承。**

（三）挖掘整理新时代北京实践故事

挖掘整理新时代“北京故事”的素材之“源”，特别是党的十八大以来习近平新时代中国特色社会主义思想在京华大地上的实践，对于大学生了解北京、拓展认知视野起到促进作用，还可以让学生增强对祖国的自豪感、认同感，做社会主义核心价值观的大力弘扬者和积极践行者。如将北京抗“疫”故事、北京榜样故事等弘扬时代主旋律的“北京故事”融入基础课，这些源自基层、植根平凡、充满正能量的榜样人物和他们背后的感人事迹，用实际行动深刻诠释了习近平总书记称赞的首都市民“热情开朗、大气开放、积极向上、乐于助人”的优秀品质。再如北京新机场、北京城市副中心建设、北京冬奥会等新时代北京发展的故事，让学生拓展认知视野，将思政小课堂和社会大课堂结合起来，增强思政课的思想性和亲和力。

二、讲好“北京故事”：探寻思政课的教学之“术”

讲好“北京故事”，探索思政课的教学之“术”，主要是解决思政课教学改革中怎么讲的问题。如何创新教学方法，让学生爱上思政课，可以通过生动、有趣、鲜活又感人肺腑的故事来诠释道理、传播思想文化、表达思想情感。

（一）讲好“北京故事”融入思政课专题式教学，探索专题式教学之“术”

思政课专题化教学并不是脱离教材大纲另搞一套，而是以教材体系为基础，以教学大纲为指导，根据教材和大纲要求掌握的重点、难点问题，结合师生关注的热点、焦点问题，重新组织、编排和提炼教学内容，在原有教材的基础上，拓宽领域、挖掘深度，打破原有教材体系的束缚，重新整合课堂教学内容，使之从教材体系向教学体系转化。根据2018版基础课的教材核心内容和教学要点提炼整合为若干专题，以环环相扣的“问题链”引导教学、激活学生，用层层递进的严密逻辑透彻解读理论。在这些专题中，把有情怀、有温度的“北京故事”放在每一个专题的知识点中，以点带面，形成“北京故事”导入专题——问题链设计引发学生思考——回归专题得出结论的“北京故事”融入基础课专题式教学。**通过“北京故事”贯穿在每一个专题的导入之中，引发学生对“北京故事”与专题内容融合产生的现实发展的问题意识，从理论和实践两个方面进行深入拓展，既可以有效整合原有教材的相关内容，又可以不断更新教材中没有而又需要与时俱进的内容。**

（二）讲好“北京故事”融入思政课体验式教学，探索体验式教学之“术”

要落实习近平总书记对全国思政课教师把思政小课堂同社会大课堂结合起来，教育引导学生立鸿鹄志、做奋斗者的要求，就需要不断探索新的教学之“术”。创新“北京故事”+体验式的教学模式不失为一种新的尝试。这种体验式教学模式在推进“思想政治引领工程”、推进“八个统一”思政课改革、强化“六要”思政课教师队伍建设方面起到一定的促进作用。在“北京故事”+体验式的教学课堂中，通过研练式课堂、移动课堂、VR体验课堂、智慧课堂等让思政课“活”起来。**例如，与北京爱国主义教育基地、大型成果展等机构建立联动关系，带领学生实地考察，在这些地方开展第二课**

堂，实地讲授“北京故事”，让“高大上”的理论更接地气、更有温度。此外，还可以带领学生去大兴国际机场、“回天地区”、北京城市副中心等地实地走走，让学生通过生动的“北京故事”去“看北京”“看变化”“看成就”，使学生深刻理解习近平新时代中国特色社会主义思想在京华大地上的生动实践。

（三）讲好“北京故事”融入思政课互动式教学，探索互动式教学之“术”

一堂课教学效果好不好，关键看教师能否带动学生参与整个教学过程。互动式课堂教学，就是在教师的启发引导下，教育主体间采用对话、研讨和交流的学习方式，形成和谐的师生互动、生生互动、学生个体与学习中介的互动，以及师生与环境相互影响的学习机制，以调动学生学习主动性，开发学生的创造性思维，培养学生的能力，塑造学生良好个性的一种教学理念。**互动式教学方式分为两种：一种是系统内的互动。这种互动主要指教师与学生群体和个体之间、学生群体与学生群体之间、学生群体与学生个体之间、学生个体与学生个体之间的互动。另一种是系统外的互动，这种互动主要实现师生与社会现实之间的互动，如开展各种社会实践以及使用各种教学App辅助教学等。探索**“北京故事”+互动式教学之“术”，即在系统内部让教师和学生同备一堂课，发挥学生的主体性作用。在系统外互动中，充分利用各种网络平台和雨课堂、学习通、云班课等各种教学软件作为辅助教学工具，对“北京故事”融入基础课的各个章节的知识点进行互动式探讨，激发学生的学习主动性和思考问题的分析能力，实现“北京故事”“进课堂、进头脑”，从而进一步理解习近平新时代中国特色社会主义思想。

三、讲好“北京故事”：评价思政课的成果之“效”

习近平总书记指出：“讲故事就是讲事实、讲形象、讲情感、讲道理。讲事实才能说服人，讲形象才能打动人，讲情感才能感染人，讲道理才能影响人。”把“北京故事”融入思政课中，通过讲好“北京故事”去评价一堂思政课的教学效果如何，关键看这个故事的“味”和“道”。以“味”“道”为本，去收获思政课的成果之“效”。

（一）讲出“味”来，使思政课教学显成效

在基础课上，既然要讲故事，这个故事就一定要使学生想听爱听，听起来必须有味。如果把思政课比喻成一盘大餐，索然无趣的菜，摆得再好看没什么味，授课效果也不会好。因此，要讲出“味”来，需要思政课教师们练好十八般武艺。一方面，需要教师的表达富有感染力，通过语气的轻缓、语速的快慢、语调的轻重来讲述好故事的情节，用生动的语言刻画出人物的内心活动，再加上一些肢体动作，这样在讲的过程中才会带动学生的情绪，故事听起来才会津津有味。另一方面，还需要教师熟练操作多媒体，利用多媒体播放与故事情节相关的图片、视频等，图文并茂，娓娓道来。如北京抗“疫”故事、北京榜样故事、新时代北京实践故事等，这些鲜活故事中的主人公就在你我的身边，通过教师的生动讲述，既能引人入胜，又能发人深思。思政课的教学效果就在这个“味”中体现出成效来。

（二）悟出“道”来，使思政课教学显成效

故事不仅要好听，关键是听完之后要有所思、有所获。所谓悟“道”，就是通过听故事悟出故事背后的道理。思想和价值观念是灵魂，一切表现形式都是表达一定思想和价值观念的载体。离开了一定的思想和价值观念，再丰富多样的表现形式也是苍白无力的。讲故事的最终目的是通过悟出故事背后的道理，让故事承载的思想价值去引领学生的思想，帮助他们明辨是非曲直，树立正确的人生观、世界观和价值观，引导大学生成长为自觉担当民族复兴大任的时代新人。如讲授北京抗“疫”故事，让学生理解青年的使命与担当，从而做到知行合一。评价一堂思政课是否有成效，可以通过这些故事，去启发学生“悟道”，最终让学生“信道”，从而实现教学体系向价值体系、知识体系向信仰体系的转化。

参考文献：

[1] 习近平．思政课是落实立德树人根本任务的关键课程[J]．求是，2020（17）：7.

[2] 曾立荣．高校思政课互动式课堂教学若干问题探讨[J]．社科纵横，2010（6）：255.

空间营造的中国智慧——城市设计课程思政教学设计与实践

教师简介：刘剑刚，人文地理与城乡规划专业，副教授。

所授课程：城市设计；建筑学基础；中国古代建筑

研究方向：城市设计与历史城市保护；建筑历史与理论

曾获奖励：北京高校第六届青年教师教学基本功比赛二等奖及最佳演示奖；北京联合大学教学成果二等奖；北京联合大学课程思政教学设计大赛二等奖。

教书育人感言：一个合格的大学教师，首先应该是一个合格的知识分子，有独立的思想，有严谨的学风，有正直的人品。教书育人，不仅传授知识，还要让学生发现一些有趣的东西，感受一些引发思考的东西，体验一些让人感动的东西。

比赛实录

扫描二维码观看
比赛现场实录

城市广场的空间设计

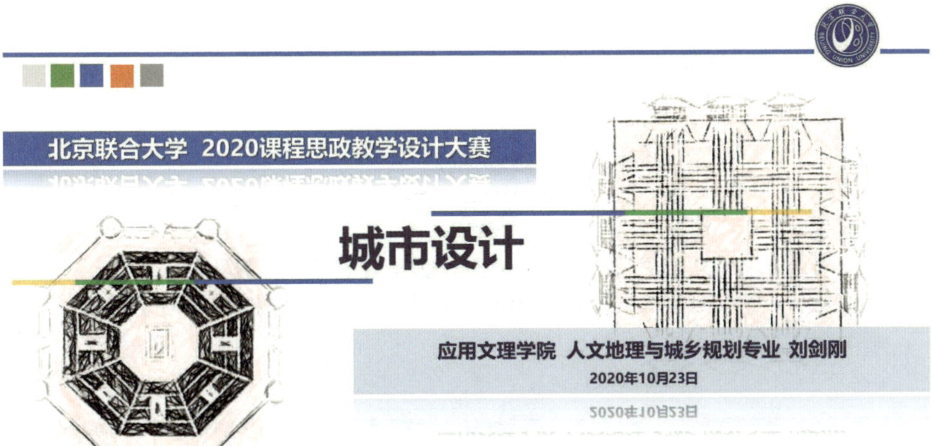

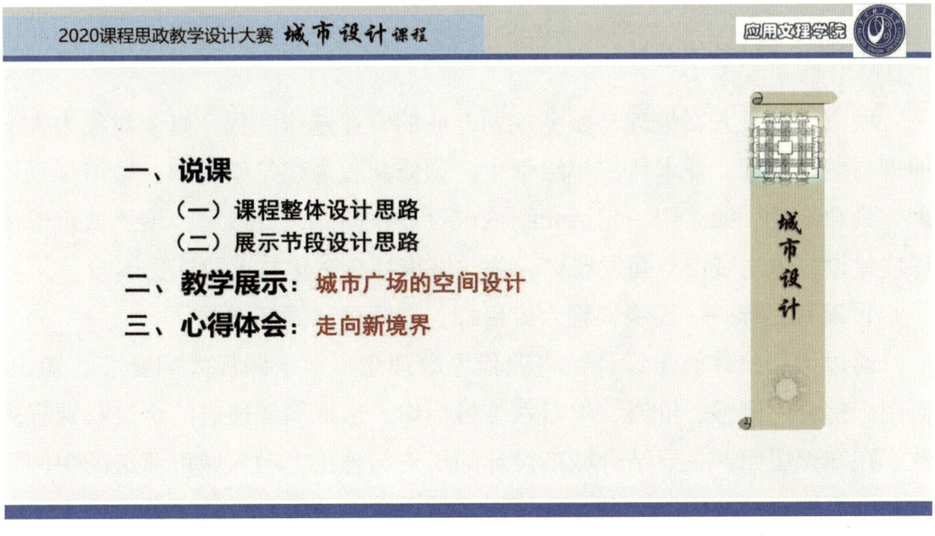

各位同学、各位老师，下午好！我是应用文理学院城市科学系人文地理与城乡规划专业的教师，我叫刘剑刚。我今天参赛展示的课程是城市设计。

我的教学展示分为三部分。第一部分是说课，这是城市设计课程思政的教学设计思路，包括课程整体的设计思路和 9 分钟展示节段的设计思路；第二部分是教学展示，讲授“城市广场的空间设计”这一知识点；第三部分是探索课程思政教学的心得体会，我称为“走向新境界”。

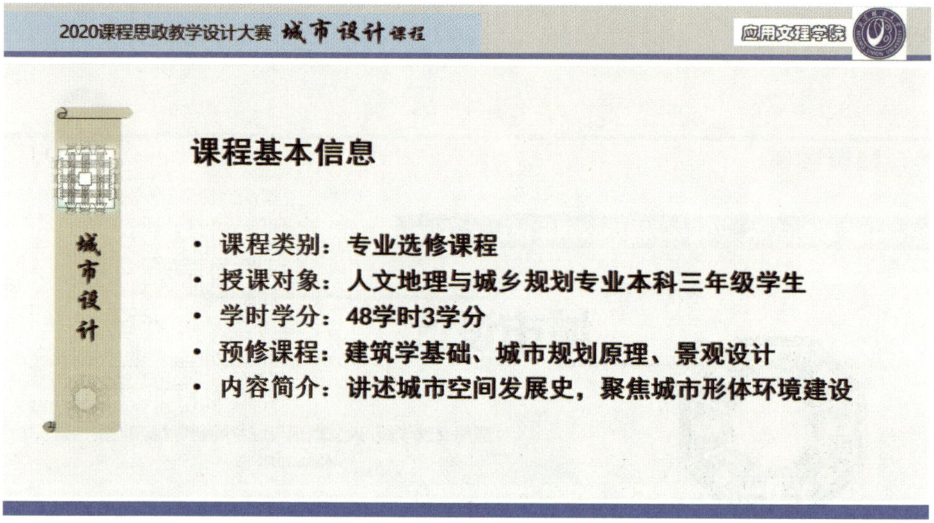

一、说课

（一）课程整体设计

城市设计是人文地理与城乡规划专业的专业选修课程，修读对象为人文地理与城乡规划专业本科三年级学生，预修课程为建筑学基础、城市规划原理、景观设计。如果用一句话介绍城市设计这门课，应该是：聚焦城市形体环境建设，讲述城市空间发展史，关注城市社会文化与人的感受体验。

1. 课程目标——围绕课程六维目标，课程思政循环递进

通过课程整体教学设计，将课程思政理念贯穿于课程大纲要求的知识、应用、整合、情感、价值、学习六维目标中，形成循环递进的全过程课程思政。在知识层面，主要结合城市设计的历史与理论，融入城市营造的中国智慧和中国气派；在应用层面，强调通过城市空间分析与设计实践，传承中国城市文脉；在整合层面，统筹城市的空间环境、社会历史与人的活动，倡导人、城市、自然的和谐共生；在情感层面，鼓励合作交流与表达展示，传播

积极向上的正能量；在价值层面，探索城市的多元属性与价值，感受在中国城市发展进程中折射出的时代变迁和历史成就，激励青年奋斗；在学习层面，始终关注城市设计理论与实践的发展前沿，在不断学习中去理解思考，去探索创新，形成新的知识生产。

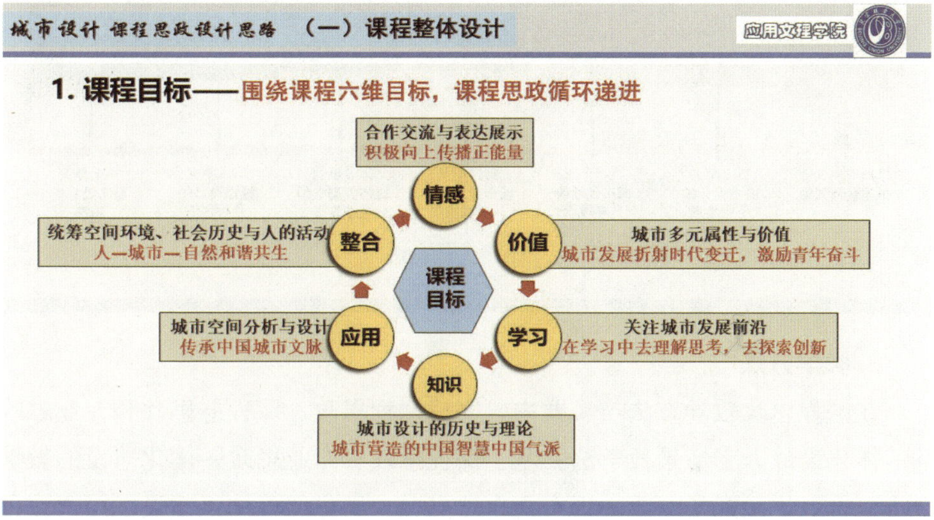

2. 教学内容——挖掘思政元素，有机融入课堂

针对城市设计课程的教学内容，以中国城市设计文化传统的探源、挖掘和拓展，人民至上的城市发展理念，中国城市故事为核心，深入挖掘、凝练思政元素，探索将思政元素“如盐在水，有味无痕”地融入专业知识讲授中，努力实现“知识传授”与“价值引领”的统一，力争做到入景、入情、入理，理趣合一。例如，在“城市设计的历史发展”单元，启发同学们感悟中国城市历史，体验中国城市之美，深入中国城市现实，思考中国城市未来；在“城市典型空间类型设计”单元，阐述中国传统城市设计与空间营造智慧，讲好中国城市故事，坚定文化自信；在“城市设计的分析方法”单元，强调以人民为中心的城市发展理念，切实关心人民群众对美好城市生活的追求。

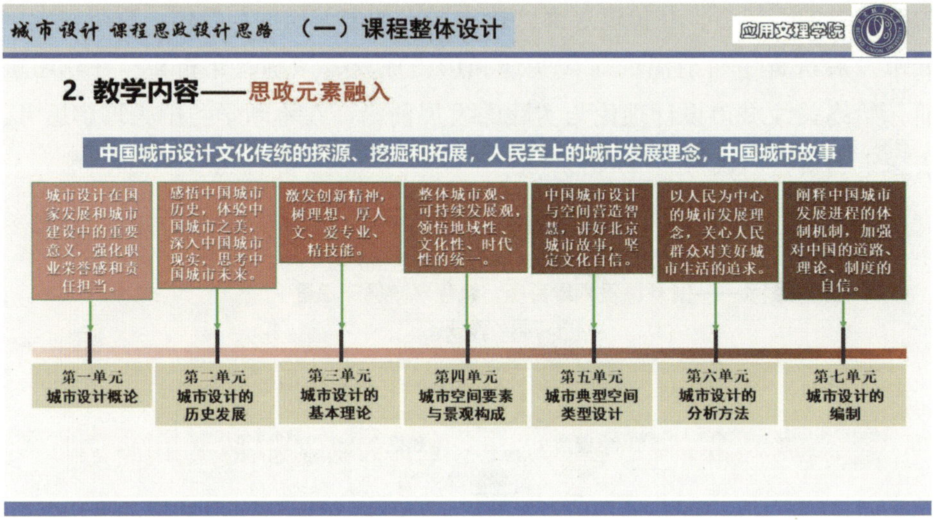

3. 教学方法

在课程思政教学方法与实践中，坚持课程思政、课程群思政和专业思政的一体化设计。①情景教学法：基于课程思政、专业思政一体化建设的教学要求，将思政元素与专业知识有机自然交融，聚焦课程体系建设，探索课程思政元素融入的模块化和情景化教学模式，增加教学互动，加强学生自主探索和研究的能力。②理论讲授 + 案例评析教学法：将理论知识讲授与案例评析教学讨论相结合，理论知识教学坚持问题导向，教师以深挖城市与建筑文化为抓手，强化课程教学的思想性、专业性和文化性，充分体现授课教师的教育理念和学识境界。利用线上、线下资源，使课堂从校园延伸到城市、乡村、社会，让学生走进城市空间、街道社区、历史场所，感受城市脉动，品读城市文化，达到体验、情感和领悟的统一。③任务驱动式教学法：围绕北京城市发展、历史文化名城保护、全国文化中心建设、乡村振兴等首都发展的实际问题，结合主讲教师的科研项目，坚持科研反哺教学，开展富有特色的设计实践选题，设立完整的真实场景和问题背景，使思政教育与专业能力培养融合发展，力争取得更好的教学效果。

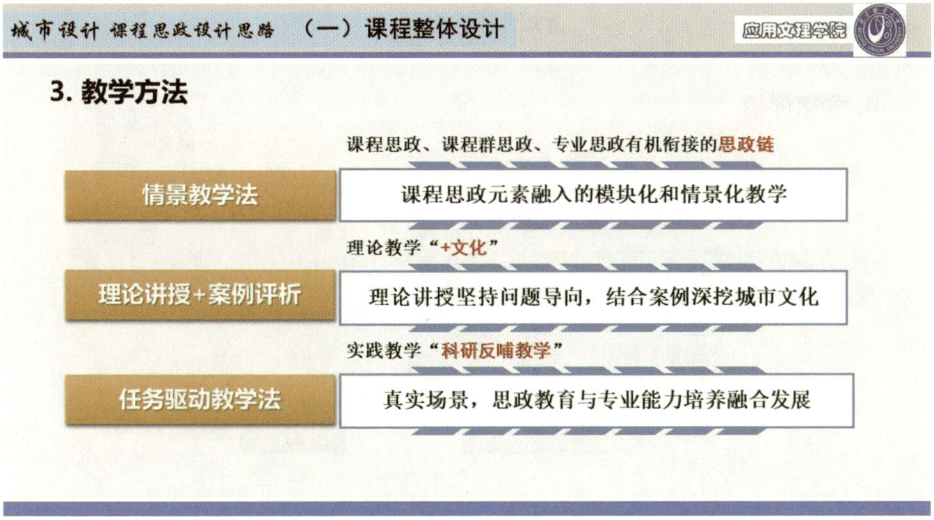

4. 考核评价

考核方式分为过程性考核和终结性考核。其中，过程性考核构成平时成绩，占总评成绩的 50%；终结性考核形成期末成绩，也占总评成绩的 50%。

过程性考核包括考勤成绩、平时作业（空间的故事——北京典型城市空间的调查与分析）、课堂汇报。过程性考核在检验学生专业知识的同时，让学生通过实地调研，体验、感知北京城市脉动，加强学生扎根京华、奋发有为的责任担当。

终结性考核为课程设计大作业，着重调研分析与资料收集、设计构思与方案优选、调整发展和深入细化、城市设计过程的表达。终结性考核发挥学生学习的主体地位，调动了学生学习的主动性，增加了学生主动探索的学习兴趣，在培养学生对专业能力与知识理解的同时，掌握职业道德、规范及责任等要求，提高学生日后适应岗位的能力。

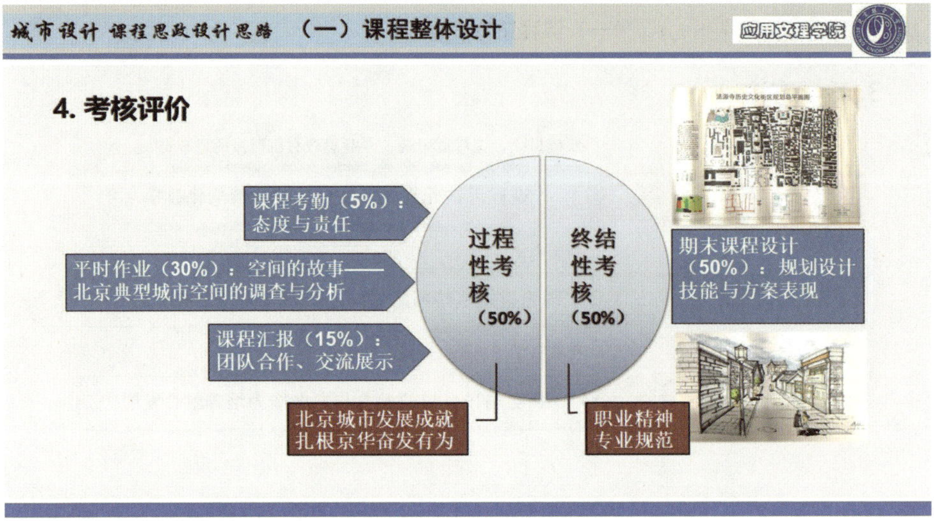

（二）展示节段设计

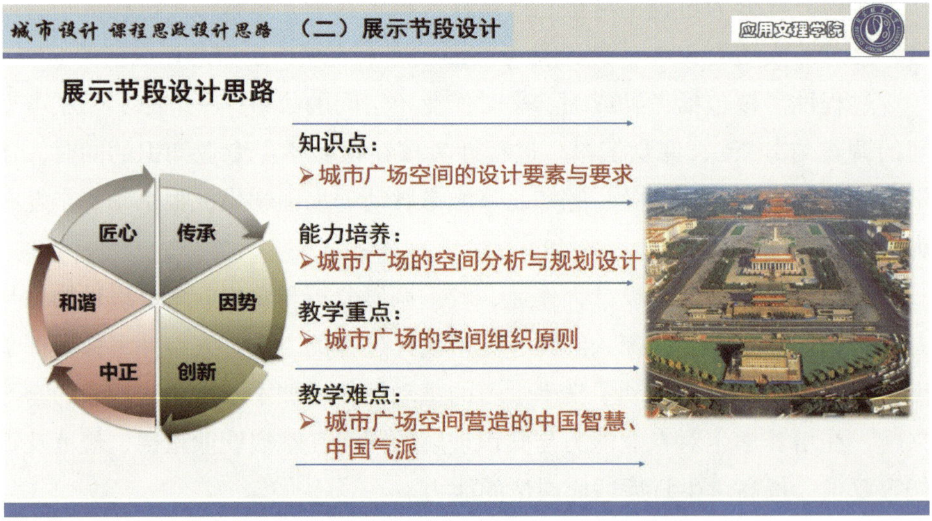

以城市设计课程第五章第二节中的“城市广场的空间设计”为例进行课程思政的设计。讲授的知识点为“城市广场空间的设计要素与要求”，以同学们熟悉的北京天安门广场为例进行解读。课程思政的主旨为“城市空间营造的中国智慧与中国气派”。通过讲述城市广场空间的设计要素与组织原则，分析归纳天安门广场空间营造的中国智慧和中国气派的城市设计，有机融入天安门广场“匠心传承、因势创新、中正和谐”的历史价值和时代精神，激发学生的文化自信、民族自豪感和国家荣誉感。

二、教学展示

现在进入教学展示，我们以天安门广场为例，讲解城市广场设计的五要素，即围合、形势、场所、界面和中心。

天安门广场是我国举行重大国事活动的城市公共空间，见证了近代以来中国历史的变迁，可以说，天安门广场在每个中国人的心中都有着特殊的位置。

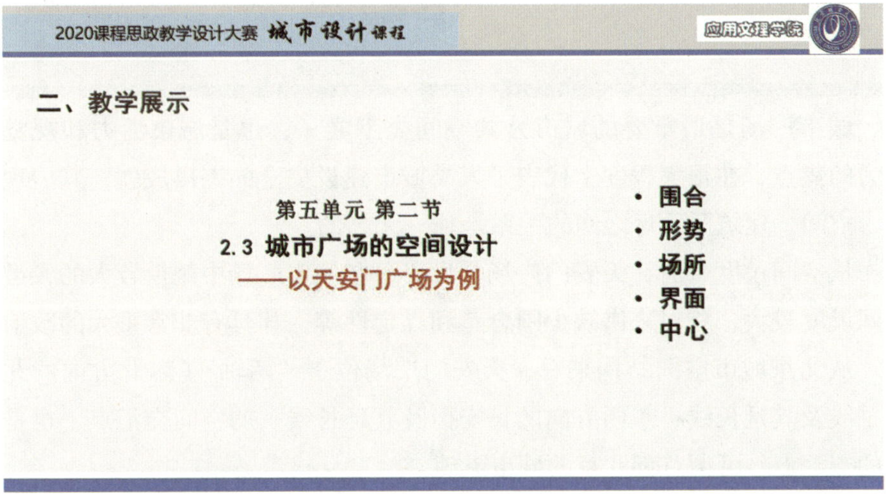

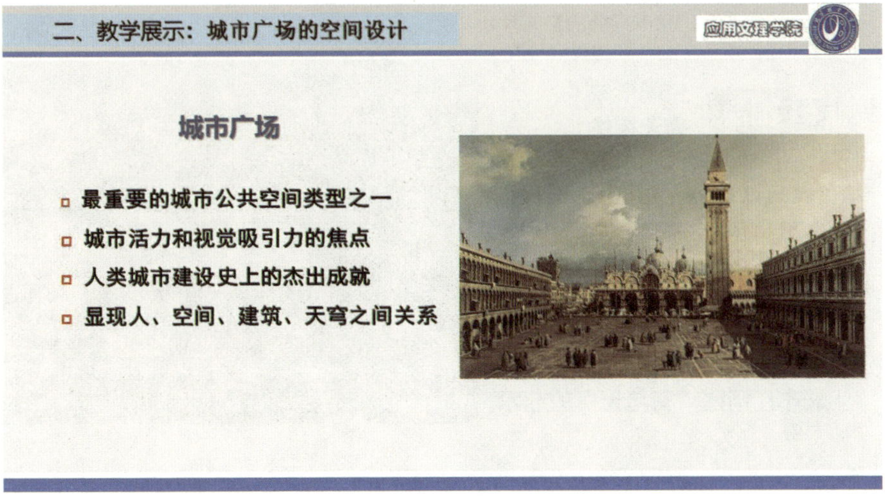

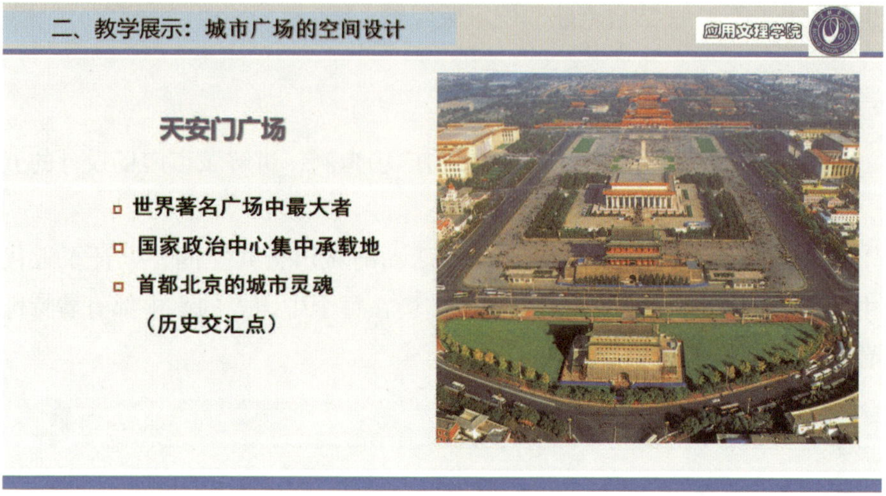

城市广场是最重要的城市公共空间类型之一，也是城市活力和视觉吸引力的焦点，在很大程度上代表了人类城市建设史上的杰出成就，其展现的人、空间、建筑及天穹之间的关系是独一无二的。

从空间尺度来看，天安门广场是世界著名城市广场中规模较大的，虽然空间尺度较大，相对来讲缺少围合感和界定性等，却具有非常重大的政治意义。从北京城市空间结构来看，天安门广场位于“两轴”（南北方向的北京中轴线及其延长线、东西方向的长安街及其延长线）的空间交汇点，也是历史的交汇点，可谓首都北京的城市灵魂。

“围合”是形成空间的手段，我国春秋时代的哲学家老子在《道德经》里提到：“埏埴以为器，当其无，有器之用。凿户牖以为室，当其无，有室之用。故有之以为利，无之以为用。”意思是说：开凿门窗建造房屋，有了四壁和门窗围合而形成中间的空间，才有房屋的作用。老子的这句话深刻地描述了“有”（实体）与“无”（空间）的关系，用来描述空间的形成十分恰当。人们建造房屋时，通过设立围墙、覆盖屋顶围合成房屋，而真正使用的却是其中空的部分；围墙、屋顶为“有”，而真正有价值的却是“无”的空间；“有”是手段，“无”才是目的。城市广场空间也是由周边建筑的围合而形成的。围合有两个指向，一个是围合所用的实体（有），另一个是围合所产生的空间（无），体现了实体与空间“有无相生”的中国传统思想，体现了辩证统一的哲学观，所以说城市广场通过围合而形成，是“有与无”的艺术。

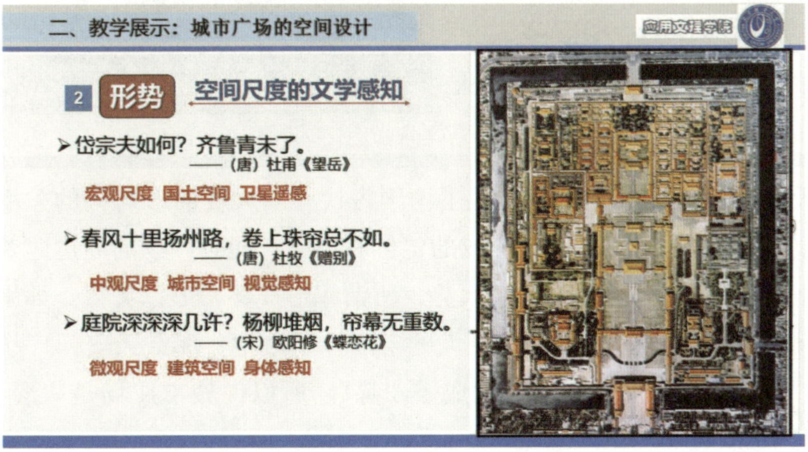

中国古代营造理论讲究“千尺为势，百尺为形”，“形势”是一个空间尺度的概念。古代的“百尺”相当于今天的25~30米。大规模的建筑群，比如故宫，就要营造出“千尺为势”的气魄。“势”是一种整体观，“形”是局部、是细节，所谓因“势”完“形”，达到整体与局部的统一，也就是形式美所遵循的多样统一原则。

中国古代文学作品中有很多描述空间尺度的诗句，这是中国文化特有的空间尺度的文学感知。杜甫的“岱宗夫如何？齐鲁青未了”是讲泰山的青郁山色向南北延伸开去，遍布整个齐鲁大地，反过来讲，观泰山的形势需要以齐鲁大地为尺度衡量，这是卫星遥感的视角，是国土空间的宏观尺度。杜牧的“春风十里扬州路”表现了城市中商业街市的繁华，城市生活沿着十里长街依次展现在我们眼前，这是视觉感知，是城市空间的中观尺度。欧阳修的“庭院深深深几许”是说一进进的院落，形成了特有的空间层次，不同风格的院落空间在人的移动中次第展开，这是身体感知，反映了建筑空间的微观尺度。

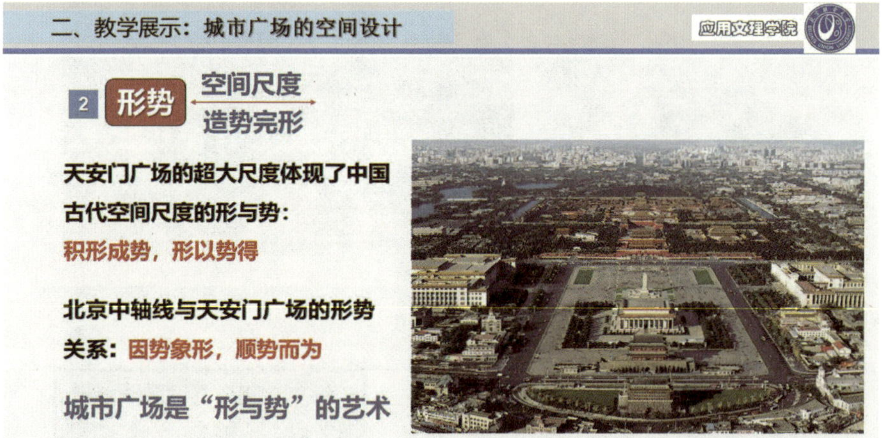

天安门广场的超大尺度体现了中国古代空间尺度的形与势的关系，广场的整体要“造势”，以体现广场的定位和风格，同时广场的周边建筑等构成要素要各自“完形”，以顺应大势，所谓积形成势，形以势得。如果将天安门广场放在北京中轴线这一更大的空间体系之中，那么天安门广场就是“形”，而7.8公里长的中轴线就成了“势”。所以说城市广场是“形与势”

的艺术，包含着“研判形势，顺势而为，乘势而上”的人生哲理，同学们做人做事也要看清历史发展大势。

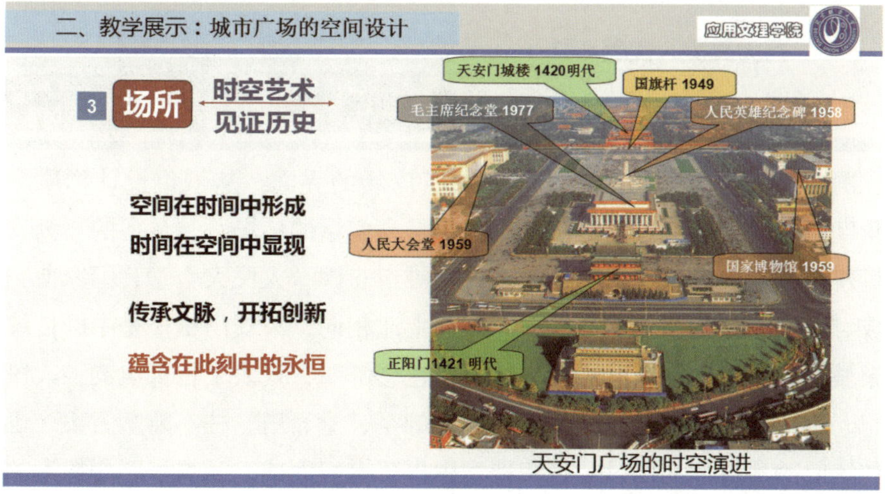

场所理论是城市设计理论的一个重要类别，同时也是对物质空间和人文感知关系的深刻理解。城市空间既是物质的也是精神的，当城市空间被赋予历史文脉意义的时候，它被称为“场所”。从这个角度讲，场所是具有时空演进逻辑特征的，在空间层面随着时间延续而具有了自我演化机制。天安门广场由明清时期的皇家千步廊，在历史的变迁中，演变成为今天的人民广场，见证了历史。天安门广场的建成，使北京中轴线的主题经历了由皇帝到英雄，再到人民的转变。

围合天安门广场空间的建筑物完成于不同的历史时期，使天安门广场具有了历史积淀的文化内涵。“场所”经过历史的积淀、时间的磨砺、人的活动，形成了特定的城市记忆。空间在时间中形成，时间在空间中显现，彰显天安门广场“传承文脉，开拓创新”的时代精神。

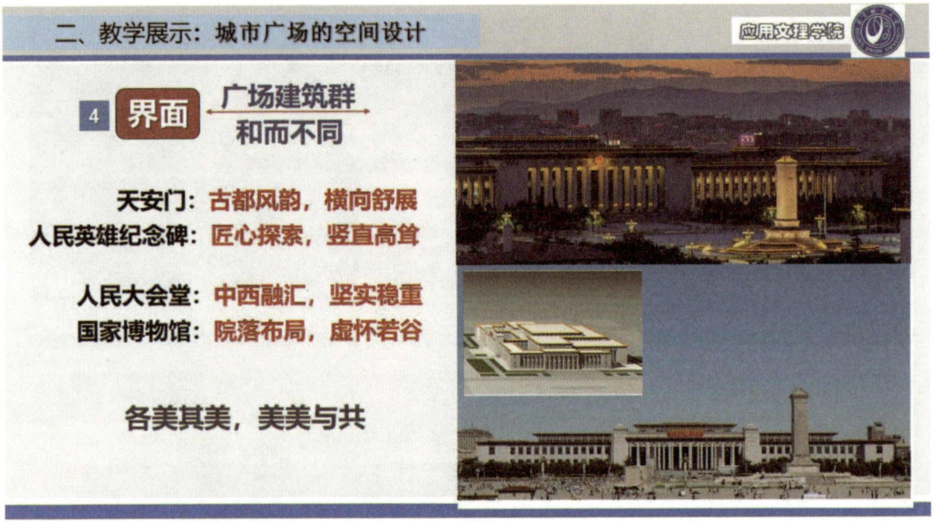

围合广场空间周边建筑物，构成了广场的界面。从城市设计物质形态的角度而言，广场建筑物的围合界面，是高质量的广场必须具备的。天安门广场建筑群主要由天安门城楼、人民英雄纪念碑、人民大会堂、国家博物馆构成。天安门城楼和人民英雄纪念碑，南北相向，天安门城楼是中国传统木构架城台式建筑，为横向舒展的体量，色彩鲜明，代表了古都风韵；人民英雄纪念碑的碑形设计排除采用中国传统的亭、堂、塔、柱、雕塑方案，也不是传统的碑碣造型，而是从传统造型中提炼重组而成，反映了匠心探索的创新精神，其竖直高耸的体量与天安门形成对比，各具性格。人民大会堂与国家博物馆东西相对，二者均为横向延展的体量组合，但人民大会堂融汇了中西建筑元素，形成坚实稳重的建筑形象，国家博物馆的建筑组合采用了院落式布局，具有虚实结合的建筑构成特色。可见，天安门广场建筑群体现了“和而不同”的建设原则。五色不同，交织而成章；五音各异，交响而成乐，“和而不同，各美其美，美美与共”也是中国优秀传统文化的价值追求。

广场很重要的一个方面，是其中心性。“中心”的作用是整合了城市广场的空间，使多个独立的个体成为统一的整体。由于天安门广场的尺度巨大，所以采用了天安门城楼和人民英雄纪念碑组成的双中心空间布局。我们知道，天安门是国徽的核心图案，又在国家政治生活中具有特殊意义，是国家象征，是广场的历史中心；中华民族是英雄辈出的民族，人民英雄纪念碑标示出了广场的纪念性主题，它在广场的位置决定了其空间中心的地位。天安门城楼和人民英雄纪念碑，古今辉映，空间上的一横一竖，构成了形态对比；时间上的一老一新，达成了时空对话。天安门广场由天安门城楼和纪念碑组成的中心布局，反映了“中正和谐”的文化内涵，体现了中华民族“多元一体”的统一国家观。

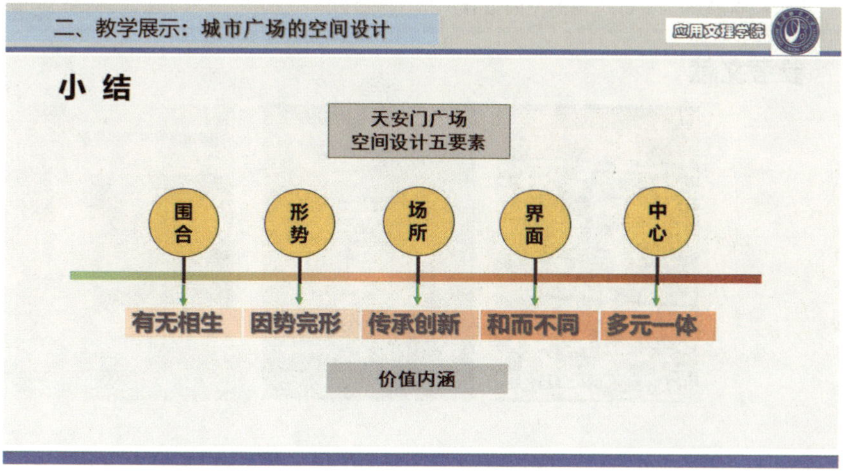

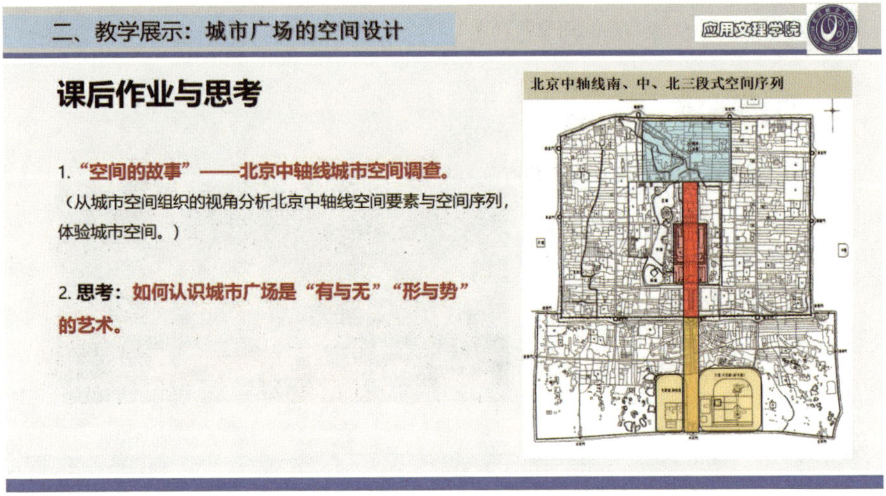

我们以天安门广场为例，解析了城市广场设计的五要素：围合、形势、场所、界面、中心。"五要素"反映了"有无相生、因势完形、传承创新、和而不同、多元一体"的历史内涵与时代价值。希望同学们课后在此基础上，将广场作为一个非常重要的城市公共空间类型继续深入研究和思考。

本节课程以天安门广场为例，讲述城市广场空间的围合、形势、场所、界面、中心等设计要素和原则。作业 1：请同学们从城市空间组织的视角，分析北京中轴线空间设计的要素与空间序列，体验城市空间。作业 2：你如何理解城市广场空间是"有与无"的艺术、"形与势"的艺术？

为了进一步理解城市空间设计，请同学们阅读《外部空间设计》《人性场所——城市开放空间设计导则》《中国城市设计文化思想》。

三、心得体会

对课程思政的深入思考和持续推进，极大促进了我的课堂教学，我觉得可以用“走向新境界”来概括和形容。对我而言，课程思政使教学“走向新境界”，包括三个层面：首先是我作为一名大学教师的个人新境界，通过挖掘课程思政元素，不断学习中国优秀传统文化，理解社会主义核心价值观，提高了自己的学识修养，文化底蕴自然会在不自觉中雄厚起来；其次是课堂教学新境界，通过课程思政的教学设计，给学生带来了更多的新思考和分析问题的新视角，站在讲台上更有底气，更有自信；最后是人才培养的新境界，课程思政的根本目的是立德树人，落脚点是人才培养，我相信随着课程思政在深度和广度上的不断探索，我们培养的人才会具有更加明亮的底色。

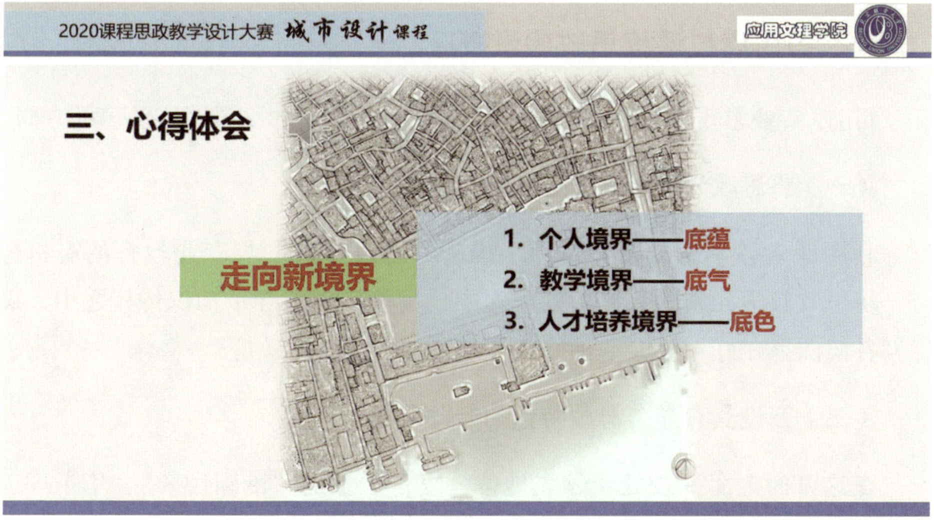

研究论文

文化涵养，特色实践——人文地理与城乡规划专业规划设计类课程群思政教学探索

全国高校思想政治工作会议召开以来，各高校紧紧围绕“培养什么样的人、如何培养人以及为谁培养人”这个根本问题，坚守并砥砺“为党育人、为国育才”的初心使命，把立德树人作为对党的初心使命的最高践行，把课程思政作为落实立德树人根本任务的根本举措，持续深入，取得了切实成效和相关成果，在此基础上，各高校开始探索从专业思政和人才培养体系构建的层面进一步提升对立德树人根本任务的认识和实践。

一、国内高校课程思政建设概况

目前，专业思政建设在教学研究与改革中主要有如下几个研究与探索的方向。

（一）将思政元素融入专业知识传授

利用课堂教学主渠道，致力于推动“思政育人”与专业教育的有机融合，将思政教学元素融入专业课程之中，寓价值观引导于知识传授之中，确保“各门课都守好一段渠、种好责任田”，“形成协同效应”。

（二）开设具有显著思政特色的专业课程

在这方面上海高校处于领先地位，复旦大学的“治国理政”、华东理工大学的“绿色中国”、上海师范大学的“闻道中国”、上海城建职业学院的“中国城事”等均为具有显著思政特色的专业课程，掀起了一股热潮。这些课程在组织保障、教学方法、课程选题、教师队伍等多方面进行了创新。

（三）专业课程群思政育人的探索

通过抓好专业课程教学主渠道推进大学生思想政治教育工作，培养高素

质人才。通常的做法是以某一类专业课程群为研究对象，通过不同版块的改革实施，探讨课程思政的开展与优化，健全课程思政的育人体系，为新时代高校思想政治工作提供有益的探索和借鉴。

（四）构建思政育人的专业人才培养体系

根据专业特点，构建起全员、全程、全方位育人的专业思政建设格局，形成专业思政与人才培养的协同效应，让学生在专业学习的全过程中获得受益终身的思想和观念，提高学生的综合素养。

综合而言，前两个研究和探索方向已经取得了一定的实践经验和研究成果，后两个研究和探索方向正处于研究和实践的起步或探索阶段，尚需在发展思路、建设方式、教学体系、实习实践和实际成效等方面来进行分析研判。

二、人文地理与城市规划专业规划设计类课程群思政建设的实施策略

人文地理与城乡规划专业培养学生具有城市与区域要素调研、空间分析、规划设计、综合应用等核心能力，各种能力的培养均有相应的课程群支撑。其中，规划设计能力作为专业核心培养能力之一，设置了相应的规划设计类课程体系。

（一）规划设计类课程体系

规划设计类课程体系依托专业建设目标，形成了由四个课程模块构成的规划设计能力培养体系：以城市规划原理、建筑学基础、城市设计、景观设计、住区规划与设计、区域规划等为主的规划设计课程模块；以中国古代建筑、中外城市发展史纲、人文北京、城市景观鉴赏等为主的城市文化品读课程模块；以规划 CAD、三维立体制图、Photoshop 图形处理等为主的计算机辅助设计课程模块；以城市要素调研与分析、城市解读与规划设计、地块分析与项目策划为主的城乡规划设计综合特色实践课程模块。

人文地理与城乡规划专业的规划设计类课程以“城乡规划设计 + 城市文化品读 + 综合特色实践”为特征，围绕四个课程模块，形成了从不同角度、

多个层面培养规划设计能力的课程培养体系，为进一步深入研究和实践课程群思政以及专业思政在专业能力培养中的实施路径、作用和意义奠定了良好的基础。

（二）实施策略

从城乡规划设计能力的培养特点来看，城乡规划设计具有很强的综合性和实践性，涉及政治、经济、文化和社会生活等各个领域。课程群思政教学的目的在于让学生能够正确认识城乡规划工作，在于培养出城乡规划设计工作中的综合性人才。要实现其目的，不仅需要扎实的理论基础，还需要学生对城乡规划设计工作具有强烈的认同感，对城乡规划设计工作持有正确观念。从行业需求、专业建设、课程体系、教师队伍、学生学习等角度考虑，课程群思政建设对城乡规划设计课程教学改革和能力培养均具有重要作用。

1. 明晰规划设计课程模块思政育人的内在联系

历经多年发展，人文地理与城乡规划专业的规划设计课程体系形成了"城乡规划设计、城市文化品读、计算机辅助设计、综合特色实践"四个课程模块，从不同角度多个层面讲述城市发展故事、解读规划设计原理、训练规划设计技能、展示未来城市蓝图。在此基础上，进一步总结城市发展规律，探索新时代规划设计的本质特征和价值意义，明晰课程之间、模块之间的内在联系和主要任务。

2. 创新规划设计课程思政的教学方法

基于课程思政、专业思政一体化建设的教学要求，将思政元素与专业教育有机自然交融，采用互动式教学方法，将理论知识教学与案例教学讨论相结合，理论知识教学讲究模块化和情景化，实践课程教学实施项目工作室体制，加强学生自主研究的能力。

3. 实施文化涵养行动，丰富课程思政教学

坚持教育者先受教育，教师以深挖城市文化为抓手，强化规划设计课程教学的思想性、专业性和文化性，充分体现授课教师的教育理念和学识境界。把课堂从校园延伸到城市、乡村、社会，让学生走进城市空间、街道社区、历史场所，感受城市脉动，品读城市文化，达到体验、情感和领悟的统一。

4. 开展特色实践育人，提升学生专业能力

进行规划设计实践是提高学生规划设计能力的有效途径，人文地理与城乡规划专业将继续紧紧围绕北京城市发展、历史文化名城保护、全国文化中心建设、乡村振兴等首都发展的实际问题，结合主讲教师的科研项目，开展富有特色的规划设计实践选题，科研反哺教学，力争取得更好的教学效果。同时，规划设计实践活动也是专业思政建设的重要途径，通过实践的开展和创新，能够让学生对城乡规划设计工作的现状、目标、难点等内容产生更加直观、更加深刻的了解，在实践过程中进行思政教育，能够让他们意识到规划设计工作对促进国家发展的重要意义，从而增强职业荣誉感，涵养家国情怀。

（三）教学成效

在课程思政教学实践中，坚持课程思政、课程群思政和专业思政一体化设计，课程群专业教师深入参与学校和学院举办的课程思政设计大赛，并取得较好成绩。笔者在北京联合大学2020年课程思政教学设计大赛中荣获个人二等奖，被授予“北京联合大学课程思政优秀教师”称号。城市设计课程被授予“北京联合大学课程思政特色精品课程”称号。建筑学基础课程获得北京联合大学应用文理学院2020年课程思政教学设计大赛一等奖。“人文地理与城乡规划专业规划设计类课程特色建设”获得北京联合大学教学成果二等奖，“翻转课堂支撑下人文地理与城乡规划专业规划设计类课程建设”获得北京联合大学教学成果三等奖。区域规划课程为北京联合大学创新课程。综合实践课程城市要素调研与分析、城市解读与规划设计、地块分析与项目策划是北京市精品课程城乡规划管理实践的主要课程模块。

三、结论

从提高和拓展专业能力的视角，以课程思政建设整合规划设计课程体系，通过“城市文化品读 + 规划设计原理 + 规划设计实践”三位一体的教学探索，将思政元素融入规划设计课程体系，阐述规划设计与人、规划设计与社会、规划设计与文化、规划设计与城市、规划设计与生态的关系，确立以

人为本、服务社会、传承文化、读懂城市、尊重自然的正确的规划设计创作之路，切实提高了学生的规划设计能力和规划设计水平。

根据人文地理与城乡规划专业规划设计能力的人才培养要求，研究探索以“文化涵养和特色实践”为抓手，让课程思政与规划设计能力培养的课程体系有机融合，让学生理解城市，掌握规划设计，在规划设计中读懂中国，使规划设计方案和实践更多更好地体现中国智慧、中国味道、中国气派。

参考文献：

[1]习近平. 全国高校思想政治工作会议讲话稿[N]. 新华社，2016-12-08.

[2]李晓东，周洪双. 将思政元素融入专业课教学[N]. 光明日报，2019-09-18.

[3]褚敏. 上海城建职业学院课程思政丛书：中国城事[M]. 上海：上海交通大学出版社，2019.

语言背后的中国精神——大学英语课程思政教学设计与实践

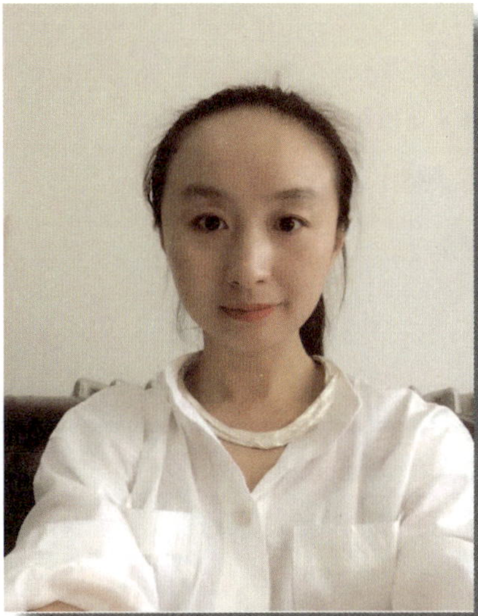

教师简介：王科，英语语言文学专业，讲师。

所授课程：大学英语

研究方向：英语语言文学

曾获奖励：北京联合大学课程思政教学设计大赛二等奖；被授予“北京联合大学课程思政优秀教师”称号；所授课程被授予“北京联合大学课程思政特色精品课程”称号。

教书育人感言：要做有扎实知识、有仁爱之心的好老师。

比赛实录

扫描二维码观看
比赛现场实录

志愿者服务

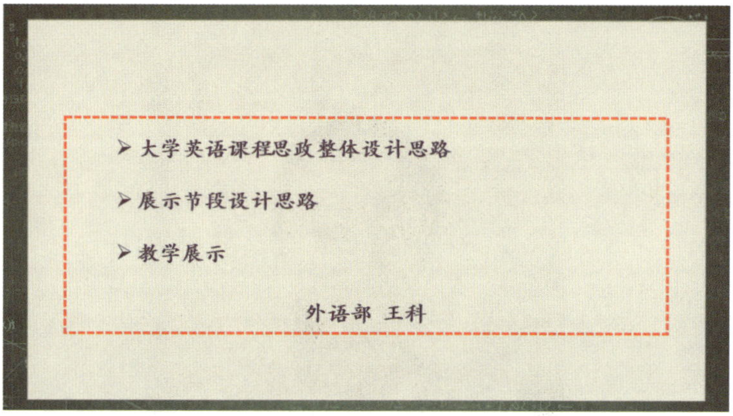

各位尊敬的专家评委，亲爱的同事们同学们，大家好。我是来自外语部的王科，很荣幸代表部门在这里向大家做大学英语课程思政的教学展示。

一、说课环节

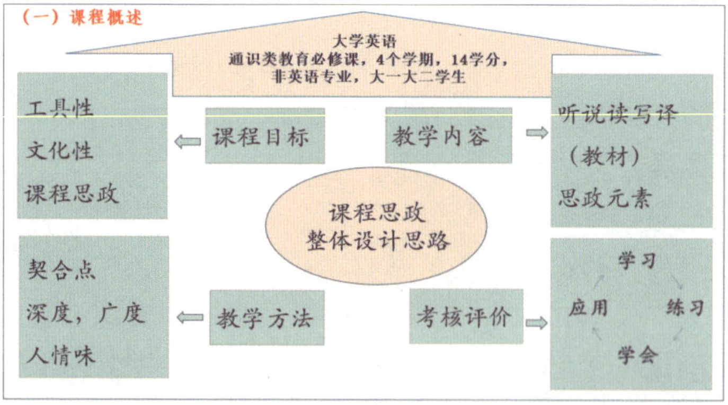

大学英语涉及范围广，是陪伴学生时间很长的一门必修课。课程在着重发展“工具性”的同时，更要凸显其“文化性”，通过融入课程思政，培养学生文化自信，坚定理想信念。这就需要教师在听、说、读、写、译中挖掘有据可依的思政元素，找到英语教学与课程思政之间的契合点，在加强课堂深度和广度的同时更要体现出课堂的人情味，最终呈现出英语教学与课程思政的相得益彰。

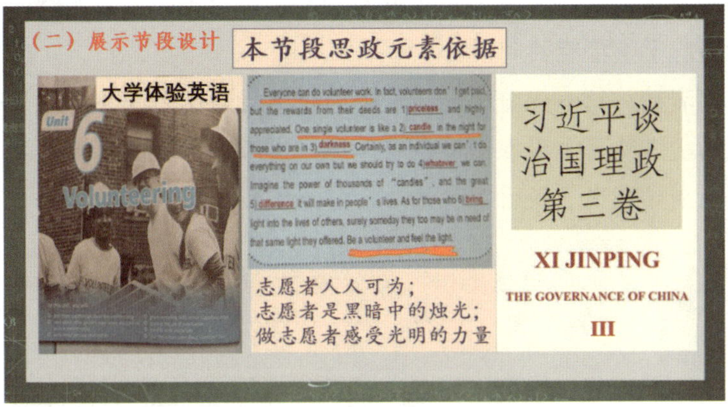

这里我要展示的内容是基于《大学体验英语》第一册第六单元的志愿者服务主题。依据图中标注红线的教材内容：志愿者人人可为，志愿者是黑暗中的烛光，做志愿者感受光明的力量。我将挖掘到的思政元素注入本单元的话题引入环节作为今天的展示。同时我在《习近平谈治国理政》第三卷中找到了有关志愿服务工作的重要论述。

为了更加贴合大学生心理特点，这里就以 2019 年 7 月 23 日，习近平总书记致中国志愿服务联合会第二届会员代表大会的贺信，作为本节段授课的思政核心要点：广大志愿者充分彰显了理想信念、爱心善意、责任担当。希望广大志愿者立足新时代、弘扬志愿精神，书写新时代的雷锋故事。

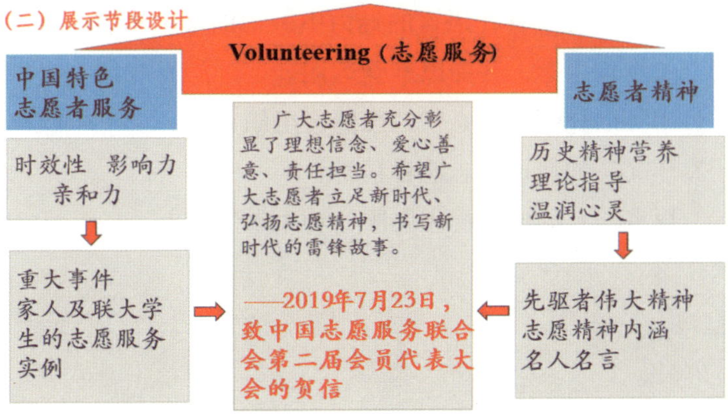

基于此思政核心要点，我的讲解共分为两大部分：中国特色志愿者服务和志愿者精神。

考虑到素材选取要突出时效性、影响力和亲和力，第一部分内容，我分别选取了国家重大事件、家人和我校大学生做志愿者服务的实例作为思政素材，以此引起学生情感共鸣。

就志愿者精神这一部分内容，希望通过感受志愿者先驱的伟大精神，引导学生从历史人物身上汲取精神营养。通过讲解志愿者的精神内涵，希望学生获得理论指导意义。最后选取名人名言分享来温润学生心灵。

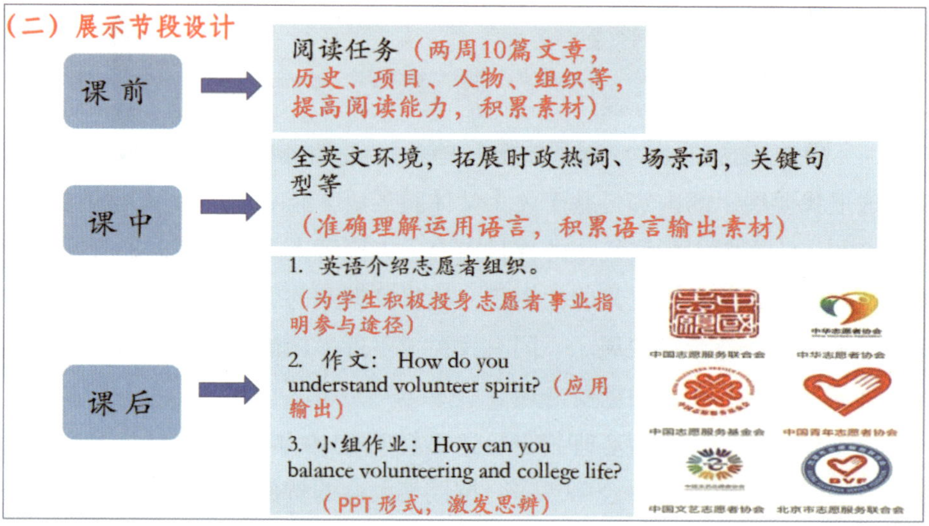

在语言培养方面，分为三部分。

课前：布置相关阅读任务。

课中：全英文环境下，在语言的魅力中，帮助学生拓展时政热词、高频词、场景词，关键句型等，并加以准确运用。

课后：1. 用英语介绍图中心仪的志愿者组织。

2. 作文：如何理解志愿者精神？

3. 思考题：如何权衡志愿服务和大学生活？

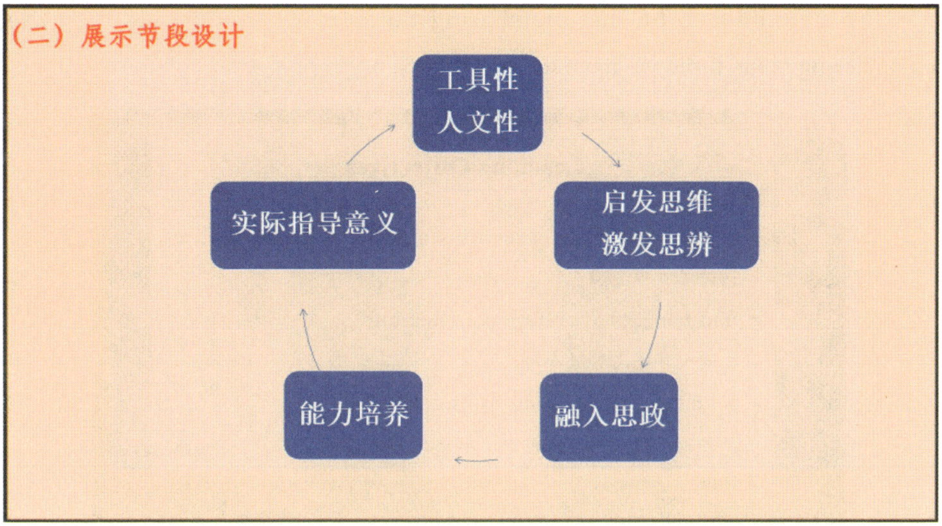

在以上的教学设计中，语言的工具性和人文性得以体现，结合启发学生思维，激发思辨，并融入课程思政，学生的语言能力得到培养，同时也对大学生活具有现实指导意义。

二、授课环节

以上就是我的教学设计。接下来为大家做本节段的相关教学展示。

I'm delighted to be the one sharing the next 9 minutes with you. So, volunteering is the topic we have today.

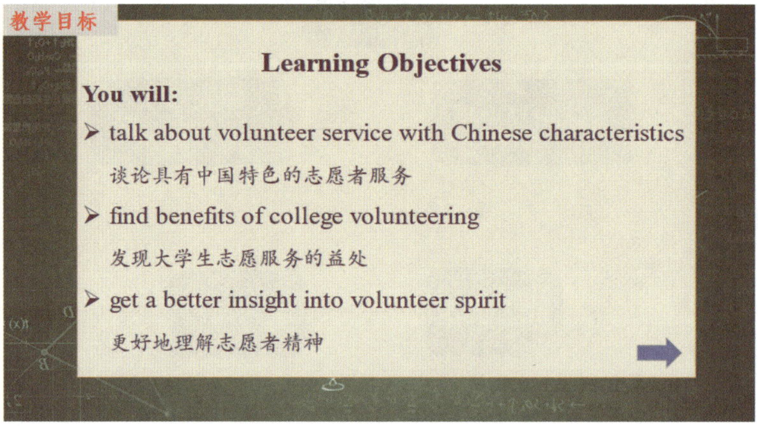

The primary learning objectives for you today:

You will talk about volunteer service with Chinese characteristics and find benefits of volunteering. Then you will get a better insight into volunteer spirit.

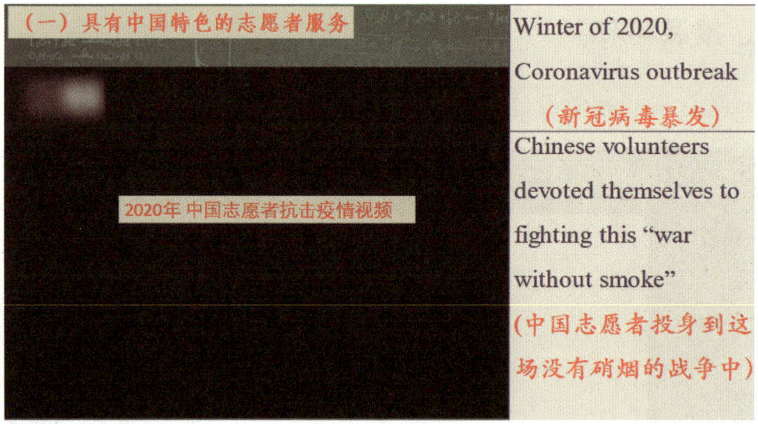

First of all, let's look back to the winter of 2020.

At the peak of China's Coronavirus outbreak, when most people chose to stay away from the city, many people decided to rush in. This video clip depicts how Chinese volunteers fight against the epidemic.

1. Voluntary Medical staff work at an ICU ward.

2. A volunteer donates blood as a way to fight against the coronavirus.

3. A volunteer helps the children of frontline medical staff through on-line tutoring.

4. A volunteer receives the novel Coronavirus vaccine inoculation in Wuhan.

Tens of thousands of volunteers who have different ages and identities are working non-stop to fight against the epidemic. Winter will eventually pass, and spring is sure to come.

Now let's go back to the summer of 2008.These young people are the volunteers of Beijing Olympic Games. Volunteers from all walks of life have stepped up to play supporting roles in Beijing Olympic Games.

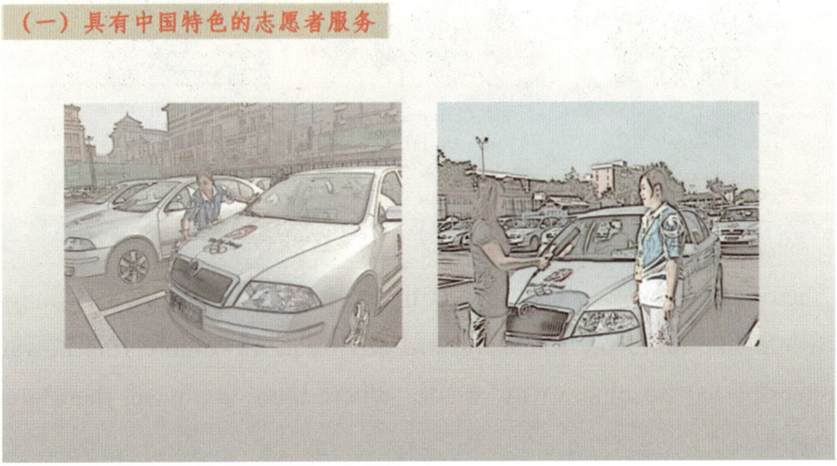

This is my elder sister. She was really proud of being a voluntary driver in Beijing Olympic Games.

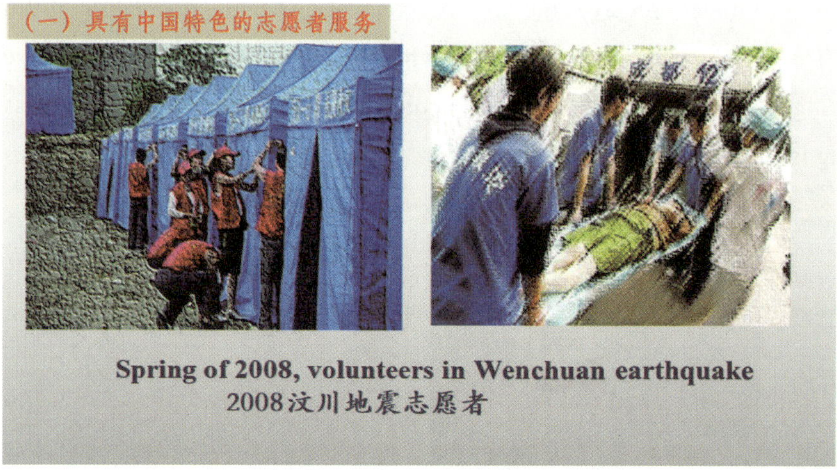

Now let's go back to the spring of 2008. A group of volunteers sprang into action to help the earthquake victims in their time of need. Volunteers in Wenchuan earthquake showed the world tremendous power of Chinese people.

There is an increasing number of Chinese people, especially the youngsters, who would like to devote themselves to this trend of volunteering nowadays. Volunteering has become a way of life. Where there is a need, there must be volunteers.

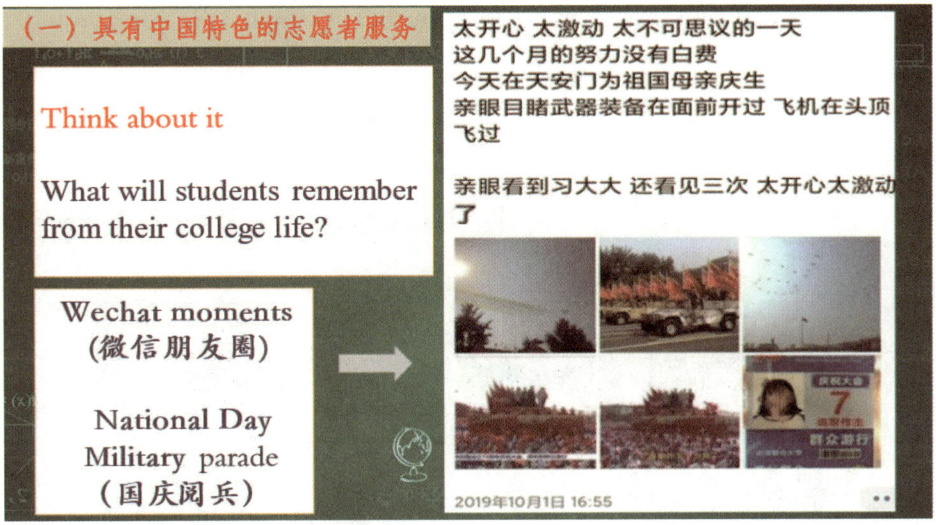

Please think about a question. When a student reflects on his or her college experience, what do they hope to remember? This is from my student's wechat moments. It depicts her excitement and proudness of being a volunteer of National Day military parade.

It's clear that volunteering is good for college students. The passion and optimism make college students the best volunteer candidates.

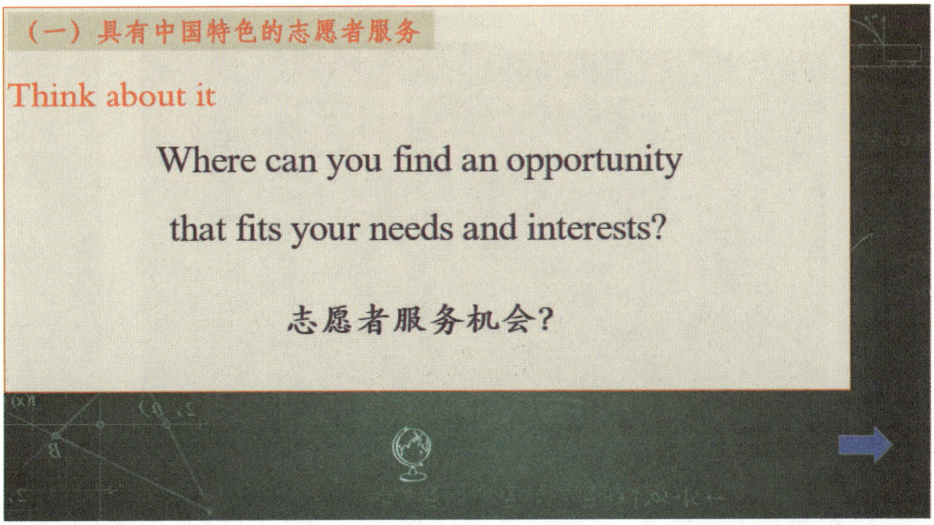

But there are so many different types of volunteering opportunities, so it can be hard to know where to start. Here are some examples I selected from the homepage of Beijing Union University. In this guide, you will see how valuable student volunteering is, and you will discover the best ways to volunteer during college.

These students are from BUU. They are the volunteers of the 2019 Beijing World Horticultural Exposition.

These students are the volunteers of the Beijing 2015 World Athletics

Championships.

Students from Beijing Union University are volunteering in the week before start of new term.

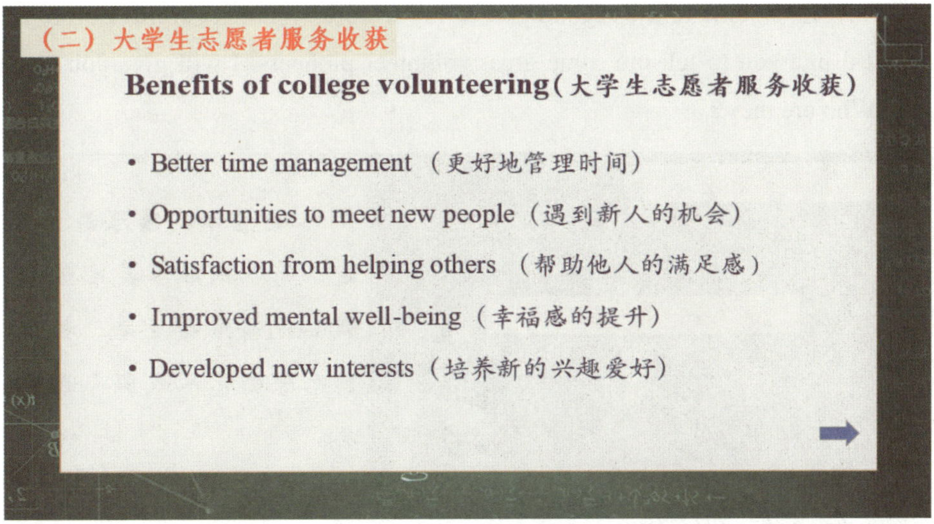

So, college time can be great if one becomes a volunteer. Volunteering is one of the best ways to make connections, learn about yourself, and create a memorable college experience. Students who volunteer report that they gain a lot of benefits from it, including better time management, opportunities to meet new people, satisfaction from helping others and improved mental well-being. They say that volunteering has developed new interests that are helping them to figure out what they want to do, now and in the future.

Now let's come to the second part of my lecture, volunteer spirit. Before we start, I'd like you to tell me some great volunteer pioneers. I will give you some help. Who are they?

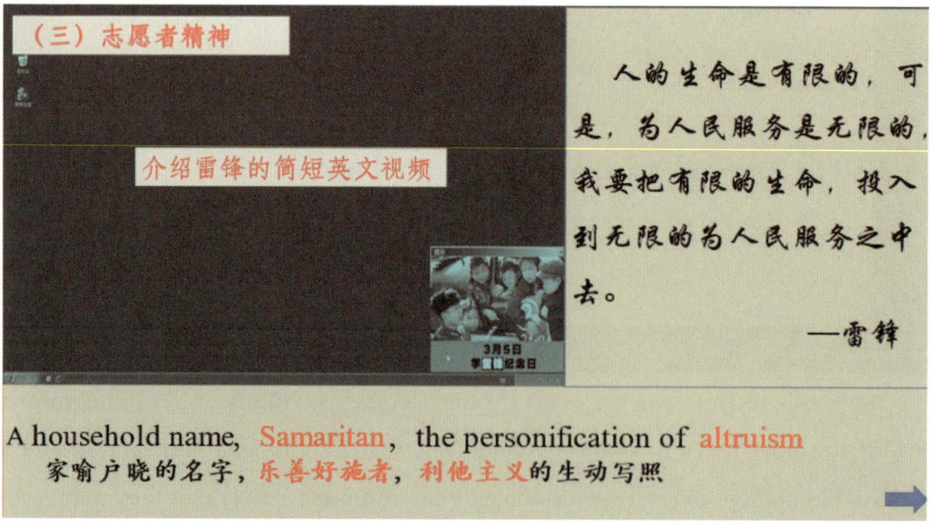

Who is the most influential figure with the spirit of volunteer in China? Yes,

Lei Feng.

Lei Feng, a young Chinese soldier, is a household name, a Samaritan. Chinese leaders praised Lei Feng as the personification of altruism. He wrote: "Human life is limited but serving people is unlimited. I want to devote my limited life to serving people unlimitedly."

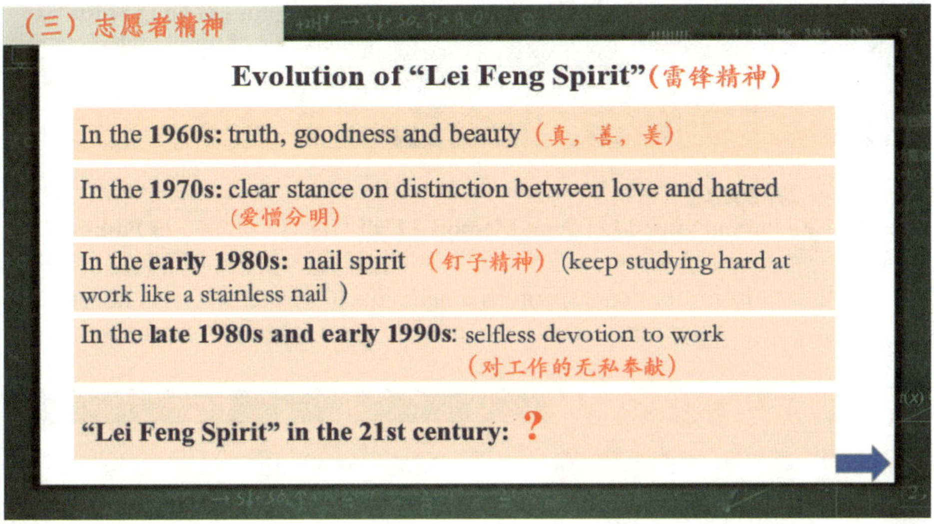

However, people from different decades gave "Lei Feng Spirit" their own respective explanations.

In the minds of those born in the 1960s, "Lei Feng Spirit" symbolized truth, goodness and beauty.

For those who were born in the 1970s, "Lei Feng Spirit" is clear stance on distinction between love and hatred.

"Lei Feng Spirit" in the 1980s is nail spirit. What is nail spirit? It means keeping studying hard at work like a stainless nail.

In the late 1980s and early 1990s, the core of "Lei Feng Spirit" is selfless devotion at work.

But I have a question. People's lives are much better than that in 1960s, is Lei Feng Spirit outdated? What is "Lei Feng Spirit" in the 21st century? You may find your answer in the next video clip. Then we'll talk about volunteer spirit.

So “Learn from Lei Feng Spirit” is a behavior of virtue, which is never out of date.

On July 23, 2019, Xi Jinping sent a congratulatory letter to the Second Congress of the China Volunteer Service Federation (CVSF). He hopes that the volunteers, volunteer service organizations and volunteer service work staff would make new achievements in the new era and promote the volunteer spirit.

What is volunteer spirit?

The volunteer spirit, featuring dedication, friendship, mutual help and progress, is in line with traditional Chinese culture and conforms to the core socialist values.

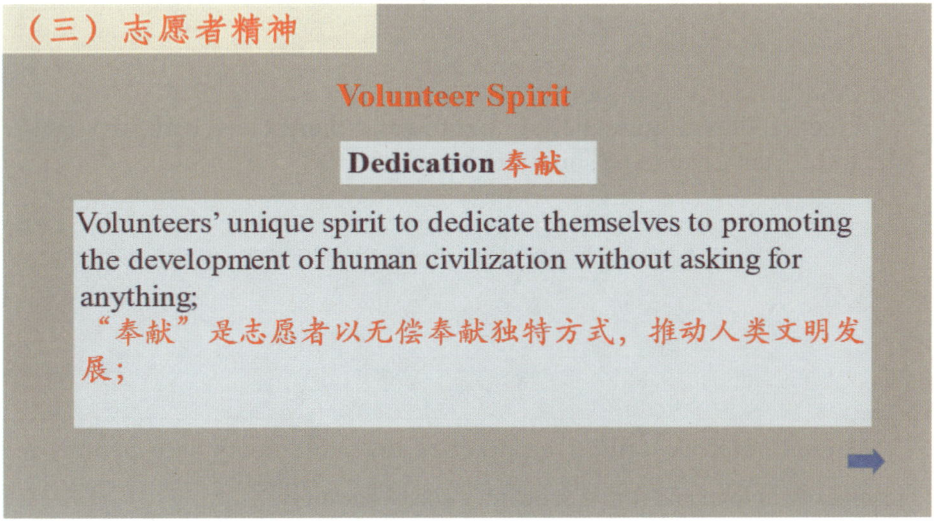

"Dedication" depicts volunteers' unique spirit to dedicate themselves to promoting the development of human civilization without asking for anything.

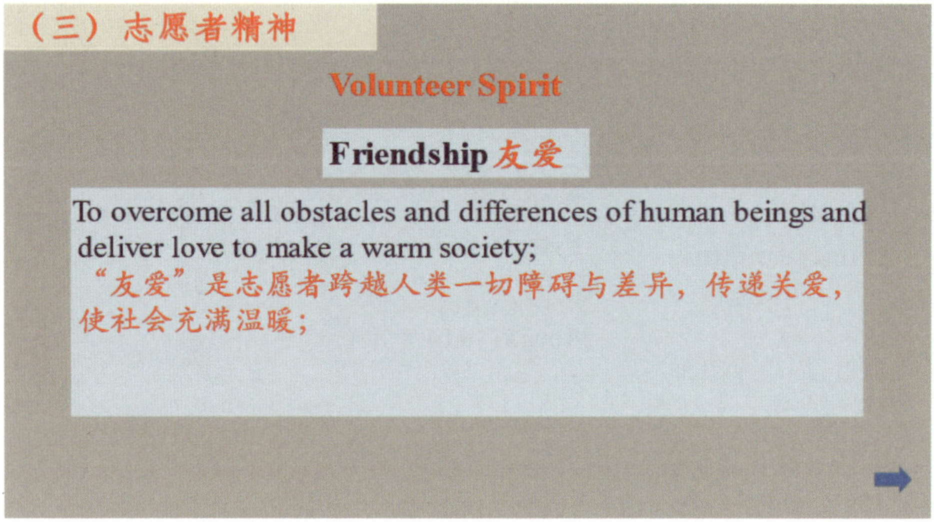

The spirit of “friendship” supports volunteers to overcome all obstacles and differences of human beings and deliver love to make a warm society.

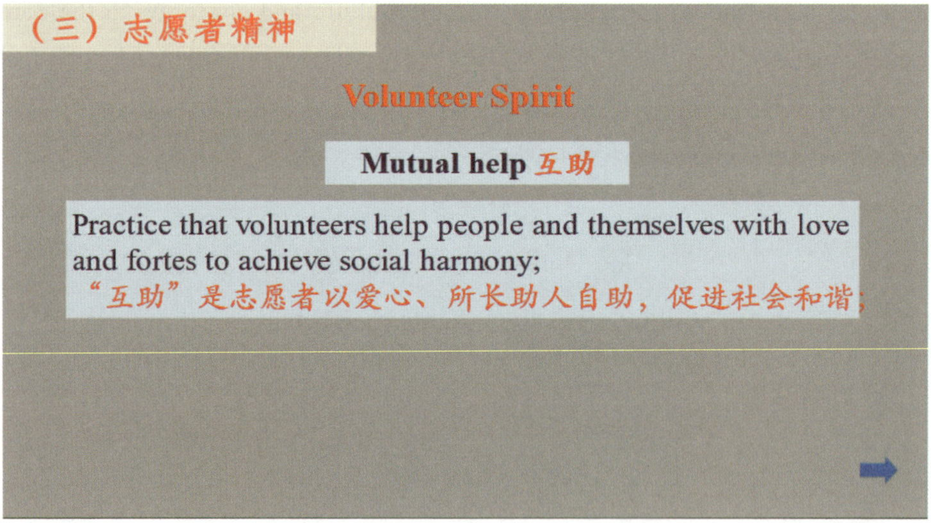

“Mutual help” describes the practice that volunteers help people and themselves with love and fortes to achieve social harmony.

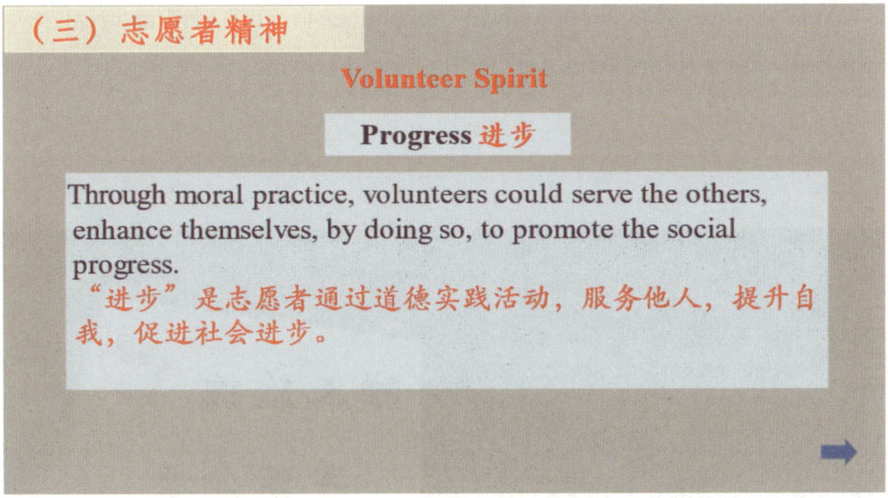

“Progress” means that through moral practice, volunteers could serve the others, enhance themselves, by doing so, to promote the social progress.

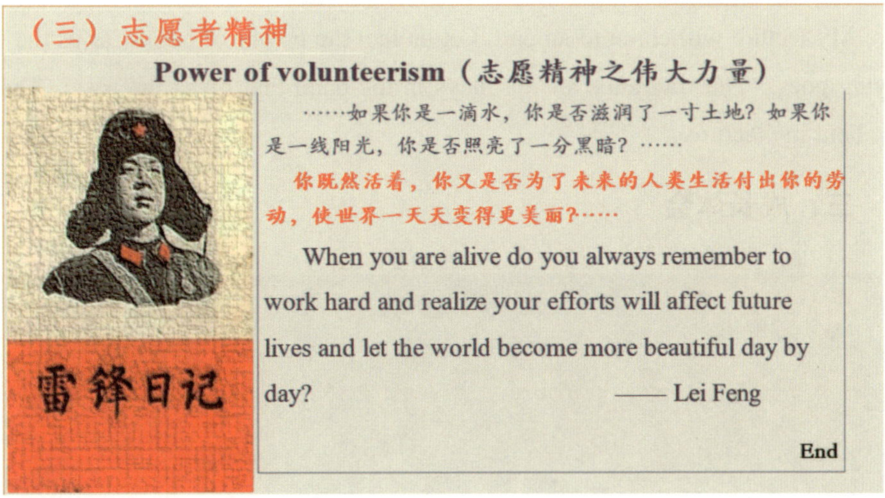

The daily demands of our lives become overwhelmingly quick. We’re busy, we’re stressed, we’re depressed, and we don’t have enough time. Why should we make an effort to volunteer? The truth is that volunteering can improve your life just as much as the lives of those you help.

Here are the excerpts from Lei Feng’s Diary which will change your thinking and inspire you to do more. Let us feel the power of volunteerism.

When you are alive, do you always remember to work hard and realize your efforts will affect future lives and let the world become more beautiful day by day?

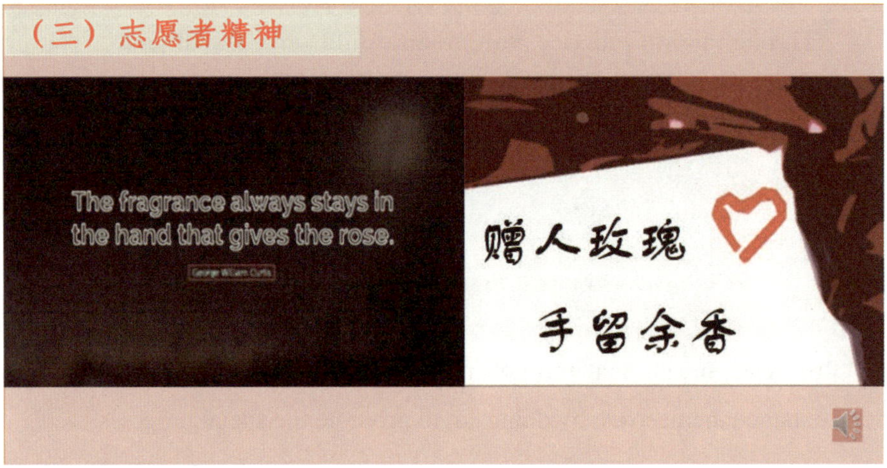

My lecture will come to an end. Let us feel the power of goodness as the old saying goes, “The fragrance always stays in the hand that gives the rose”. That’s all about my lecture.

三、成长体会

在最后的时间里，我想说的是：其实在今年（2020 年）6 月，我就申请

参加了我们学校的心理健康志愿服务团并获得了录用，今天我又带着志愿者的话题来到这里，我想这一切就是最好的安排。除此以外，我还想说，教师就是一份平凡的职业。我们的工作是平平常常的。学生是我们教师生涯的见证者，当时光流逝，回首过往，我也会在一个无比稀松平常的瞬间，因为我和学生之间曾经的故事，而为彼此感动过，也曾因为不经意间对学生说错的一句话而深深自责过。所有的一切，都是反思中获得的成长。如果我们有十足的耐心，就能给学生足够多的时间；如果我们的内心清净，就能给学生一个安宁的课堂环境。因此，当我们在办法不够多的时候，当我们自己在不够豁达的时候，或许最该问的正是我们自己：我们究竟是不是一位有仁爱之心的好老师？

研究论文

培养国际视野，坚守家国情怀
——大学英语的重要使命

大学阶段是一段弥足珍贵的人生经历。大学不仅是学习文化知识的最后教育阶段，也是学生逐步形成人生观、价值观、世界观的关键时期，他们的思想观念日趋成熟，虽然接受新鲜事物的能力很强，但是大学生身处经济全球化和文化多元化中，体验着信息化的网络时代，这样的环境对当代大学生的思想意识带来了强烈冲击，对大学生的鉴别能力产生重大影响。大学阶段主要是培养学生德智体美劳方面高质量的全面发展。习近平总书记指出："要用好课堂教学这个主渠道，思想政治理论课要坚持在改进中加强，提升思想政治教育亲和力和针对性，满足学生成长发展需求和期待，其他各门课都要守好一段渠、种好责任田，使各类课程与思想政治理论课同向同行，形成协同效应。"这就要求大学所有课程的任课教师都要参与到思政教育中来，要加强课程知识与思政教育融合的意识。德是做人的根本，课程思政应将德育置于课程目标之首，倡导并践行社会主义核心价值观和爱国主义精神。坚持全方位育人，注重文化浸润、心灵滋养，让学生无论是在日常生活还是学习实践的环境中都能汲取丰富的精神营养。

一、大学英语肩负着课程思政的重要使命

大学英语是大学生刚入校就会开设的一门必修课程，课程开课时间长、课时多，而且同时具有工具性和文化性的突出特点。当今时代中西方文化交融，国内国际形势不断变化，不同思想发生碰撞。当代大学校园中，一些大学生的人生观、价值观、世界观尚不清晰。而英语是一种思想文化交流的媒介，大学英语课不能仅局限于让学生获得英语知识这一教学目标，还应该

肩负起立德树人的重要使命。教师要将英语课独特的文化特性向外传播和渗透，更应将中西方文化结合，将德育理念融入课程教育之中，充分发挥大学英语课的文化价值，传播和弘扬中华优秀文化。大学英语课不仅要培养大学生的跨文化沟通能力，培养大学生的国际视野，更要在课程中渗透家国情怀，培养学生文化自信，坚定理想信念。

二、大学英语课程思政的教学内容

（一）思政元素的挖掘

大学英语所使用的教材内容思想多元，形式多样，主题丰富，涉及政治、经济、历史、社会、文化等诸多方面；为了让大学生接触最地道的英语，我国大学生使用的英语教材，在内容上以西方国家的历史、文化、社会生活为主。教学所用的原汁原味的英文素材承载了西方的价值观和意识形态，这就会导致大学英语容易成为以传播外来文化为主的课程，而中华优秀传统文化则出现一定程度的缺失。其实教材中的内容涉及很多育人的题材，这就需要教师对教材内容进行深度解读，从教材内容中挖掘到有据可依的思政元素。虽然教学所用的是英文原版素材，所体现的是西方的价值观和文化，但是通过融入课程思政，可以有效地帮助学生客观地分析中西文化异同，取其精华，去其糟粕。事实证明，我们挖掘到的思政元素完全可以契合社会主义核心价值观。举例如下：

（1）通过“梦想”主题，激励学生具有远大理想、使命担当。

（2）通过“家庭”主题，感受家国情怀，增强学生的家庭责任感，维护家庭和谐，实现社会和谐。

（3）通过“战争”和“克隆与伦理”主题，教育学生尊重生命、热爱生命。

（4）通过“网络安全”主题，引导学生认识到没有网络安全就没有国家安全，没有信息化就没有现代化。

（5）通过“志愿服务”主题，培养学生的爱国奉献、勇于担当精神。

（6）通过“求职就业”主题，教育学生要热爱本职工作，在各自的工作岗位上勇担重任、拼搏奉献。

（7）通过“宿舍情谊”主题，增强学生的群体意识，促使学生与人为善、和睦相处。

（二）大学英语课程思政教学的素材选取

要想使英语教学与课程思政相互融合、相互渗透，除了课本以外，还需注意选取的素材要能够增加课堂的深度和广度。教师在选取素材时需要遵循下面的原则：课程思政不能脱离教材，要以课本为依托，找到课程思政的切入点；选取的支撑性素材要体现与时俱进，着力点强，凸显时效性；上到国家大事，下到个人的亲身经历，多选择符合学生心理特点的素材，这样既增加了内容的亲和力，也体现了影响力，从而引发学生情感共鸣，最终可以在实际学习与生活中激励学生。

前面讲过，思政元素的挖掘要有据可依，这就需要教师注意思政素材的来源渠道要可信可靠。例如，可参考《习近平新时代中国特色社会主义思想学习纲要》《习近平关于教育的重要论述》《习近平谈治国理政》等，为课程提供有据可依的思政核心要点；从中国文化典籍、官方新闻（如人民网、新华网、国际在线、中新网等）等资源平台选取一些生动的支撑性材料。

三、大学英语课程思政的教学实施

大学英语在高校所有课程中不应该只是局限于学生语言能力的培养，更要把语言作为载体，传达其中所蕴含的人文精神，在培养语言技能的同时帮助学生树立正确的人生观、价值观和世界观。这就需要教师积极探索新的教学思路，找到英语教学与课程思政之间的契合点，勇于创新，敢于尝试。如何将英语教学与课程思政相互融合、相互渗透，做到“润物细无声”呢？

（一）为学生的英语学习创造完整及全面的教学方案

教师要将教学内容与目标贯穿课前、课中、课后整个教学过程，采用师生互动式教学，做到教师与学生课内课外、线上线下及时互动。倡导英语学习现代化理念，教学设计层层深入，不仅要让学生听懂，还要让学生会用。

同时注重课堂教学与引导学生课外自主学习相结合；找到教材中课程思政的切入点，从一个切入点发散到几个思政要点。

（二）根据不同的思政要点，搜寻支撑性的思政素材

思政素材的选取，可以分别从听、说、读、写、译等方面入手。充分利用现代技术手段和数字资源，为英语学习创造崭新体验。课上以视频、音频、图片的形式提供教学素材，提升思政教学的深度和广度，同时为课堂增添美感和趣味性，做到入脑入心。课下辅以微课、慕课等网络学习资料，在课堂外对学生进行德育教育和跨文化教育。

（三）教师引领课堂，以学生为中心，采用启发式教学

避免枯燥的解释概念定义或宽泛地提问，巧妙地为课堂注入思政元素。自然渗透与主题相关的英语词句，为学生的输出表达做好铺垫和积累。例如：通过学习思政素材中的专业领域词汇，结合翻译技巧、写作技巧，提高应用英语的能力，了解国家最新的方针政策；将最新时政要闻作为语言听力训练的资料，帮助学生在英语环境下了解国情和民情。

（四）教师就某一主题提供大量实例

增强思政教学内容的时代感与典型性，引起学生情感共鸣，活跃课堂氛围，开阔学生视野，从而激励学生学习语言的积极性。

（五）分组讨论中进行思想碰撞

使学生内化词句，输出表述真实情感，培养学生用批判性思维进行文化比较，最终使学习效果自然升华。

四、教育者先受教育

教师在大学英语教学中发挥着主导作用，教师的一言一行都会对大学生产生潜移默化的影响。因此，立德树人是新时代赋予大学英语教师的使命，教师需要结合语言教学和学生的生活实际，考虑到学生的心理特点，用年轻人能接受且喜欢的方式在英语教学中弘扬社会主义核心价值观，培养学生具备理想信念、有使命担当的优秀品质。2018 年 9 月习近平总书记在全国教育大会上发表重要讲话，强调“教师是人类灵魂的工程师，是人类文明的传承者，承载着传播知识、传播思想、传播真理，塑造灵魂、塑造生命、塑造新人的时代重任”。传道者自己首先要明道、信道。大学英语教师要努力成为优秀思想文化的传播者，更好地担起学生健康成长领路人的责任。当我们站在讲台上，看着学生们一双双期盼的眼睛，感受着一颗颗纯洁的心灵，我们应该告诉自己，教育者应该给学生以熏陶、指引、鼓励、示范，所有这一切都影响着学生们的眼界是否宽广、抱负是否远大。因此，作为一名高校的英语教师，必须在立德树人方面先受教育，做学生学习知识、锤炼品格的领路人。

聚焦企业家精神——管理会计课程思政教学设计与实践

教师简介：严鸿雁，管理学院财务与会计系，副教授。

所授课程：管理会计

研究方向：科技企业投融资

曾获奖励：第二届全国高校微课教学比赛北京市复赛三等奖；北京联合大学青年教师基本功比赛三等奖；北京联合大学第三届教学优秀奖二等奖；北京联合大学中青年教师执教能力比赛二等奖；2019 年科技希望之星奖。主持北京联合大学“管理会计”核心课程建设，结题获评优秀，管理会计获评为校级精品课程。会计学专业产教深度融合实践教学方案构建与实施获得 2018 年北京联合大学教学成果奖二等奖。

教书育人感言：“桃李不言，下自成蹊。”我坚持“日省吾身”内敛务实，同时积极探索在教书育人方面的新路径、好方法，不求桃李满天下，但求问心无愧，配得上“人民教师”这个称号。路漫漫其修远兮，吾将上下而求索。

比赛实录

扫描二维码观看
比赛现场实录

决策分析

管理会计

严鸿雁
北京联合大学管理学院

尊敬的各位领导、专家、老师、同学们，上午好，我是管理学院教师严鸿雁，今天为大家展示的课程是管理会计。

一、说课环节

课程整体设计

- 课程性质：管理会计为会计学和财务管理专业的核心课程
- 先修课程：管理学、宏观经济学、微观经济学、基础会计、成本会计、财务会计
- 学情分析：大三学生学习能力较强，但分析问题能力和实践能力有待提升

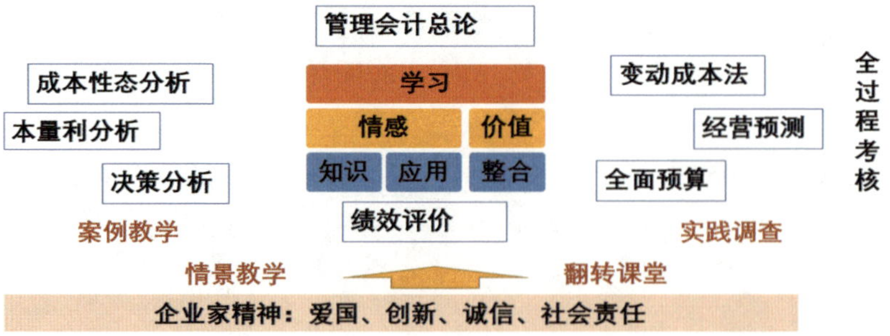

管理会计课程为会计学与财务管理专业的核心课程，修读对象是会计专业三年级学生，先修课程是管理学、宏观经济学、微观经济学及相关会计类课程。

在课程目标设计方面，我们将六个教学目标分为三个层次：第一层次知识、应用、整合——解决硬件问题，要学生会学；第二层次情感、价值——解决软件问题，要学生乐学；第三层次学习——解决根本问题，使学生的学习能力得到全面提升。为实现以上教学目标，我们精心设计 8 个模块的教学内容，充分应用案例教学、情景教学、翻转课堂、实践调研等多种教学方法，注重过程考核，全面融入企业家精神之爱国、创新、诚信、社会责任。

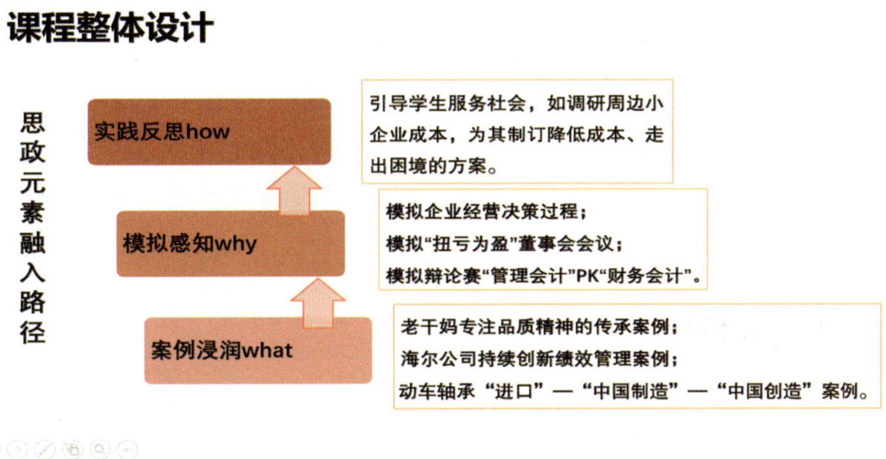

思政元素的融入路径具体分为三个层面：第一个层面，案例浸润。课程的每个章节均引入典型案例，学生通过解读案例中企业家的决策行为理解其中蕴含的企业家精神。第二个层面，模拟感知。通过模拟企业经营决策过程，使学生感知管理会计职业道德、规范；通过模拟“扭亏为盈”董事会会议，使学生具备国际视野以及业财融合创新发展的理念；通过模拟辩论赛使学生具备思辨精神、与时俱进，理解管理会计人员的责任与担当。第三个层面，实践反思。在干中学、干中悟。引导学生参与实践，服务社会，如调研周边小企业，为其制订降低成本、走出困境的方案，也培养其职业自豪感。

展示节段设计

管理会计课程 第六章决策分析

围绕1个知识点：单位贡献边际

运用2种教学方法：案例分析、分组讨论

解析1个案例：护目镜低价包邮之谜！

浸润3个元素：“创新”“诚信”“责任担当”

本节课为管理会计课程第六章决策分析。本次课程围绕单位贡献边际一个知识点，运用案例教学和分组讨论两种教学方法，解读一个现实案例：护目镜低价包邮之谜。通过案例分析培养学生创新意识，引导学生理解费用结算方式等方面的创新企业经营带来的正面影响，通过对我国古代商业智慧的解读和升华，倡导诚信经营和责任担当。

（一）案例导入

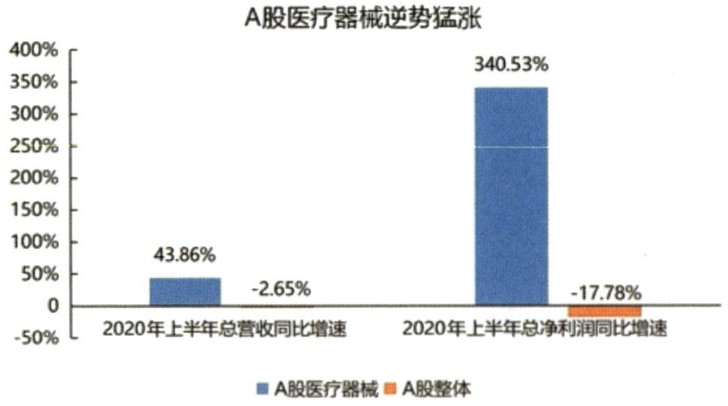

二、授课环节

突如其来的疫情，使很多企业面临严峻的挑战，但有些行业却迎来春天——医疗器具上市公司利润大涨。

（一）案例导入

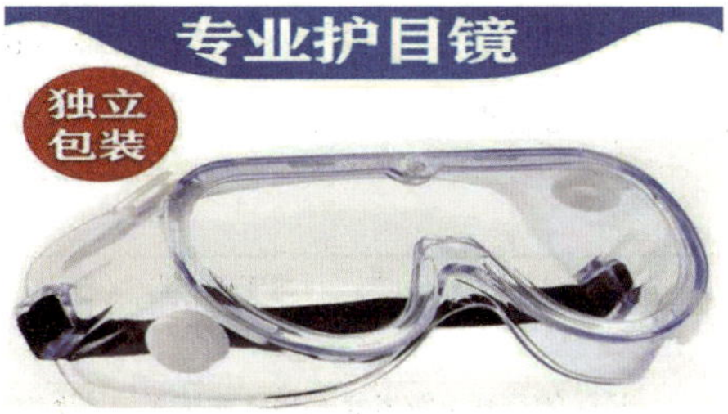

其实我们每个人都为此做了贡献——都买了很多防疫产品。这种护目镜大家猜一猜多少钱一个？

（一）案例导入

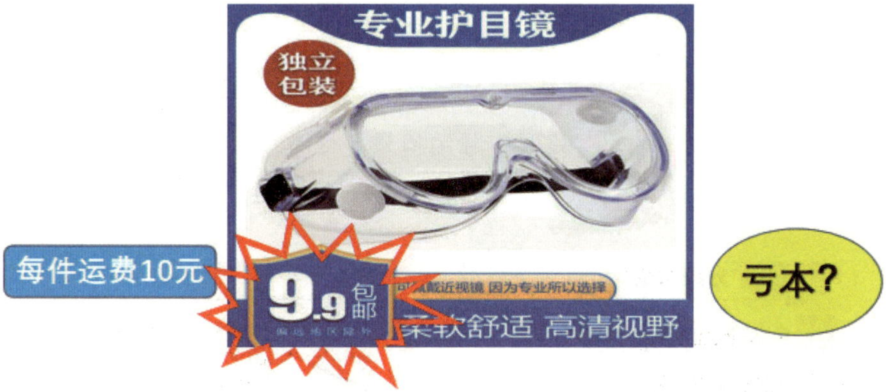

我是9.9元包邮买到这个护目镜，大家对这个价格有没有疑惑？快递费最低每件10元，商家怎么会做这种亏本买卖？

（二）上节回顾

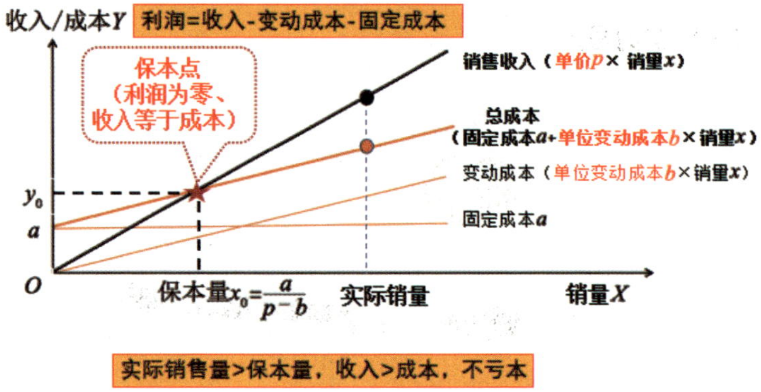

解决亏本问题的有效工具是上节课讲过的保本分析，一起回顾一下。利润 = 收入 − 变动成本 − 固定成本。收入等于单价乘销量，其是一条过原点、斜率为单价的直线。固定成本，如每月房租，合同期内保持不变，其是一条平行于 *X* 轴的直线。疫情期间很多实体店几乎没有销量，却因承受固定房租备受煎熬，而网店相关固定成本几乎可以忽略不计，受到的冲击较少。

变动成本，如计件快递费，每销售一件产品，快递费增加 10 元，其是一条过原点、斜率是单位变动成本的直线。总成本线将前两者叠加，截距为固定成本，斜率为单位变动成本。

总成本线与收入线交于一点，就是保本点（收入等于成本）。对应计算出保本销售量 $x_0=\frac{a}{p-b}$。只要实际销售量 > 保本量，收入 > 成本，就不会亏本。

（三）分组讨论

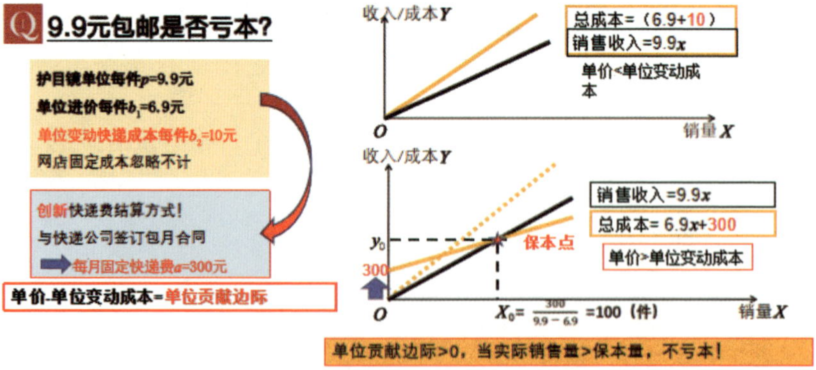

下面请大家根据手中的案例分组讨论。第一个问题9.9元包邮是否亏本？我们发现案例中网店固定成本可以忽略不计，那么两项单位变动成本分别是什么？进价每件6.9元，快递费每件10元，总成本=16.9×销量。大家发现什么规律？收入线斜率（单价9.9元）小于成本线斜率（单位变动成本16.9元），能获利吗？不可能。那应该怎么办？

有同学提出了解决办法，商家与快递公司签包月合同，将变动快递费变为每月固定快递费。大家再画一下成本线，有什么变化？截距提高，斜率下降，低于收入线的斜率，这样就会有交点——保本点。所以保本的前提是什么？单价>单位变动成本，也就是：单价－单位变动成本>0，将二者之差定义为单位贡献边际。我们认为只有在单位贡献边际>0的前提下，才有保本和获利的可能。大家很轻松算出保本量100件，只要当月销量超过100件，就不是亏本买卖。

（三）分组讨论

请大家接着讨论案例中第二个问题。我们还发现有的店铺同款护目镜7.9元包邮，大家计算出单位贡献边际为1（大于0），还要承担固定快递费，挣钱的可能性很低，为什么还要这么做呢？

（三）分组讨论

7.9元包邮！亏本为什么不下架？

普通护目镜每件7.9元>进价每件6.9元，销量100件

A单位贡献边际=7.9-6.9=1>0

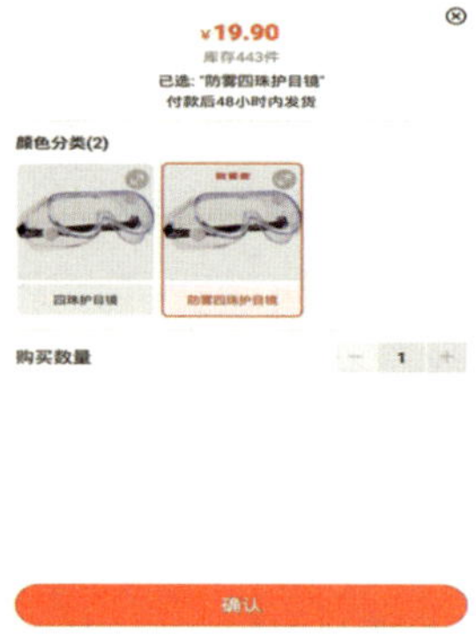

点击进去发现，有另一款品质更好的护目镜出售价格为 19.9 元，进价为 12.9 元。

（三）分组讨论

7.9元包邮！亏本为什么不下架？

A单位贡献边际=7.9-6.9=1>0

普通护目镜每件7.9元>进价每件6.9元，销量100件

防雾护目镜每件19.9元，进价每件12.9元，销量40件

固定快递成本每月300元（按各产品的销售收入比例分摊）

单位：元

项目	护目镜A	防雾护目镜B	合计
销售收入（px）	790	796	1586
变动成本（bx）	690	516	1206
固定成本（a）	149	151	[illegible]
净利(或净亏)	-49	129	80

单价× 销量= 7.9 × 100

单位变动成本×销量= 6.9 × 100

分摊固定成本= 300 × $\frac{790}{1586}$

A产品亏损为什么不下架、只卖B？

每月快递费 300 元由两个产品分摊。各组计算出来的结果确实如我们所料：A 护目镜亏损。由于 B 护目镜盈利，店铺总体盈利 80 元，具体计算过程以 A 为例，销售收入 = 单价 × 销量 = 790 元，变动成本 = 单位变动成本 × 销量 =690 元，固定快递费 300 元，其中，A 按销售收入比例分摊固定成本 149 元，A 产品亏损 49 元。

（三）分组讨论

7.9元包邮！亏本为什么不下架？

防雾护目镜每件p=19.9元，进价每件b=12.9元，销量40件
固定快递成本每月a=300元（全部由B产品承担！）

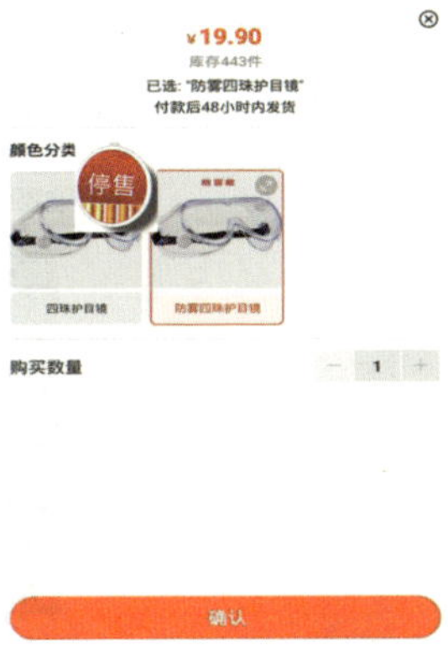

有同学提出疑问：案例中A产品亏损，为什么不下架A产品、只卖B产品？

（三）分组讨论

7.9元包邮！亏本为什么不下架？

防雾护目镜每件p=19.9元，进价每件b=12.9元，销量40件
固定快递成本每月a=300元（全部由B产品承担！）

单价× 销量= 19.9 × 40

单位变动成本×销量= 12.9 × 40

单位：元

项目	护目镜A	防雾护目镜B	合计
销售收入（px）	0	796	796
变动成本（bx）	0	516	516
固定成本（a）	0	300	300
净利(或净亏)	0	-20	-20

多产品经营，固定成本不变，某产品单位贡献边际>0，能为店铺带来利润，不下架！

A产品停止销售，店铺为什么反而亏损？

大家计算一下停售A产品只卖B产品的利润，会不会怀疑自己算错了？同样的计算过程。没错，A产品停止销售，不仅没增加利润，反而连累B产品也亏了，店铺整体亏损20元。为什么呢？

300元的固定快递费原来由两个产品A、B各自分摊，A产品下架后全部由B产品承担。B产品收入减去变动成本后的差额无法覆盖300元的固定成本，因此也亏损，所以A产品不能下架。总结：多产品经营，固定成本不变，其中某产品虽然亏损，只要其单位贡献边际 > 0，每销售一个产品能给企业增加利润，那么就不能停止销售。

（三）分组讨论

Q3 双十一5.9元包邮！又为了什么？

A产品单价<单位变动成本，单位贡献边际<0，不能为店铺带来直接利润！

主要作用为引流，促进B产品销售，提升店铺总体利润！

我们来看第三个问题：双十一来临，店铺准备特价 5.9 元包邮，为什么？

（三）分组讨论

小结

Q1 9.9元包邮是否亏本？

单位贡献边际>0，
当实际销售量>保本量，
不亏本！

Q2 7.9元包邮！亏本为什么不下架？

多产品经营情况下，
单位贡献边际>0，
能为店铺带来利润！

Q3 双十一5.9元包邮！

单位贡献边际<0，
促进其他产品销售，
也能为店铺带来利润！

通过刚才的讨论我们知道：A 产品单价 < 单位变动成本，单位贡献边际 < 0，不能为店铺带来直接利润。有同学想到了：主要作用为引流，促进 B 产品销售，提升店铺总体利润。这也好理解，就像超市经常超低价促销，为了吸引顾客进超市购买其他商品，其中的道理类似。

我们对案例中这三个问题进行小结：

9.9 元包邮问题　结论：单位贡献边际 > 0，保本的前提。

7.9 元包邮问题　结论：多产品经营情况下，单位贡献边际 > 0，能为店铺带来利润。

5.9 元包邮问题　结论：单位贡献边际 < 0，促进其他产品销售，也能为店铺带来利润。

（三）分组讨论

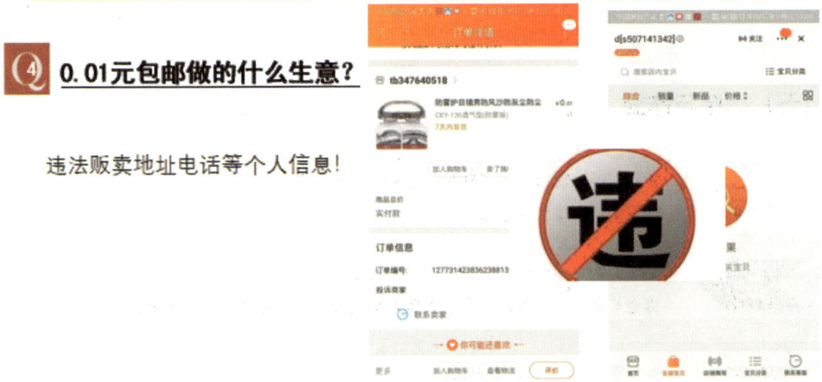

我还发现有店铺同款护目镜 0.01 元包邮，试着购买，长时间不发货，再进去发现店铺所有产品下架。这些店铺不是卖护目镜，而是违法贩卖地址电话等个人信息，一经发现会遭到严厉处罚。

（四）思考

讲到这里，大家会容易想起一个对商人的形容词“无商不奸”，哪个 jian？商人想尽办法追逐小利，甚至触碰底线的行为让这个形容词充满了贬义。

实际上，无商不 jian 原意是一种古代商业智慧，其中 jian 是冒尖的尖。典故来源于旧时粮商以斗量米，除了要将斗装满之外，还要再多舀上一些，让斗里的米冒尖儿。一方面保证足斤足两诚信经营，另一方面让利于顾客。这是追逐小利中蕴含的大智慧。

更有很多优秀的企业家放弃小利追寻大义，兼济天下。疫情来临，很多企业或捐款捐物，或改造设备加班生产，全然不考虑收入为0、成本大量增加的问题，体现了企业家的爱国情怀和责任担当。

（五）小结与作业

学习目标：管理会计工具在经营决策中的应用
知识点：单位贡献边际

预习：影响企业经营决策的非经济因素
作业：中国大学慕课：课程大案例第四部分——经营决策分析报告

参考资料
1.企业家的经营决策与精神境界[J].中国发展观察，2012(5):1
2.何大安.大数据时代厂商决策的数据智能化[J].浙江社会学，2020(4):18-26.

本节课在保本点分析的基础上学习了新概念——单位贡献边际。通过案例分析，希望大家能理解、掌握单位贡献边际在经营决策中的应用。请大家在课下完成SPOC上的相关作业。

三、成长体会

成长体会

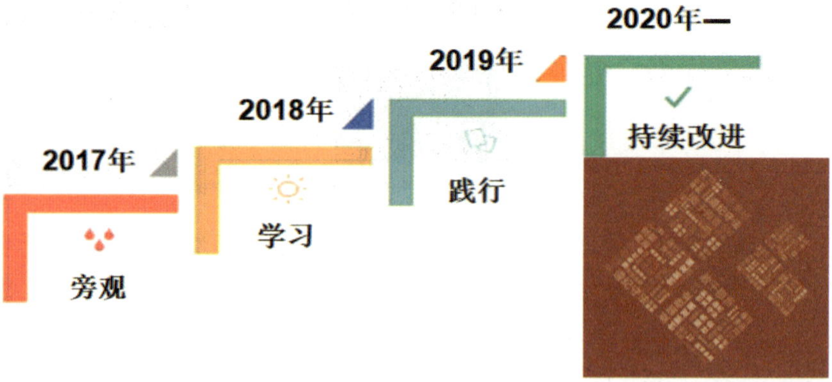

2017年我只是课程思政的旁观者，2018年开始认真学习领悟课程思政

的内涵和做法，2019 年参加系课程思政比赛，并不断促进自身课程建设，2020 年有幸代表管理学院参加学校比赛，希望今后能不断改进提升。在这个过程中自己对于课程思政的认识逐渐深化，执教能力也有大幅提升。

管理学院课程思政教学聚焦“企业家精神”，我的理解是在引导学生细细品读之前，老师自己首先要具备企业家精神，如专注教学品质、不断创新教学方法、学术诚信等，只有用自身的行为去感染学生，才能做到真正的润物无声。

研究论文

课程思政建设核心三要素——以管理会计课程为例

课程思政是指教师在知识讲授过程中，通过科学的内容设计，努力发掘课程本身所蕴含的思政元素，潜移默化地开展理论传播、价值引领、道德熏陶、精神塑造和情感激发的一种特殊的教育手段，其最终目的是促成教育者先受教育的良好氛围，同时实现专业课程教学与思想政治教育的有机融合。课程思政的概念发源于2016年习近平总书记在全国高校思想政治工作会议上的讲话。2020年教育部印发《高等学校课程思政建设指导纲要》（以下简称《纲要》），要求“深度挖掘高校各学科门类专业课程蕴含的思想政治教育资源，使各类课程与思政课同向同行，形成协同效应”。全面推进课程思政建设，就是要寓价值观引导于知识传授和能力培养之中，帮助学生塑造正确的世界观、人生观、价值观。经管类专业课程思政建设要帮助学生了解相关专业和行业领域的国家战略、法律法规和相关政策，引导学生深入社会实践、关注现实问题，培育学生经世济民、诚信服务、德法兼修的职业素养。课程思政要以学生为中心，以教师为主导，以课程建设为根本。

一、以学生为中心优化育人目标

全面推进课程思政建设，就是要寓价值观引导于知识传授和能力培养之中，帮助学生塑造正确的世界观、人生观、价值观。以学生为中心的教学理念就是要为学生创造一个开放式的学习环境，激发学生的学习动机，让他们主动参与到学习活动中，通过“学”，使个体发生能力的增长，情感、态度、价值观的成长。管理会计作为会计的一个重要分支，主要服务于企业内部的管理需要，在提高企业内部管理水平、提质增效和创新管理等方面具有巨大作用。管理会计作为一门边缘交叉学科，内容涉及会计学、管理学、经济数学、统计学等多门学科，涉猎范围广、服务对象精、实践要求高，教学遵循以学生为中心的“知识探究、能力提升、素质培养、人格养成”四位一体的育人理念。课程育人目标具体分为六个教学目标：①知识层面，学生能够陈述并解释关于现代管理会计的职能、成本性态、变动成本法、本量利分析等方面的基本知识和理论；能够比较、分析与评价主要的预测管理理论、主要的决策管理理论、主要的预算编制方法、主要的绩效评价方法。②应用层面，学生能够应用管理会计理论和知识，在具体的企业经营情景中进行成本性态分析、本量利分析、经营预测、评价短期经营决策方案、编制预算、设计绩效评价系统。③整合层面，学生能够结合其他专业知识，整合应用管理会计的基本原理分析、评价那些已经或正在发生的管理会计实践问题。④情感层面，学生能够参与协作学习，具有团队合作意识，能够就管理会计问题撰写报告，进行成果展示和有效沟通与交流。⑤价值层面，学生能够在管理会计实践活动中理解并遵守相关会计职业道德和规范，诚实守信、爱岗敬业。⑥学习层面，学生能够学会学习，养成认真的学习态度、具备自主学习和适应发展的能力，具有不断汲取新知识、掌握新技术、与时俱进的学习意识。

二、以教师为主导提升育人水平

教师是高校教育教学工作的一线组织者和实施者，是将立德树人根本任务贯穿于教育教学全过程的关键。教师自身不仅要具备较好的专业水平、现代化的教学理念以及良好的职业道德素养，更重要的还在于拥有对教书育人事业的情怀。管理会计课程教学团队的教师经过学习培训、探讨和实践，逐渐形成课程思政育人自觉，深刻认识到每一门课程都须具有育人功能，主动承担起育人责任，“守好一段渠、种好责任田”。通过现场教学观摩、定期经验交流、集中研讨教学中的思政问题，不断探索思政与教学的融合策略、革新专业思政教学内容，将最新思政教育与专业教学成果应用于现实教学工作中。“师也者，教之以事而喻诸德者也”，教师是课程育人活动的主要组织者和实施者，应该是“经师”和“人师”的统一。教师的率先垂范和一言一行是最鲜活、最具示范效应的思想政治教育元素。思政融入教学，并非一定宏大且凸显，更多是于细微处，并在言行中。专业教师与学生在一起交流的时间较多，教师在教学过程中所体现的世界观、人生观和价值观会影响学生，在课堂或在生活中和学生互动时，教师自身的教学投入、知识水平、学术魅力、人生态度、对学生的关注度等，学生都会悉心体会，他们亦受教师潜移默化传递的师德师风、人格魅力的影响，如教师是否认真备课、专注教学品质、不断创新教学方法、学术诚信等。正如习近平总书记所要求的，“广大教师要做学生锤炼品格的引路人，做学生学习知识的引路人，做学生创新思维的引路人，做学生奉献祖国的引路人”。教师的专业精神在于坚持把教育行为放到符合人的发展规律的路径上去探索和前行。通过课程的学习，创设教育环境和教学场景，引导学生练就出自我学习的能力，拓展个人知识领域，支持思维向宽广纵深发展，向价值意蕴、时代发展等维度延展。教师要自觉站在培养德智体美劳全面发展的社会主义建设者和接班人的高度，不仅传授学生知识、培养学生能力，更要塑造学生品格、品行和品位。教师以自身深厚的理论功底、知识、阅历、智慧和人格魅力滋养学生，寓价值观引导于知识传授和能力培养中，用自身的行为去感染学生，做到思政教育润物无声。

三、以课程建设为根本挖掘育人功能

没有好的课程建设，课程思政功能就成为无源之水、无本之木。尊重课程建设规律，切实强化课程建设管理是课程思政建设的根本基础。《纲要》中明确指出如何有针对性地结合通识课程、专业课程和实践课程等各类课程做好课程思政教学实践。各类课程需要找寻到适合自身特点的目标和路径。会计课程中财务会计的思政元素非常浅显，比如诚信、谨慎等，管理会计思政资源不是直接显露在课程内容之中，而是蕴含在各个知识点的背后，需要教师主动去发掘、加工，运用学生喜闻乐见的方式，通过案例式、探究式、体验式教学让课堂“活”起来，将挖掘出来的思政元素“融”入教学内容中，发挥隐性教育作用，引发学生的情感共鸣。在讲授管理会计课程时，要充分挖掘管理会计课程中的思政元素，以促进会计专业教育与思政教育的积极融合。管理会计课程可以深入挖掘典型案例（例如：老干妈专注品质精神的传承案例、海尔公司持续创新绩效管理案例、动车轴承“进口”—“中国制造”—“中国创造”案例；疫情期间比亚迪公司生产口罩捐赠等案例），分析案例中企业家的决策行为，理解其中蕴含的企业家精神，让学生志存高远、脚踏实地，践行企业家精神；通过模拟企业经营决策过程、模拟“扭亏为盈”董事会会议、从两种成本法税前利润差异原因解释国家“去库存”的深远意义，使学生体会企业与社会、国家命运的关系；通过辩论赛使学生具备思辨精神、与时俱进，理解管理会计人员的责任与担当；引导学生参与实践，服务社会，如调研周边小企业成本，为其制订降低成本、走出困境的方案，培养其职业自豪感等；鼓励师生参加各个级别的创新创业大赛，立项项目的评估和择优经常使用管理会计的方法，如根据项目估计的未来现金流量估算目前的投资金额、编制立项项目的全面预算等，理实一体并融入创新创业理念。课程思政绝不是简单地在课程教学进行过程中的若干片段、某些环节加饰些思想政治的形式或内容，而是要将思想政治的元素融入贯穿到课程展开的全过程，犹如将盐融入一份精心烹制的美味佳肴。课程的目标设计、教学体系的推敲、教材选用、教案课件编写、教学过程的展开、课堂里的讨论互动、课后学生自主探索的引导，甚至作业的批改与交流反馈等，都是课程思政可以展开的重要时机。教师在课程建设过程中要做到每日“三省吾课”——知识传授明晰否、能力提升落实否、育德功能实现否，在反思中改进，充分挖掘课程的育德功能，不断优化课程建设。

在探索课程思政的过程中，应以学生为中心、了解专业课程特点、明确课程目标，教师要充分利用课堂教学主渠道，把课程思政理念有机融入课程的教学全过程，坚持言传与身教相结合，用理想信念引导学生，以透彻的理论分析吸引学生，以教师的人格魅力感染学生。

软件服务——面向对象程序设计课程思政教学设计与实践

教师简介：刘畅，软件工程专业，副教授。

所授课程：面向对象程序设计

研究方向：软件工程

曾获奖励：北京联合大学课程思政优秀教师；北京高校青年教师教学基本功比赛三等奖；北京联合大学青年教师教学基本功比赛二等奖；北京联合大学中青年教师执教能力比赛二等奖。所授面向对象程序设计课程被评为校级精品课程。

教书育人感言：学而不厌，诲人不倦。

比赛实录

扫描二维码观看
比赛现场实录

面向对象程序设计之类和对象

大家好，我是机器人学院软件工程专业的刘畅。今天展示的课程是面向对象程序设计。

一、说课环节

面向对象程序设计课程是软件工程专业的专业基础课，在第二学期开设，特点是实践性很强。课程采用了混合式教学，考核方式也是混合式。

由于课程既基础又重要，因此，教学团队进行了多轮课程建设，包括纸质教材、手机上看的云教材；MOOC，并在中国大学 MOOC 平台开课。从 2019 年至今，已经完成了两轮授课，有一万多名学生参加了课程学习。

(二) 本课程在专业思政中的定位

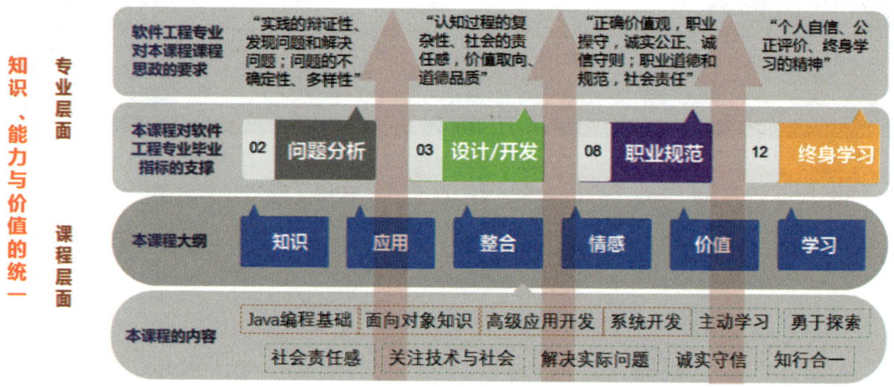

课程建设离不开专业的指导。专业层面进行了专业思政的顶层设计，对课程内容和思政都有要求。课程思政的要求是认知过程的复杂性、社会的责任感等内容。本课程对专业毕业指标的支撑包括问题分析、设计与开发、职业规范、终身学习等。根据专业的顶层设计，在课程层面，我们进行了基于六个维度的大纲修订。将专业要求细化到课程的授课内容，同时增加了知行合一、勇于探索等个性化思政元素。

专业的顶层设计是课程建设的指导，同时课程又支撑了专业目标的达成，实现了专业与课程的一体化建设。

(三) 课程内容与思政融入

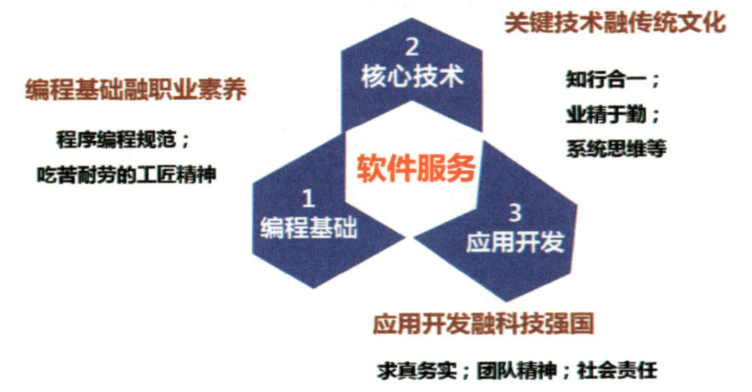

课程教学内容包括三部分：编程基础、核心技术和应用开发。

编程基础是训练编程的基本素养，思政元素主要是编程规范、反复练习、吃苦耐劳的工匠精神。核心技术包括类和对象、封装、继承、多态，内容重要又抽象。为了便于理解，从已知过渡到未知，将新知识与传统文化做类比，用传统文化启发学生，加入了知行合一、精益求精、系统思维等思政元素。应用开发部分，强调软件是为国家、为社会服务的，需要求真务实、团队合作和社会责任感，应用开发融科技强国。

课程的中心思想是软件服务。程序、软件不是无生命的代码，而是软件人才用程序这个工具，为国家、为社会提供的服务。软件让人民生活更便捷，让我们的国家更强大，优质的软件服务需要软件人才具有素养、文化和家国情怀。

(四) 展示节段设计

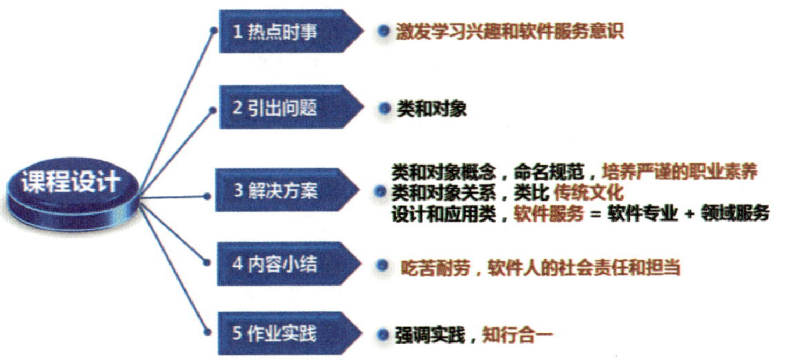

今天的教学展示采用五步教学法设计。

第一阶段，从热点时事入手，激发学生的学习兴趣和社会服务意识。

第二阶段，引出课程学习内容类和对象。

第三阶段，层层剖析，给出解决方案。如从类和对象的概念讲到命名规范，培养学生严谨的职业素养。又如讲类和对象的关系，为方便理解，类比传统文化。再如讲类的设计和应用，深化软件服务的理念。设计软件不能只考虑代码，还要考虑背景、服务领域。

第四阶段，小结。提升学生对软件的认识，软件是服务，要服务社会，就要有吃苦耐劳的精神和社会责任感。

第五阶段，编程作业，强调实践，做到知行合一。

二、授课环节

欢迎大家继续跟我一起学习面向对象程序设计。本节讲授内容是类和对象，包括 5 部分内容，重点是类和对象的关系。

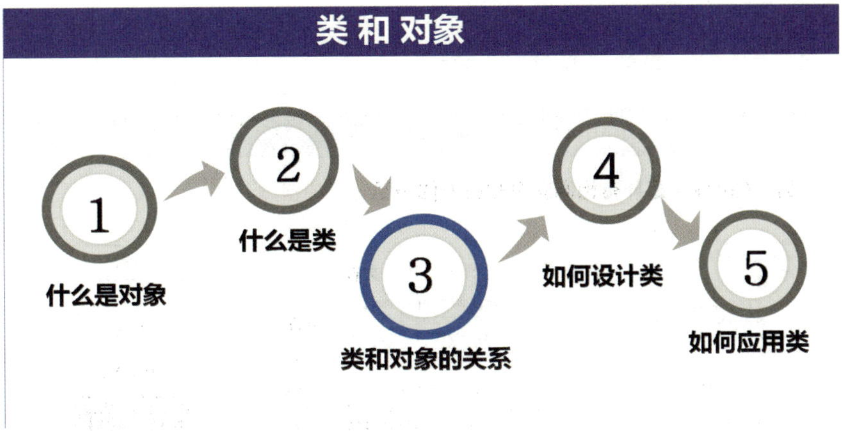

全球疫情肆虐，这边风景独好。在抗疫这场战役中，我们取得了重大战略成果。健康宝发挥了积极的作用。今天，我们就以健康宝为例讨论类和对象。

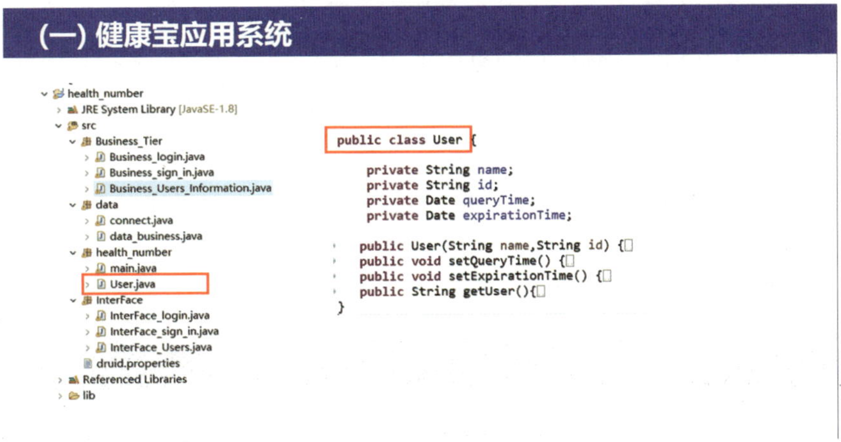

这是我们软件工程专业的学生开发的模拟程序。系统分为业务层、数据层、界面层和接口层，都是由一个 Java 文件组成的。来看看 Java 文件里面是什么？打开 User.java，看到 class user，这就是一个类。可以告诉大家，所有的 Java 文件都对应一个类。所以，整个系统是由不同的类组成的。那对象在哪里？回答这个问题，我们需要先了解什么是对象。

对象（Object），也称实例（Instance），反映的是客观事物的个体。现实中我们需要管理的、需要数字化的内容，在程序中都是对象。比如，对象可以是我的健康宝，也可以是淘宝上的一家店铺，或者是为了繁荣市场发行的虚拟的消费券，这些都是对象。观察下，这些对象共同的特点是：有数值，即都有具体的值。对象是具体的实例。

（二）类和对象的概念

类（Class）是具有相同属性和行为的一组对象的描述。

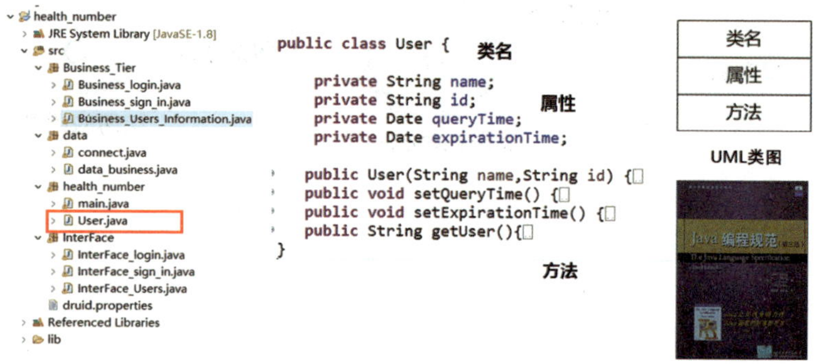

类是什么呢？类（Class）是具有相同属性和行为的一组对象的描述。应用系统是由类组成的。我们仔细看一个类，主要有三部分：类名、属性和方法。属性是描述对象的基本特性。方法一般是对属性值增删改查，或者与具体业务相关的操作。用UML图表示一个类，也是这三部分。类的定义，从命名开始。无论是类名还是属性名、方法名，都需要遵循见名知意的理念，还要遵循编程规范。记住一条：不能是数字开头，要字母开头，用英文单词表示。详细的请看编程规范参考资料。

（三）类和对象的关系　抽象与具体

类和对象的关系，我们从实例入手。对于健康宝应用，我是一个对象，我的同事也是一个对象，每个老师和同学都是对象。北京市约有 2000 万人，这 2000 万人都是一个个对象。对应到现实的每一个人，是具体的。这么多的对象，程序需要有多少份呢？一份，一个用户类，一个应用系统。类和对象的关系是抽象和具体。

将认知对象区分为抽象和具体，是我们中国人很早就有的智慧。在《易经》中就提到：“形而上者谓之道；形而下者谓之器。”形，指的是有形的、具体的，称为器。从有形、具体中找到的规律，称为道。总结出规律，有什么好处？能够举一反三，指导我们的行动。

（四）如何设计类？

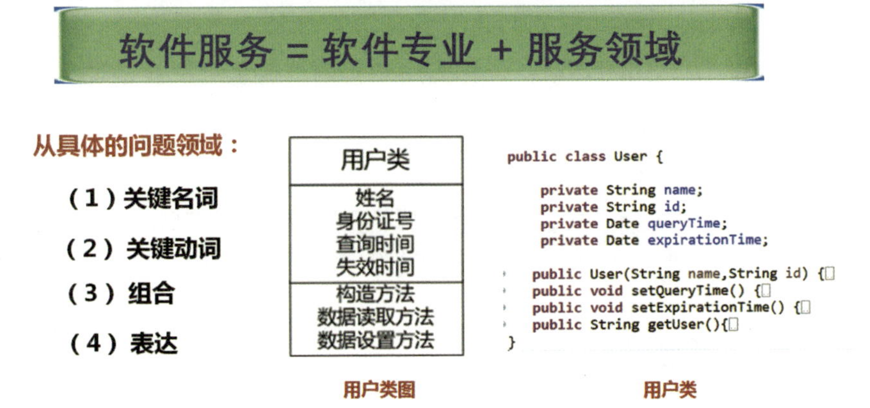

类如此重要，如何设计类呢？

设计程序，需要有一个理念：软件服务 = 软件专业 + 服务领域。我们在做软件开发时，不仅要有专业技能，还要考虑应用领域。从具体应用领域的需求开始。从具体的问题中提取关键名词、关键动词，组合再表达。表达的结果是类图，进而是程序。

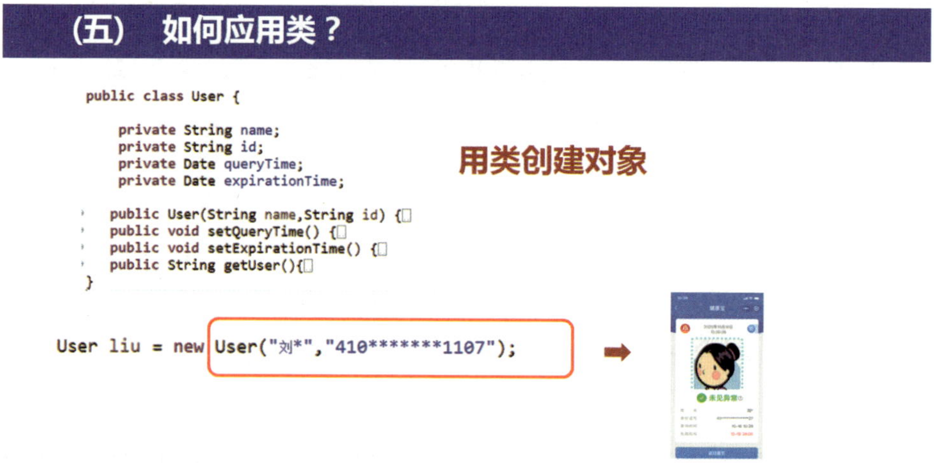

有了类，如何应用呢？用类创建对象。这是创建对象的语句。用 New 操作符可以创建一个具体的对象，也称为用户实例。这个对象就是现实世界的具体人。如果要创建多个用户，只需要写多条 New 语句就可以。可见，有了类，就能创建对象。

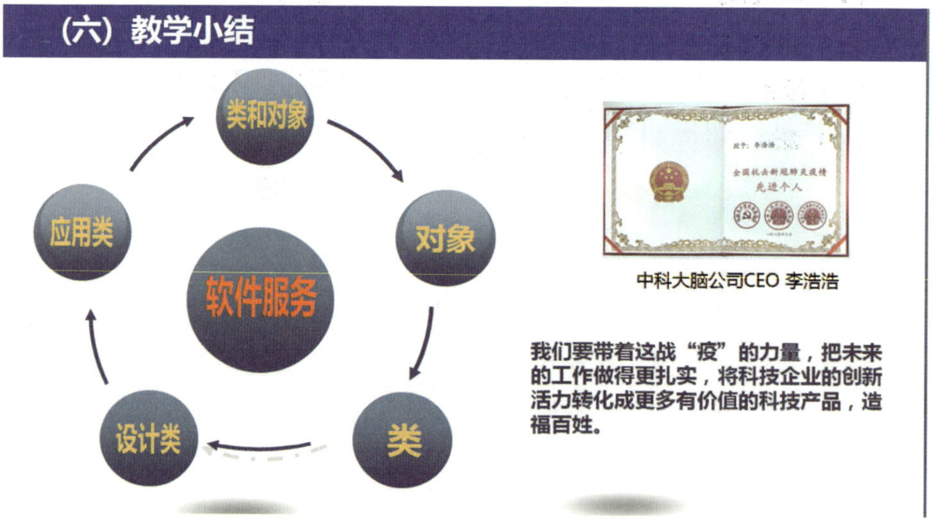

小结下今天学习的内容。我们以生活中健康宝应用为例，了解到面向对象系统是由类和对象组成的。我们学习了对象的概念、类的概念，如何设计类、如何应用类，完成了健康宝用户类的建模。我们还理解了一个理念：软件服务。

课程中讨论的健康宝程序是我们学生自己开发的。真正的健康宝系统要复杂得多。北京健康宝，是由 4 个科技公司团队共同开发的，分别是中科大脑公司、腾讯、阿里、太极。其中，中科大脑公司 CEO 李浩浩，获得全国抗疫先进个人。

他们临危受命，六天上线。工作模式：不是 996，而是 484。484 就是连续工作 48 个小时，休息 4 小时。疫情就是命令，时间就是生命。在抗疫战场上，软件人表现了无坚不摧的中国力量，诠释了逆行而上的中国精神。健康宝开发团队，用行动展示了软件服务的含义。他们是我们的榜样！

（七）课后作业

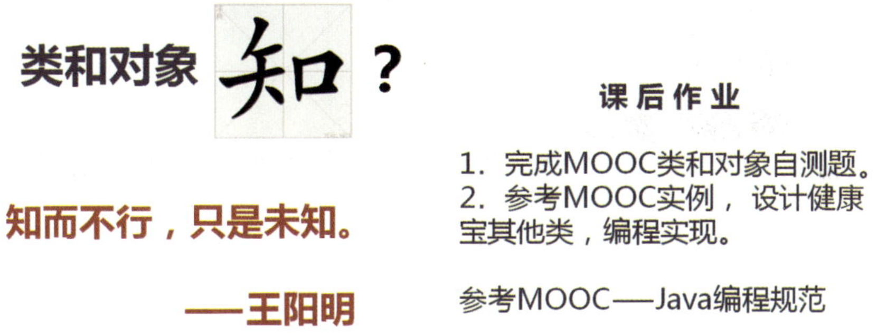

今天的内容就讲到这里。最后问一个问题，类和对象，你知道了吗？

可能有同学说，大概知道了。我想说的是，同学们还不知道，至少不是真的知道。伟大思想家王阳明提出了知行合一理论，知而不行，只是未知。知行合一理论，强调要在实践中获得真知。同学们只是听了老师的讲课，还没有自己动手实践，不算真的知道。课下，同学们可以通过编程实践，在实践中真正理解类和对象。

下面，是课后作业。包括两项：

（1）完成理论知识的自测题。（2）设计健康宝系统的其他类，完成设计和编码。

编码可参考 MOOC 上的开发实例。同时，编码要遵循编程规范，详细内容从 MOOC 下载。

三、成长体会

每个教育工作者都会思考如何育人。

“学而不厌，诲人不倦”，也成了我时刻督促自己的内容。

对自己，要做到学而不厌。要适应快速发展的社会，适应学生新的需求。作为软件专业教师，要不断学习，才能有资格站在这个讲台上。

对学生，要做到诲人不倦。育人是一个长期的过程，是慢慢培养的过程，要有耐心，教导学生不知疲倦。

同时，育人又是一个系统工程，不是靠一门课、一个老师能实现的，需要每一位教师的参与。课程门门有思政，教师人人讲育人。

课程思政，有你，有我，有我们！

研究论文

基于OBE理念的新工科课程思政探索与实践
——以面向对象程序设计课程为例

为贯彻习近平总书记在全国高校思想政治工作会议上关于“各类课程与思想政治课同向同行，形成协同效应”的讲话精神，各高校纷纷开展了形式多样的课程思政的研究与建设。新工科（Emerging Engineering Education，3E）是基于国家战略发展新需求、国际竞争新形势、立德树人新要求而提出的我国工程教育改革方向。随着MOOC（massive open online course，大规模在线开放课程，又称慕课）的迅猛发展，开放共享也是当前高等教育的发展主题。在高等教育发展方向的指引下，在教育信息化的驱动下，在新工科建设的呼唤下，如何改造传统学科专业，加快工科专业课程的建设与改革，具有重要的现实意义。

本文以软件工程专业面向对象程序设计课程为例，介绍基于OBE理念的新工科课程思政的探索与实践。依据工程教育认证的核心理念——学生为本、成果导向、持续改进，设计了课程建设思路；基于课程大纲和学生情况，制订了课程培养目标；依据课程目标，设计了混合教学模式的课程思政教学方案；在课堂教学中探索了专业知识与思政元素融合的不同方法。经过多轮的课堂教学探索实践，取得了良好的教学效果。

一、课程建设思路

OBE理念要求教师必须清楚学生毕业时应达到什么样的结果，然后寻找并设计适宜且有效的方法使他们达到这样的结果。新工科课程思政首先需要明确人才培养目标，面向对象程序设计课程将培养目标分为知识目标和素质目标。其次，在此基础上分析学习的主体——学生的学习状态和需求，基于知识目标、素质目标和学生特点反向设计了混合式课堂的教学内容、思政元素和教学方法。最后在实践中不断改进。图 1 是面向对象程序设计课程思政建设路线图。

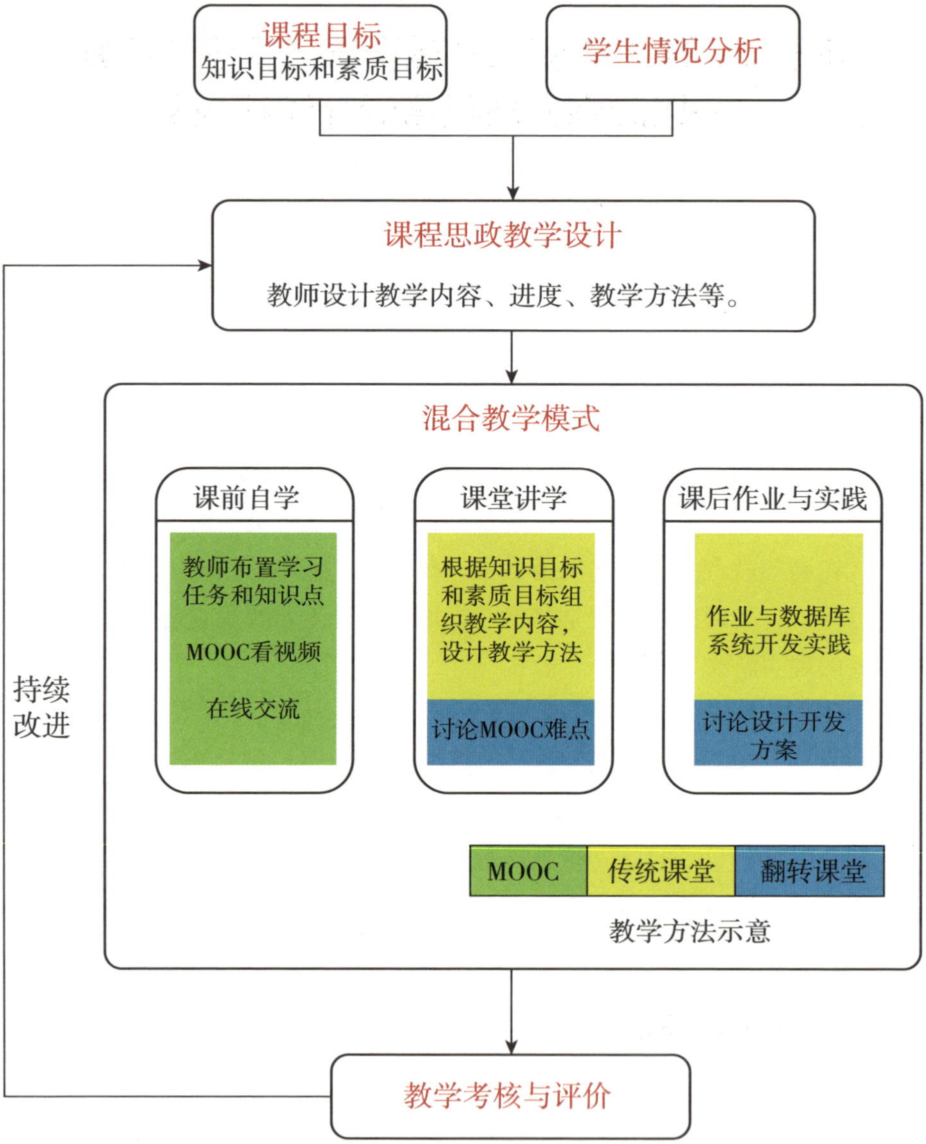

图1 课程思政建设路线图

二、课程目标及学生分析

面向对象程序设计课程是软件工程专业的专业基础课，授课对象是软件工程专业一年级学生。课程大纲的制定以立德树人为根本任务，注重专业知识与课程思政的有机融入。教学大纲设计为知识结构和认知结构双主线结构。传授知识的目的是提升学生主体的专业能力和综合素养，培养爱国、敬业、诚信、友善、有社会责任感的社会主义建设者和接班人。

以学生为本是 OBE 理念的核心之一。人才培养、课程建设都需要加强对学生的研究。当前，高等教育从精英教育过渡到大众教育，大学生的素质参差不齐。由于高校对职业素质的培养重视不够，软件专业的毕业生在职业素养方面存在很多问题，例如，以自我为中心，缺乏团队合作意识、牺牲精神和敬业精神等。

2018 年，中国教育科学研究院联合各省市教科院开展了第二轮全国高等教育满意度调查。调研结果有 3 个涉及专业教育：第一是高校课程的前沿性和实践性不足，80% 的雇主认为本科生所学知识远离先进的生产实践；第二是教师与学生的学习交流不足，特别是课外交流；第三是专业教育中的学习投入与效果存在反差。调研结果引发我们思考，为此，课程建设中进行了一系列改革来提高教学质量，包括：将前沿性知识引入课堂，并加强实践操作能力培养；加强师生交流，开展课堂讨论和课外指导；采用混合教学模式，设计教学内容，提升教学方法，让学生愿意学、喜欢学。

三、混合教学模式的课程思政设计

2012 年，MOOC 在全世界开始流行。混合教学模式是将传统课堂教学与网络信息化教学相结合，既发挥教师的引导、启发和监督作用，又突出学生的学习主体地位，强调自主学习。

2019 年，教学团队建设了面向对象程序设计在线课，已发布在中国大学 MOOC 网。面向对象程序设计在线课，既介绍基本知识，又演示开发过程。将程序设计的整个过程录制成视频，方便学生模仿与练习。教学方式采用了线上和线下的混合式教学。

课前，以 MOOC 自学为主。教师布置任务和学习内容，学生在中国大学 MOOC 网观看教学视频，自主学习。课堂教学以教师为主导，适当安排讨论和学生主讲，穿插翻转课堂。将思政元素和教学内容相结合，教师发挥指导、启发、督促、解惑的作用。学生是学习的主体，通过讨论、学生主讲能让学生更积极地参与课堂教学。课后布置作业与实践任务。学生通过作业与实践真正理解知识，掌握设计和开发技能。教师加强实践指导，充分利用移动互联网通信工具，及时与学生互动，加强师生交流。

四、课程思政实施过程

课程思政要做到价值引领与知识传授相统一，在实施过程中需要注意方式方法。要润物细无声地将思政元素与专业课知识结合，不能将毫无关系的两个内容生硬地拼接在一起。还要掌握“度”，把控好思政元素占用的时长，既不能影响专业课的进度，又要把道理讲明白，获得学生的认同。

面向对象程序设计课程思政建设中探索了知识与思政元素融合的方法，以两个案例展示不同的融入方法。案例 1，传承“知行合一”优秀传统文化。案例 2，从现实问题入手，培养学生的软件服务意识。

案例 1：传承“知行合一”优秀传统文化

面向对象程序设计课程特点是实践性强。为了加强编程练习，每次课后都安排有编程作业。布置作业时，强调“知行合一”。伟大思想家王阳明提出“知而不行，只是未知”。知行合一理论，强调在实践中获得真知。同学们上课只是听了教师的讲解，还没有自己动手实践，不算真的知道。课下，同学们通过编程实践，在实践中理解面向对象的知识，掌握编程技巧。

案例 2：软件服务意识

软件即服务，软件开发的目标是有效地解决实际问题，是在不同领域提供软件服务。类和对象一讲，以当前研究热点健康宝系统为例，分析类和对象的设计。用实例说明，软件开发需要满足社会需求。训练学生观察社会、寻找问题，深入了解用户需求，培养工程开发能力和软件服务意识。

五、效果与评价

融入思政元素的课堂悄悄地发生了改变：教学内容更丰富，理论与实际联系更紧密，师生关系更融洽。师生之间不但有知识、技术层面的交流，还多了思想层面的交流。一旦思想层面产生共鸣，师生的关系就更亲密，专业学习更愉快，培养目标的完成更顺利，面向对象程序设计混合式教学得到学生的肯定和好评。

六、结论

课程思政是当前高等教育的重点建设内容。新工科是我国工程教育改革的方向。本文以“学生为本、成果导向、持续改进”的理念进行软件工程专业面向对象程序设计课程思政建设。基于OBE理念，制订课程的知识目标和素质目标；结合学生的学习状态和需求，设计教学内容、思政元素和教学方法；在课堂教学中探索知识点与思政元素融合的方法，采用了混合教学模式、案例教学、现实问题分析等多种方法，持续改进和提升教学质量。新工科课程思政建设是工科教师的责任与使命，本文的探索实践只是一个开始，还需要不断的融合、创新与改进，为培养社会主义建设者和接班人继续努力。

参考文献：

[1]钟登华．新工科建设的内涵与行动[J]．高等工程教育研究，2017（3）：1-6.

[2]姜波．OBE：以结果为基础的教育[J]．外国教育研究，2003（3）：35-37.

[3]李国娟．课程思政建设必须牢牢把握五个关键环节[J]．中国高等教育，2017（Z3）：28-29.

[4]刘畅，王育坚．应用型大学IT服务外包人才培养模式研究[J]．计算机教育，2011（8）：19-21.

[5]张男星．以OBE理念推进高校专业教育质量提升[J]．大学教育科学，2019（2）：11-13.

[6]程德慧．产教融合视域下高职院校“课程思政”改革的探索与实践[J]．教育与职业，2019（3）：72-76.